语言学及应用语言学名著译丛

语言、使用与认知

LANGUAGE, USAGE AND COGNITION

[美] 琼·拜比 著

李瑞林 贺婷婷 译

商務印書館
创于1897 The Commercial Press

根据英国剑桥大学出版社 2010 年英文版译出

总　　序

商务印书馆出版的“汉译世界学术名著”丛书在国内外久享盛名，其中语言学著作已有 10 种。考虑到语言学名著翻译有很大提升空间，商务印书馆英语编辑室在社领导支持下，于 2017 年 2 月 14 日召开“语言学名著译丛”研讨会，引介国外语言学名著的想法当即受到与会专家和老师的热烈支持。经过一年多的积极筹备和周密组织，在各校专家和教师的大力配合下，第一批已立项选题三十余种，且部分译稿已完成。现正式定名为“语言学及应用语言学名著译丛”，明年起将陆续出书。在此，谨向商务印书馆和各位编译专家及教师表示衷心祝贺。

从这套丛书的命名“语言学及应用语言学名著译丛”，不难看出，这是一项工程浩大的项目。这不是由出版社引进国外语言学名著、在国内进行原样翻印，而是需要译者和编辑做大量的工作。作为译丛，它要求将每部名著逐字逐句精心翻译。书中除正文外，尚有前言、鸣谢、目录、注释、图表、索引等都需要翻译。译者不仅仅承担翻译工作，而且要完成撰写译者前言、编写译者脚注，有条件者还要联系国外原作者为中文版写序。此外，为了确保同一专门译名全书译法一致，译者应另行准备一个译名对照表，并记下其在书中出现时的页码，等等。

本译丛对国内读者，特别是语言学专业的学生、教师和研究者，以及与语言学相融合的其他学科的师生，具有极高的学术价值。第一批遴选的三十余部专著已包括理论与方法、语音与音系、词法与句法、语义与语用、教育与学习、认知与大脑、话语与社会七大板块。这些都是国内外语言学科当前研究的基本内容，它涉及理论语言学、应用语言学、语音学、音系学、词汇学、句法学、语义学、语用学、教育语言学、认知语言学、心理语言学、社会语言学、话语语言学等。

尽管我本人所知有限，对丛书中的不少作者，我的第一反应还是如雷贯耳，如 Noam Chomsky、Philip Lieberman、Diane Larsen-Freeman、Otto Jespersen、Geoffrey Leech、John Lyons、Jack C. Richards、Norman Fairclough、Teun A. van Dijk、Paul Grice、Jan Blommert、Joan Bybee 等著名语言学家。我深信，当他们的著作翻译成汉语后，将大大推进国内语言学科的研究和教学，特别是帮助国内非英语的外语专业和汉语专业的研究者、教师和学生理解和掌握国外的先进理论和研究动向，启发和促进国内语言学研究，推动和加强中外语言学界的学术交流。

第一批名著的编译者大都是国内有关学科的专家或权威。就我所知，有的已在生成语言学、布拉格学派、语义学、语音学、语用学、社会语言学、教育语言学、语言史、语言与文化等领域取得重大成就。显然，也只有他们才能挑起这一重担，胜任如此繁重任务。我谨向他们致以出自内心的敬意。

这些名著的原版出版者，在国际上素享盛誉，如 Mouton de Gruyter、Springer、Routledge、John Benjamins 等。更有不少是著名大学的出版社，如剑桥大学出版社、哈佛大学出版社、牛津大学出版社、MIT 出版社等。商务印书馆能昂首挺胸，与这些出版社策划洽谈出版此套丛书，令人钦佩。

万事开头难。我相信商务印书馆会不忘初心，坚持把“语言学及应用语言学名著译丛”的出版事业进行下去。除上述内容外，会将选题逐步扩大至比较语言学、计算语言学、机器翻译、生态语言学、语言政策和语言战略、翻译理论，以至法律语言学、商务语言学、外交语言学，等等。我也相信，该“名著译丛”的内涵，将从“英译汉”扩展至“外译汉”。我更期待，译丛将进一步包括“汉译英”“汉译外”，真正实现语言学的中外交流，相互观察和学习。商务印书馆将永远走在出版界的前列！

胡壮麟

北京大学蓝旗营寓所

2018年9月

汉译版序

常识表明，语言、使用和认知紧密关联。然而，语言学界新近才开始接受这一常识性观点，尚没有哪本著作以此为题进行过清晰的论述。20世纪60年代末到70年代初，我在读研究生的时候，语言学界的理论思考将使用和普遍认知排除在语言理论之外。其中的部分原因与乔姆斯基的构想有关。乔姆斯基曾经接受过结构主义基本理论的熏陶，其构想在很大程度上就是以此为基础形成的。结构主义框架强调语言单位和规则的规律性，同时认为语法是一个系统，其中的一切皆可组合（例如，基于一套规则或对立关系的组合）。一般认为，该系统的研究独立于语言使用机制而存在，因而话语、交互语境或使用频率等问题并没有进入其研究视域。在区分语言能力和语言行为之时，乔姆斯基对这种做法推崇至极，因此限制了研究语言结构可用的数据。关于语言结构与认知的关系，乔姆斯基认为，语言结构是一个独立的神经认知系统，与其他类型的认知不大相干。这一假设同样也限制了语言关联数据的规模，但似乎又根植于美国结构主义框架之中，其主要目标是针对不大为人所知的语言研发一种描述性工具。

一名研究生带着疑问，进入语言研究领域，这些假设怎么会让其不沮丧呢。事实上，当时，有人声称这样的经验证据适用，那样的经验证据不适用，整个研究领域因此而裹足不前。作为一名研究生，我对此并不清楚。最初，我既没经验资本，也没理论资本，无法超越所训练的学习内容。作为一名研究生，我当时确实和汤普森（Sandra Thompson）探讨过这样一种可能性：嵌入小句之中的某些构式的句法约束是话语因素所致，而不是纯粹的句法原因（Hooper and Thompson 1973）。我在毕业论文中也探索过一种音系学模型，试图将语音因素从形态因素中分离出来，这与当时的生成音系学形成了一定反差。生成音系学解释所有类型的变异项，包括从音系学单一角度解释的形态-音系变异项在内（Hooper 1976）。有关语言变迁方式的证据让我明白了这样一个道理：语音理据和形态理据迥然不同，往往导致不同类型的变化。

为了更加深入地研究形态学理据，我使用了珀金斯（Revere Perkins）设计并采集的50个语言样本，对动词形态进行了较为广泛的跨语言研究。当时遵循的预设是，某一形态范畴的意义，可能会以某种方式影响其制约或产生语音变异的趋势。我十分清醒地知道，研究项目也许会失败，因为50种语言的基因和分布不尽相同，其形态范畴也许就没有可比性。事实上，当时美国结构主义的主流观点是，语法范畴的意义具有高度的语言特异性。不仅如此，格林伯格（Greenberg）和科姆里（Comrie）的研究也涉及到时、体、人称/数等跨语言范畴，这让我看到了希望。最终，我的研究（Bybee 1985）才得以揭示生成形态系统的某些因素：一方面是屈折范畴的意义及其与动词的相关性；另一方面是使用因素，如某些动词和某些动词形式的使用频率，还有相互矛盾的形态模式的类频（类频决定能产性）。我的研究清楚地表明，使用和意义是决定语言结构的重要因素，这一点不可忽视。除此之外，也涉及到认知因素，其缘由是，如果使用频率不影响语言使用者的认知表征，那么就不会影响形态结构。

上述研究的另一项重要成果是，它表明不同语言的确可以有效地进行比较，同时也表明语法范畴并不完全是某一语言特有的。事实上，选择50种语言，研究其基因和地理分布，而不研究其结构特征，便可发现动词屈折范畴的相似度远远超过预期。这些范畴的另一个引人入胜的特征是，多义模式相似，在许多情况下，历时发展的证据也相似。20世纪80年代早期的这些发现与吉冯（Givón）、海因（Bernd Heine）及其同事以及莱曼（Christian Lehmann）的研究有共鸣之处，从而对语法标记产生的历时过程或语法化进行描述。跨语言比较鲜见于他们的著述之中，表明语法化可能是一个普遍过程。实际上，这一过程或许可解释语言逐渐产生语法的机制，也可解释我们拥有语法的真正原因。

对理论语言学家来说，还有什么比这更重要呢？我在大规模跨语言调查方面积累了经验，取得了成就，也使另一项同类研究似乎变得切实可行，此次的研究重点是动词类语法标记的位置、形式和历时来源，不仅仅涉及屈折变化，而且还涉及迂回标记。这项研究由拜比、珀金斯和帕柳卡（Pagliuca）于 1994 年完成，对时、体和情态语法化路径的跨语言有效性进行了确证。这项研究还提供了有关证据，可用以推断作用于语法化过程的变化机制，并进一步证明这些机制在所有语言中都在起作用。

进一步研究推理、组块化、组合性消失、语音缩减以及自治性增强等语法化机制和过程，有助于表明这些过程发生于语言使用过程，影响认知表征。如我曾主张的那样（Bybee 2001），这些机制不仅适用于音系学研究，而且也适用于拓展我们对语法的认识。鉴于此，我才着手撰写本书，旨在阐明认知过程作用于使用过程进而创造语法的机理。也许，可将本书视为基于使用的理论的奠基之作，但也应当记住，这只是我对该理论基础的特有看法。本书中文版杀青面世，希望能够激发更多研究，探索语言背后的认知过程和使用过程以及这些过程在不同类型的语言中的应用状况。

琼・拜比
2019 年 6 月

参考文献

Bybee, Joan. 1985. *Morphology: a study of the relation between meaning and form.*

Amsterdam: John Benjamins.

Bybee, Joan. 2001. *Phonology and Language Use*. Cambridge: Cambridge University Press.

Bybee, Joan, Revere Perkins and William Pagliuca. 1994. *The evolution of grammar: tense, aspect and modality in the languages of the world*. Chicago: University of Chicago Press.

Hooper, Joan B. 1976. *Introduction to Natural Generative Phonology*. New York: Academic Press.

Hooper, Joan B. and Sandra A.Thompson. 1973. "On the Applicability of Root Transformations." *Linguistic Inquiry* 4: 465—497.

目　录

插图目录

插表目录

致　　谢

从事研究之人，感恩的对象首先莫过于自己的老师、学生和同事。经年过往，他们交流思想，批评互鉴，相互启发。作为本书的作者，我首先要感谢致力于语言功能、历时演变、语言类型、使用效应等学术问题的学界同仁。本书援引了他们的研究发现，得益于其范例和佐证的支持。本书承继了功能-类型学和认知语言学长达四十年的传统；同时，也得益于这一时期勇于跳出固有思维模式的语言学人。本书的旨趣在于，以笔者之视角总结已有研究，将一以贯之的一套假设应用于语音学、形态句法学和语义学，并提出具体的新假设，以阐明领域普遍性过程对于语言结构化的作用。

就个人贡献而言，我首先要感谢桑德拉·汤普森（Sandra Thompson）和雷娜·托里斯·卡库洛斯（Rena Torres Cacoullos）这两位最亲密的朋友和同事，他们不仅给我提供了个人支持，而且针对各章节的初稿提出了学术建议。同时，也要感谢克莱·贝克纳（Clay Beckner），他和我一起完成了第五章和第八章，并提供了第八章引用的许多数据和论点（当时我们合作撰写一篇类似主题的论文）。还要感谢本·谢尼茨基（Ben Sienicki）的技术支持，也感谢谢尔斯·伊斯特迪（Shelece Easterday）编制索引。

最后，向以不同的方式支持我工作的家人和朋友，还有我的丈夫艾拉·贾菲（Ira Jaffe），致以诚挚的谢意。

第一章 1

基于使用的语言观

“千举万变，其道一也。”

1.1　语言的本质

沙丘的形状和结构看似规则有致，但个体之间变异颇大，将历时递差和变化一并展现。理解结构化的可变现象，需要超越易变的表层形态，转而关注所察样态的内在动因。语言现象亦如此，虽然有明显的结构和规整的形制，但同时又在各个层级上迥然不同；语言彼此有别，但塑之以形的机理相同；不同语言中的可比构式，尽管功能相似，机理相近，但具体到某些方面却又不尽相同；同一语言的某些话语，尽管意义不同，但始终呈现出相同的结构模式；语言因时而变，但颇有规律可循。由此可见，关注语言生成、组构和变异的动态过程，进而提出一套新的理论，便是顺理成章之事。

聚焦语言生成的动态过程，我们就不再专注语言结构，而将目光转向更为宽广的目标，即从领域普遍性过程（domain-general process）的应用中衍生出语言结构。在此语境下，领域普遍性过程是指运行于除语言之外的其他人类认知域的过程。本书旨在探索一种可能性：即运行于语言使用多项实例中的领域普遍性认知过程能够衍生出自然语言语法中可见的结构性现象。拟探究的这些过程往往在语言使用的每一实例中发挥作用；正是

2 这些过程的复用影响语言的认知表征，继而影响语言的外显形式。本书统合语言使用、认知加工以及语言演变的事实，对语言结构呈现的特性给予解释。

如果将语言结构视为内在过程反复运用的自然产物，而不是先验给定或人为设计，那么就可以将语言视为复杂的适应性系统（Hopper 1987，Larsen-Freeman 1997，Ellis and Larsen-Freeman 2006）。将语言视为复杂的适应性系统，也就是将语言比作沙丘而非大楼一般的规划结构，其主要原因在于其显著的变异性（variation）和递差性（gradience）。递差性是指变化循序渐进，使某一组构成分沿着连续体由某一范畴（category）转化为另一范畴；通常而言，这也是许多语言或语法范畴难以分辨的缘由所在。派生与屈折，功能词与词缀，以及能产构式与非能产构式，诸如此类的连续体，都是递差的例证。变异性是指语言单位和结构在共时使用中呈现的变化。在通常情况下，变化的路径是连续的，而且产生递差。

1.2 语言结构的递差性和变异性

本节将举例说明递差和变异的类型，由此激发语言即复杂适应系统的新观点。举例既有某一类语言单位的成员，如语素（1.2.1），还有语言特殊性范畴（language-specific categories），如英语助词（1.2.2），也有某一特定构式的使用事实，如“I don’t + 动词”（1.2.3）。前者可视为递差和变异的例证，后者可用以佐证变异。这样的例子为数不少，本节仅列举一二。

1.2.1 单位：语素

语言学家们提出的所有类型的单位皆有递差性。换言之，单位域（不同类型的单词、语素、音节）内部存在不少变异，单位的边界也因此很难确定。本节以语素为例展开讨论。在语素的经典实例中，恒定的形式通常与恒定的意义相关联，作为词汇语素的 happy 就足以说明这一点。一般而言，词汇语素在形式和意义上更有规律，比语法语素更为稳定。然而，也有一些词汇语素，随着搭配对象的不同，其意义和性质就会发生变化。以英文单词 go 为例，go 通常只是个简单词汇语素，但也出现在很多构式之中，如 go ahead（and）、go wrong、go bad、go boom、let's go have lunch 以及众所周知的 be going to 和引用性的 go（“and I go ‘what do you mean?’”）。在这些构式中，go 的词汇地位被大幅削弱。第六章将详细讨论词汇语素的语法化问题。

语法语素传统上被定义为封闭类单位。既然类项由构式特性来定义，3
那么语法语素也就是在构式中位置受限的组构成分。作为一类单位，语法语素千差万别。从最高层次来看，不同语言的语法语素类型有所不同，并且形式和意义也存在系统性差异。所有语言都有功能词，如表达时态、体、疑问、否定等语法功能的独立单位。所有语言可能至少有一些派生词缀（Bybee 1985）。然而，并不是所有语言都有屈折词缀（被定义为强制范畴的词缀）。就存有屈折特征的语言而言，通常根据屈折词缀的融合程度、语素音变以及不规则度来区分黏着语和屈折语。语言之间既然存在这般变异，那么我们从中又能找到哪些相似之处呢？

在形态类型的渐变群（cline）里，语言的相似性比较明显。语言在渐变群中占据不同区域，分布着分析语（独立语）、黏着语和屈折语。在语法语素形成的历时过程中，相似性也十分明显。这种过程将在“语法化”一节中予以讨论（见第六章）。语法化过程使独立的单词变成词缀，这些词缀又可能与词干不断融合。

识别不同语言中的相同范畴是可能的，尽管做到严格区分并非易事。例如，确定英语中 -ly 型副词是屈折还是派生（Bybee 1985），或者确定否定助词及其缩写形式 -n't 是附着语素还是词缀（Zwicky and Pullum 1983），同样都是十分困难的，也正是递差存在的明证。在派生形态学内部，可以发现不只是词缀之间存在有趣的差异，而且不同组合使用相同词缀的情形也不尽相同。例如，就 -ness 这一后缀而言，business 比起 happiness 来，其可分析度相差甚远。海（Hay 2001，2002）也表明：-ly 型副词之间存在更加细微的差别，比如，swiftly 和 softly 的后缀相同，但可分析度有所不同。

语法语素处于单词和音位之间，其递差性可通过常见实例得到佐证，例如，使用现在完成式“have+ 过去分词”等词汇组合生成迂回表达式。不常引用的例证可见于包含 way 一词的构式之中，例如“Powell knows how to thread his way between conflicting views.”[1]。既然 way 在构式中的位置具有不可替代性，那么它就有资格充当语法语素。然而，它并没有履行传统意义上与语法语素相关联的任何功能，所以通常被视为一个单
4 词。由此可见，由单词发展而来的语法语素位居递差轴的一端，而另一端则是逐渐失去其自身意义并成为单词语音部分的语法语素。霍珀（Hopper 1994）讨论了一系列类似情况（另见 Greenberg 1978b），比如英文单词 seldom 的第二个音节，它曾是附着于形容词 seld（奇怪，罕见）的与格复数标记，而今已是单词中无意义的一个组成部分。

“语法语素”范畴的变异和递差是语言变迁过程的直接产物。语言变迁对语素施以影响，塑造其形式和意义的特性。伴随着语法化过程，词汇语素可能演化为语法语素（如词汇语素 go 成为将来时构式 be going to 的组成部分），对周边材料的依赖性逐渐增强，最终与之融合。两个单词以类似复合的形式在一起使用，就会生成派生型语素。比如，-ly 源于名词 liç，意思为“身体”，由此产生了“有了……的身体”的复合意义。后来，这个复合体的第二部分逐渐弱化，继而向越来越多的名词和形容词扩散，其意义才得以泛化。

的确，这些变迁过程广为人知，大家也习以为然。然而，尚不为人们心领神会的是，语言变迁不仅解蔽语言使用的认知过程，而且揭示语言使用影响记忆存储及其组织方式（Bybee and McClelland 2005，McClelland and Bybee 2007）。本书其余各章将探讨影响语言加工过程的趋势性因素，

将递差性视为现象背后的核心本质，而不再是上述例证所示的描述性问题，讨论的重点转向语言使用对语言本身和认知系统的影响。

1.2.2 语言特殊性范畴的异质性和递差性：英语助词

好的语言结构，不仅规则清晰，而且表现得当。英语助词序列堪为此类结构的典范，值得缜密探究。第七章将考察这一结构及其关联规则或构式（主语和助词的倒装式和否定式）在 16 世纪形成的过程。我们将注意到诸多渐变现象，其中有的现象最初仅仅是弱相关，只是后来才促成助词及其相关构式。本研究揭示一个事实：与主语倒装以及后接否定词的组构成分实际上是一种多元结构类，包括与无标记主动词形式共现的一整套情态助词（评述见下文）、两种构式（分别以主动词的不同形式呈现，即进行体（BE+ING）与完成体（HAVE+EN）），以及作为系动词的 5
另一组构成分（实际上是出现在谓语部分的主动词）。这一范畴之前也包括（现在某些方言中仍然如此）领属类动词 have 等其他许多动词。由此可见，英语助词范畴的成员十分多元，但无论在结构上还是功能上还都缺乏统一性。

这个范畴本身也存在边界不清之嫌。上文述及的情态词、进行体 be、完成体 have 以及系动词等组构成分，从范畴上来讲，都是同类中的常规成员。然而，动词 dare 和 need 有时的表现犹如这个范畴的成员，有时却又表现为普通主动词。这种递差并非一蹴而就。事实上，自从助动词范畴和主动词范畴开始区分（差不多五个世纪之前，见第七章）以来，这两个动词就一直在两种范畴之间左右摇摆。

此外，情态助词范畴的成员也颇为多样，呈现出差异性，在功能方面尤为如此。大多数表达情态，要么是主体导向性的，有表达能力的（can、could），也有表达义务的（must、shall、should），要么是认知性的（may、might、could），也有一些表达时态（will、shall 表将来）或时体（would 表过去的习惯）。

这一类项有着十分相似的结构特性，表达各种各样的意义。这种范畴在世界各语言中并不少见。拜比（Bybee 1986）研究了 50 种语言的时态、体和情态屈折形式，发现位置词类与意义范畴直接对应的情况十分少见。这种异质性并不只存在于词缀和助词。介词的行为也显示出诸多差异，比如最常见介词 of，它经常表现得一点也不像介词（Sinclair 1991），复杂介词（比如 on top of、in spite of）的行为是混合的，一方面包含两个介词和一个名词，另一方面又作为一个单位发挥功能（见第八章）。

1.2.3 构式变异的实例：I don’t know、I don’t inhale

前面几节讨论的递差和变异类型在文献（如前所述）中比较常见，但是这里要讨论的最后一种类型作为一种现象新近才引起关注，理应提出一种语言理论予以观照。本节将聚焦这样一种事实：相对一般构式而言，某些构式的特例（包含特定词项）时不时表现出不同的样态。

以 I don’t know 和 I don’t inhale 两个表达式为例。它们看上去结构
6 相同，都包含第一人称单数代词，其后是助动词 do 的否定形式和一个无标记主动词。它们的语音变异也相同：don’t 词首的闭塞音变成一个闪音，位于词末的 [t] 通常不发音。除此以外，第一个表达式 I don’t know 还有第二个表达式所没有的诸多其他变异特性。尽管从各个部分的组合中可以预测 I don’t know 的意义，但是这句话通常也可作为话语标记，用以缓和前面所做断言的语气，让听话人知道讲话人主动放弃自己的立场（Scheibman 2000）。相对语义更加透明的用法而言，这一表达式如果采用上述话语-语用用法，那么就更有可能出现语音进一步缩减的情形。比如 don’t 中的元音会被进一步缩减，变成一个中性元音。最极端的缩减情形是，don’t 中的闭塞音 [d] 被脱落。如果主动词是类似 inhale 的低频动词，那么上述变化都不会出现（Bybee and Scheibman 1999）。第二章将深入讨论高频表达式中的省略和语义变化问题。

1.2.4 递差性和变异性的作用

定义“音段”“音节”甚至“单词”等单位并非易事；“小句”的形式十分多样，也同样存在概念化问题；不同讲话者的语法判断具有递差性和变异性。这样的例子很多，俯拾皆是，是对上一节例证的补充。递差性和变异性的存在，既不会否定语内的常规构型，也不会否定跨语言构型。然而，十分重要的是，不应视常规为主要，也不应视递差和变异为次要。相反，同样的因素运作，既会生成规则，也会造成偏离。如果语言是一个固定的心智结构，那么就有可能产生离散范畴。然而，语言是一种不断使用的心智结构，而且其变迁离不开认知加工过程的过滤，这样一来就少不了递差和变异。

1.3　领域普遍性过程

语言是人类行为中最为系统也最为复杂的形式之一，已催生了许多不同的理论，探讨语言的使用目的（思维 / 交流）、语言的演化方式（突变 / 渐变）、语言结构的起源（先在结构 / 语言使用）以及语言结构背后的认知过程类型（语言特殊性 / 领域普遍性）。本节讨论最后一个问题，即生成语言结构的过程是具有语言特殊性还是同样适用于其他认知领域？回答这个问题的最好办法是，首先考察领域普遍性认知过程，看看在没有假定 7
语言特殊性认知过程的情况下，语言结构在何种程度上可以得到解释。如果这种探究取得部分成效，那么就可以缩小语言特殊性认知过程的范围。如果使用相反的方法，即先假定语言特殊性认知过程，那么就不能发现领域普遍性过程对语言结构的影响机制。

如上所述，语言是一个复杂的适应系统，语言结构是自然生发的（Lindblom et al. 1984，Hopper 1987），这种观点产生的影响是，研究者会把注意力从语言结构本身转向语言结构的生发过程（Verhagen 2002）。探寻领域普遍性过程，不仅可以缩小语言特殊性过程的范围，而且也将语言置于人类行为的更大语境中予以审视。

本书研究的领域普遍性认知过程包括：范畴化（categorization）、组块化（chunking）、丰富记忆存储、类推（analogy）和跨模态联想（cross-modal association）。这些过程并不能穷尽所有的语言认知过程，也不否认未来或然会发现新的语言特殊性认知过程。事实证明，这些认知过程对于认识语言的某些特征十分有用，而这些特征也一直是我的兴趣所在。

范畴化与其他过程皆有交互，因而最具普遍性。范畴化指单词、短语及其组成部分被识别之后与储存表征联结时所生发的相似性或同一性匹配现象。最终形成的范畴是语言系统的基础，它们或是语音单位，或是语素、单词、短语，或是构式（见第二、四、五、八章）。范畴化具有领域普遍性，具体而言，不同类型的感知范畴独立于语言，产生于经验。

组块化是指组合单位序列、生成连贯形式、构成复杂单位的过程。作为一种领域普遍性认知过程，组块化有助于解释人们为什么通过练习可以更好地完成认知和神经运动任务。在语言领域，组块化是构式、组构成分和程式表达等序列单位的生成基础。反复使用的单词（或语素）序列在认知中得以整合，才能作为一个独立单位被提取。正是由于组块化与范畴化的交互作用，常规序列才具有不同程度的可分析性和可组合性（见第三、八章）。

丰富记忆指语言经验细节的记忆存储，包括单词或短语的语音细节、使用语境、意义以及与话语相关的推论。范畴化就是这些丰富记忆被投射到现有表征的过程（见第二章）。语言形式的记忆以样例形式表征，而样例则是由被认定具有同一性的语言经验标记建立起来的。有关样例表征的
8 主要观点是，每次的语言经验对于认知表征都有影响。非语言记忆对于认知表征和神经结构也有影响（Nadre et al. 2000）。

类推指基于过往经验话语创造新话语的过程。类推也需要范畴化。过往经验标记的各个部分必须解析成可排列和范畴化的单位，才可以形成新话语。类推具有领域普遍性，已从视觉刺激（如场景、形状和颜色等）的关系结构这个方面开展了相关研究（Gentner 1983，Gentner and Markman 1997）。

领域普遍性过程还包括联结意义与形式的跨模态联想能力。埃利斯（Ellis 1996）将这种最基本的原理称作“詹姆斯邻近定律（James’ Law of Contiguity）”(James 1950 [1890]）。据此，共现经验在认知过程中更易于联结。埃利斯指出：

> 表征模态内部发生的隐性、自动化模式–检测（pattern-detection）过程的必要前提是，任何类似的跨模态联想一般都发生在组块化水平最高、已被激活的节点之间。据此可以将莫顿（Morton 1967）的例子扩展一下：一个成年人每天早上在邮件投递到邮箱时看自己的表，他/她所建立的联想是邮件投递时间为上午 8：30，而不是信封和手表时针的关系（1996：110）。

因此，意义一般被分配给可及范围内最大的组块（chunk），如单词、短语或构式。需要注意的是，从某些特定话语的语境做出的推断也可能逐渐与特定序列相关联，从而引发意义的变化（见第三、六、八、十章）。本书第二至第五章讨论上述领域普遍性认知过程及其在语言中的循环使用机制，以揭示范畴、语言单位以及序列结构（如构式和组构成分）的生成过程；同时还将表明，领域普遍性认知过程，不仅造成可分析性和可组合性方面的差异，而且也是语言能产性和创造性使用的缘起。第六章至第八章详细讨论上述认知过程在语言变迁情形下的运作机制，重点考察这些过程对语法化、新构式创造、成分组构变化的作用。第十章讨论文中的主张对于理解语法范畴意义的影响。第十一章讨论在特定文化语境下，就语言使用而言，领域普遍性过程的应用和交互是如何产生语言相似性的。

1.4　基于使用的语法

拜比（Bybee 2006a）认为，语法是个人语言经验的认知组织。用语言学人熟悉的术语来表述这一理论，本文有必要使用“层次 9
（level）”“单位（unit）”“过程（process）”等与新话语生成相关的概

念。在接下来的章节中可以看到，“构式（construction）”是形态和句法表征的合适单位。菲尔莫尔及其同事戈德伯格和克罗夫特（Fillmore et al. 1988，Goldberg 1995，2006，Croft 2001）曾在不同著作中对此下过定义。“构式”背后的核心思想是，它是以序列结构呈现的直接形义配对体，既含有固定位置，也含有开放位置。因此，就有了被动构式、双宾构式或更具体的构式之说，如下例所示：

（1）It *drove* the producer *mad*.

（2）Bantam corkscrewed his *way* through the crowd.（Israel 1996）

以上是一般构式的具体例子。第一个例子是结果构式（resultative constriction），使用特定动词drive 和一组表示crazy 的形容词（见第二、五章）。第二个例子包含一个固定词 way、一个表示路径形成方式的动词和一个表示方位的短语。

构式匹配形式和意义，因此构式语法不含与语义学分离的句法学模块，也不提供表层形式的衍生历史。在特定构式出现特殊语音缩减情况时，甚至连语音都可以在构式中直接表征（见第三章）。基于使用的语法建立抽象层级的方法是，对相似的使用实例进行范畴化处理，使之成为更抽象的表征（Langacker 1987，2000）。

建立构式的坚实基础是基于现实话语而形成的概括性结论，因此构式与样例模型（examplar model）的匹配是直截了当的（见第二章）。构式的具体实例影响认知表征，某些构式项的形符频度（token frequency）（如美式英语中“that drives me crazy”的高频使用）以及类型范围（同一构式中可以出现哪些不同的形容词）决定构式的表征和能产性。构式的具体实例，经过重复使用，能逐渐衍生出新的、独立的构式，就可证明构式实例影响构式表征（见第二、六、八章）。此外，例频对构式中与图式空槽（schematic slot）相应的范畴也产生影响（见第二、五章）。

语言使用的每个实例都会影响表征，因此变异和递差在语言使用者的系统中也会直接表征。就样例模型而言，所有的变异项（variant）以样例集（examplar cluster）的形式在记忆中表征出来。这些样例集会逐渐发生变化，反映语言伴随使用而产生的变迁。据此可以提出这样一个假设：语言变迁生发于语言使用过程，而不是语言习得过程（见第六、七、八章）。

1.5　证据来源 10

基于使用的语法理论直接源于语言经验，因此任何类型的数据都不会被排除在外，因为它们反映的是语言行为而不是语言能力。只要理解在每个数据生产环境中起作用的不同因素，那么从儿童语言、心理语言实验、讲话者的直觉知识到语料库的语料分布和语言变迁，等等，都可以是研究认知表征的可靠数据来源。

鉴于复杂适应系统的研究取向，大部分论证以反映语言变迁趋势的实例为基础，就不足为奇了。无论过去还是现在，语言变迁都是人为操作的，而且是自明的，因此完全可以从现代语料库（时间深度较浅，如 20 世纪）或者几个世纪前的文献中获取数据。理解语言变迁的过程和方向，有助于洞察个体（历时）的语言认知系统。我始终认为，即使是个体的认知系统，也是动态变化的；变化规模不论大小，都会指向语言使用过程中的加工能力。

同样重要的是，语言变迁具有解释功能。语言结构的所有模式都有一段演变史。如果要解释语言中为何存在某些特殊结构，那么或多或少都会涉及这些结构的起源问题。阐释一下多布赞斯基（Dobzhansky 1964：449）关于生物和进化的著名论断，我们就可以这么说："缺少语言变迁的观照，语言学就会毫无意义。"复杂适应系统观的一个优势是：用于加工语言的认知过程和产生语言变迁的认知过程是一样的。这样一来，共时维度和历时维度的解释便可以统合。

就本书而言，数据的主要来源是口语或书面语语料库。本书的撰写持续数年之久，只要有语料库可用，我就一直会用。就当代英语而言，我使用了《美国电话录音语料库》（*Switchboard*）（Godfrey et al. 1992）、《英国国家语料库》(*British National Corpus*，简称 BNC)(Davies 2004)、《时代杂志》(*Time Magazine*)(Davies 2007)以及《美国当代英语语料库》(*Contemporary Corpus of American English*，简称 COCA)(Davies 2008)的数据和语料。使用这些语料库，一方面是获取量化数据，另一方面是寻找个别例证(以免生造样例)。西班牙语实例源于《当代西班牙语口语语料库》(*Corpus Oral de Referencia del Español Contemporáneo*)和杨百翰大学(Brigham Young University)人文研究中心哈尔沃·克莱格(Halvor Clegg)建立的 15 本小说的书写语料库。毫无疑问，使用大型语料库，我们对使用者的语言经验便有了更加深刻的认识。

11

1.6 研究回眸

和所有学术论著一样，本书与其说是真正意义上的原创，倒不如说是对以往研究的综合。美国语言学的悠久传统源于对功能和类型学论题的实证研究，这也是本研究的基础。在乔姆斯基(Chomsky 1957，1965)提出"句法自治(autonomy of syntax)"假设的 20 年里，产生了一个势头强劲的新传统，毫无隐讳地开始研究语法构式的功能(Givón 1973，Hopper and Thompson 1973，Li 1976)。从一开始，本书就综合了类型学和跨语言方面的研究思考，旨在理解语言变迁，并由此解释具有语言特殊性的共时状态以及语言类型分布(Givón 1971，1979，Li 1975，1977，Greenberg et al. 1978)。这一传统下的研究工作延续至今，不断扩大研究范围，以意义和话语功能为参照，解释语法的更多方面(Hopper and Thompson 1980，1984，Du Bois 1987 以及其他众多新作，此处不一一列举)。

上述传统的一个重要发展体现在语法化跨语言研究浪潮的兴起，始于 20 世纪 70 年代，发展于 80 年代(Givón 1979，Lehmann 1982，Heine and Reh 1984，Bybee 1985)。本书不仅识别构式语法化的跨语言演变路径(Givón 1979，Bybee et al. 1994，Heine et al. 1991，Heine and Kuteva

2002），而且识别构式语法化的主导变化机制：语义淡化或泛化（Givón 1973，1975，Lord 1976）、语用推论（Traugott 1989）、语音缩减（Bybee 2003b），以及范畴和组构结构的变化（Heine et al. 1991，Haspelmath 1998）。这些变化发生在语言使用过程，其中许多变化取决于语言使用频度或重复率，鉴于上述有关语法化过程的研究，我们需要重新审视语法的本质。重新审视的结果表明：语法可能受语言使用的影响。这一点激发了我构想一种基于使用的语法理论，由此构成本书的核心主题。

就相当独立的研究进展而言，对共时语法形式感兴趣的研究者开始探究这样一种想法：从表层取向的构式（形式和意义直接关联）角度来处理形态句法结构（Langacker 1987，Fillmore et al. 1988，Goldberg 1995，Croft 2001）。这种以表层为取向的语法研究方法为描述和解释语法化过程提供了一种合适的形态句法单位（Bybee 2003b，Traugott 2003）。以语言使用过程中的构式特性为出发点，我们可以探究可分析性（analysability）、可组合性（compositionality）以及能产性（productivity）等递差概念（Langacker 1987，Clausner and Croft 1997）。如上所述，构式源于存储的语言使用样例，从基 12
于使用的角度解释构式，是本书阐发语法概念的基础。

就基于使用的理论来说，量化研究对于理解语言经验的广度至关重要。由拉波夫（Labov 1966，1972）发起的语言变异主义传统，一方面旨在理解社会因素与音系和语法的交互方式，另一方面也为语法变异和变迁研究提供了合宜的方法论（如 Poplack and Tagliamonte 1996，Torres Cacoullos 1999，2000）。最近，随着当代口头和书面话语大型语料库的发展和历史文本的运用，“使用影响语法”这一假设才可能得以验证（如 Sinclair 1991，Jurafsky 1996，Gregory et al. 1999，Jurafsky et al. 2001）。语料库语言学发展的其一结果是，学界又一次对程式语言（formulaic language）产生了兴趣（Erman and Warren 2000，Wray 2002 及其他），因为程式语言可显示讲话者具有何种程度的特定语言知识。对于单词组合和构式及其特定意义，对于时有变化的语音形态，我们积累了丰富的知识，这一点表明语言模型中一定包含大量的语言使用细节。

最后，运用复杂适应系统的观点研究语言，与格林伯格式提倡的辨识语言演变路径及其机制的学术传统（Greenberg 1969，1978b）相契合。语法是自然发生的，而不是固定的、离散的和先验的。林德布卢姆等（Lindblom et al. 1984）最早明确提出上述主张，霍珀（Hopper 1987）也曾单独提出过类似主张。还有学者进一步明确提出“语言是一种复杂适应系统”的主张（Larsen-Freeman 1997，Ellis and Larsen-Freeman 2006）。

1.7　本框架提出的问题

每个理论都有一系列假设和目标，假设支撑研究问题，目标决定问题设定。本书遵循林德布卢姆等提出的“由非语言衍生语言（原写法为：DERIVE LANGUAGE FROM NON-LANGUAGE!）”（1984：187）的指向性建议，并据此设立目标。我们的做法是，超越语言结构，探寻生成语言结构的领域普遍性认知过程。这些过程应用于语言使用之中，我们也将探究语言经验影响语言表征的方式。鉴于此，我们提出两个问题：（1）使用频度如何影响结构？（2）语言使用的特殊（实际）情形如何与语言的一般（认知）表征相联系？

以“使用”和“过程”的交互关系为兴趣点，我们才有可能探究构式生发和变化的机制，实际上也才有可能针对语法起源问题提出一些见解。
13 同时，也可以就单词、短语和构式的语义、语用和语音形式以及它们的可分析性、可组合性、能产性等方面提出更多的具体问题。本书提纲挈领地提出一套语言理论，直面语法本质问题，将变异性和递差性统筹兼顾，以期解释作用于语言使用行为的复现过程。

第二章 14

语言的丰富记忆：样例表征

2.1 引言

就基于使用的语言观而言，语言的实际使用影响认知表征这一假设至关重要。本书贯穿始终地坚持以样例表征语言的主张。提出的主要论点有：样例表征（exemplar representation）记录使用轨迹；样例表征反映结构递差；样例表征显现语言变迁。本章解蔽样例模型的特性，着重样例表征的一个方面，即样例记录语言经验细节。样例表征，也就是丰富记忆表征 (rich memory representation)，包含或至少潜在地包含语言使用者在语言经验中感知的所有信息。这些信息包括：语音细节（含冗余特征和变异特征）、所使用的词项和构式及其意义、基于意义和语境的推断，还有社会环境、物理环境和语言环境各自的特性。

本章将回溯语音范畴化、声音识别、社会语音学、词层扩散式音变、语法化、逐字回忆（verbatim recall）等领域的研究近况。这些研究无一例外地表明：认知表征中留存大量的语言细节。本章和其他章节拟讨论三个有趣的问题：（1）大脑如何处理细节？（2）大脑如何处理输入形符（token of input）和样例记录的相似性和差异性？（3）形符重复使用如何影响语言表征？

2.2 与狭隘的生成理论及其结构主义研究传统的对比

2.2.1 结构主义传统

语言记忆表征富足而详实，这一观点与20世纪结构主义和生成主义传统大相径庭。后两者坚持认为，冗余和变异是从信号和编码中提取的，随后才被弃之不用，而并非存储在记忆之中。两个框架之所以认同上述立场，是因为其背后存有若干动因：组织语言结构的模式可见于不同词项和不同语境；语言学家识别这些模式，就需要对具体实例进行抽象，进而找到恰如其分的信息描述模式的特征和规则；这样一来，这些规律性的东西就不必同具体词项一起予以记录；由此可见，词项包含的只不过是个人偏好的信息。

有学者曾数次提出，有必要创建一个明晰度更高的词库（Jackendoff 1975），尽管如此，从存储中移除可预测信息的基本做法仍在延续。试想一下讲话者或学习者使用或学习语言的实际情况，那么这种做法就未必值得称道。兰艾克（Langacker 1987）认为，推论的必要前提是记忆中积累有一套实例，因为实例是推论得以建立的基础。范畴或推论一旦形成，讲话者就会摒弃推论赖以建立的实例，但事实未必如此。如果语言记忆像其他领域经验的记忆一样，那么推论形成之后实例完全被摒弃的情况就不可能出现（详见下文）。

如第一章所述，基于使用的语言理论的目标是，从领域普遍性认知过程的角度寻求解释。鉴于此，我们应该尝试确定记忆及其组织的一般特性是否适用于语言。就这一方面而言，学界曾经针对抽象和无冗余表征提出另一重要观点。早些时期，语言学家们认为，因为记忆力有限，任何冗余、非显著性细节，以及语言使用的特定形符，总会被排除在永久记忆表征之外。的确，有关记忆有限性的观点是探寻最简式表征类型的动力。如罗曼·雅各布森（Roman Jakobson）在1972年那次演讲之后的讨论中，对语言二元表征的必要性曾做出如下评论：

> 二元对立的概念必不可少；没有它，语言结构就会丢失。有了相对立的两个术语，它们就会始终出现在人的意识之中。试想一下高加索语言中的数十种语法现象。如果没有这些对立的概念，这些语言的使用者就会精疲力竭（Jakobson 1990：321）。

雅各布森没有给予讲话者足够的认可。我们现在知道讲话者认识数以万计乃至数以十万计的单词，以及由这些单词组成的差不多同等数量的预制表达式（prefabricated expression），比如 bright daylight、pick and choose、interested in、disposed to 等。显然，大脑的容量是十分惊人的。二三十种格标记（许多可能仅限于特殊构式）对于一般讲话者来说都不是问题。

2.2.2 模仿的作用 16

乔姆斯基及其同事拥护的天赋论传统认为，模仿对语言习得的作用无足轻重，微不足道。其主要依据是，小孩经常说出的一些话，绝不可能是从成人那里听来的。这似乎在表明：因为我们是人类（所以比其他动物高级），又因为语言非常复杂，所以我们不可能仅仅采用像模仿一样简单的方式就能学会语言。相反，语言及其复杂结构的背后一定有更高阶的认知活动类型。

上述观点的不足之处与两个假设有关：（1）模仿是一种低级行为或能力；（2）使用模仿会排除其他认知机制。首先，如果模仿是一种低级行为，那么非人类应该更加见长。然而有证据显示，非人类的模仿能力十分有限。猿和猴可以进行一些模仿，也许是大脑中存在镜像神经元的缘故，但它们的模仿能力似乎远不及人类（Tomasello et al. 1993，Donald 1998，Arbib 2003）。比如黑猩猩，虽然有证据表明它们具有模仿同类以及人类的能力，但模仿过程是“漫长而艰辛的……，相比之下，人类习得新序列的速度却要快得多”（Arbib 2003：193）。阿尔比布（Arbib）区分了简单模仿和复杂模仿，前者仅限于物体导向型行为的简短新序列，后者（如模仿唱歌或跳舞）包括过程解析、变异识别以及不同部分的协调。复杂模仿与语言习得所需的许多过程是一样的。

正如唐纳德（Donald 1991，1998）指出，模仿及其高级形式拟态，是人类文化同质性的基础。贝茨等（Bates et al. 1991）强调，相对于其他灵长目动物而言，模仿对于人类学习更为重要。他们援引了一个实验，其中让一个人类婴儿和一个黑猩猩幼崽在同一人类家庭里成长。对此，他们时常感叹道："天哪！实验数次近乎夭折，因为实验对唐纳德（即人类婴儿——JB）产生了意想不到的影响。黑猩猩模仿唐纳德，进步相对不大；唐纳德倒学会模仿黑猩猩的许多行为，而且还做到了创造性发挥！”（Bates et al. 1991：48）

当然，模仿对于语言非常重要，也不会排除语言必须的其他认知过程。没有人会声称仅仅依靠模仿就足以传递语言。此外，具有生成能力
17 同样十分重要，因为它可以使模仿学来的序列在新环境中创造性地得以使用。在认识切分、归类和重组能力的同时，认识高水平的模仿技能，我们才更有可能解释语言的工作机制。

2.2.3 早期的实验结果

某些实验结果使抽象表征这一概念得以强化。20 世纪 70 年代的范畴感知研究，重视语音范畴的边界（Liberman et al. 1957，Studdert-Kennedy et al. 1970）。有关研究表明：相对单个音素声音区间的刺激而言，受试者可以在声学意义上更好地区分不同音素的声音刺激。即便前者和后者没有显著区别，情况亦如此。该研究更加强化了这样一种观念：音素的重要性在于区分单词。换言之，区分语音的任务一旦完成，声音形式的细节便可弃而不管。

然而，有关不同任务的后续研究表明，受试者也能够区分范畴内的

刺激，并对其范畴拟合度（goodness of fit）进行评级（Miller 1994）。事实上，米勒（Miller）的研究表明，“音素”也许并不是范畴的相关层级。据她发现，即便是语境决定的范畴，也存在梯度化（graded）的内部结构，例如 [t] 在开音节和闭音节中的声音起始计时（voice onset timing）就有所不同。此外，能够确定范畴成员的声音线索似乎有多个，并且处于一种平衡关系：一个减弱，另一个增强。受试者据此可以认定刺激的所属范畴。受试者对语音细节如此敏感，说明范畴源于经历过的无数形符。下文呈现的成人语言变迁的证据亦表明，范畴根据语言经验的语音特性不断更新。

还有一项成果对语言表征抽象性的认识具有强化作用。该成果来自 20 世纪 60、70 年代进行的逐字回忆心理语言学实验。对实验显示的结果，普遍的解释是这样的：语言使用者没有保留已加工话语的形态句法形式，而只是话语的意义或主旨（Sachs 1967，Bransford and Franks 1971）。据认为，表层句法结构仅在某些情形下才会被使用者记住：受试者被事先告知看过句子后会进行记忆测试（Johnson-Laird et al. 1974）；受试者听到句子后马上进行测试（Reyna and Kiernan 1994）；句子具有显著性或“交互性”（Murphy and Shapiro 1994）；句子孤立出现，没有融入语义连贯的段落（Anderson and Bower 1973 等）。

古列维奇等（Gurevich et al. 即出）指出，受试者没有保留经验形符
的字面形式，虽然这只是大家对上述实验的普遍理解，但事实也表明，句 18
子的表层形式不一定完全丢失。古列维奇等在自己的实验中，先让受试者听一个故事，然后马上要求他们判断电脑屏幕上书写的小句是否跟故事中听到的完全一样。结果显示，以上随机逐字记忆的平均正确率为 72%。在另一组实验中，古列维奇等要求受试者复述听到的故事（事前未告知）。受试者复述时使用故事原句的比例从 9%（N=33）到 22.3%（N=144）不等，这与他们听到的不同故事有关。实验表明：听到的小句的字面形式没有完全丢失。甚至在两天之后，受试者还能用故事中 17% 的小句进行

复述。

语言学领域出现的新证据表明，认知表征对经验的各个方面都比较敏感，例如使用频度（见 Bybee 1985，2007 等）。古列维奇等受此感召，开启了逐字记忆研究。反映使用形符对表征的影响，有一个看似合理的方法。具体言之，使用的每个形符，无论是单词、字符串，或是构式，均可增强某一特定项的表征（Bybee 1985 有关形态学的讨论）。频度累积到一定程度，其影响才会被注意到。一个词项在记忆中初现时都没有被注意到，那么频度就无法管用。这样的话，频度又何以累积呢？词项的频度达到一定程度才会被记录下来，这种情况并不存在。除非从大脑记录实例一开始就“计数”，我们是无法知道词项何时达到临界频度（Bybee 2006a，Gurevich et al. 即出）。因此，经验形符的逐字形式，即使过后无法准确回忆，也一定会对认知表征产生一些（可能很小的）影响。事实上，任何逐字记忆都可记录，上述观点由此得以佐证。

最后，纵观有关范畴化的研究文献，无论是以抽象为特征的范畴观，还是以样例组为特征的范畴观，争论的焦点关乎同一问题。有关自然范畴化的早期研究发现了后来被称之为“原型效应（prototype effects）”的现象。原型效应是范畴成员梯度化的产物，具体言之，范畴的某些成员被认为优于其他成员，或者比其他成员更重要。埃莉诺·罗施（Eleanor Rosch 1973，1975）的实验表明，在同一文化中，受试者对某一范畴的样例项认同度很高。研究业已表明，原型效应散布于语言之中（Lakoff 1987，Taylor 1995）。人们对原型效应的一种解释是，针对一个范畴建立抽象原型，其核心成员与原型的相似特征应多于边缘成员。但事实证明，以范
19 畴中的特定成员或样例为参照，也可产生同等效果。这一点梅丁和谢弗（Medin and Schaffer）1978 年的实验有所证明：哪怕只是与边缘成员相似，也同样有利于范畴成员的分配。由此可见，如果一个人熟悉鸵鸟，并把它归于“鸟”类，那么将“鸸鹋”归于鸟类就更为简单了，尽管鸸鹋和鸵鸟距离“鸟类”这一原型一样远。

丰富记忆存储的进一步证据还源于这样一个发现：在人们的意识里，某些特征往往在某一特定范畴共现。例如，人们隐约知道，听到鸟鸣声，那更可能是一只小鸟，而不是一只大鸟（Malt and Smith 1984）。如果只使用“鸟”的抽象原型来表示范畴，而不顾个别样例的有关知识，那么详尽的范畴内知识就无法解释清楚。

语音范畴、逐字回忆和作为领域普遍性过程的范畴化等方面的研究成果表明，语言的认知表征受语言使用的具体形符以及包含的大量细节影响。鉴于此，我们可以更详尽地描述语音、形态和句法在样例模型中的处理方式，同时针对样例表征提出进一步的观点。

2.3 语音样例模型

语音学和音系学领域对样例表征已经进行过非常充分的探索，提出了感知和生成模型。这些模型认为，每个经验形符对于语言词项的记忆存储和组织都有影响（Johnson 1997，Pierrehumbert 2001，2002，Bybee 2001a，2002b，2006b）。就新的语言经验形符而言，其分类和匹配总是参照以样例形式存储的已有相似经验形符。因此，创建一个样例的基础是一组形符，这组形符在有机体看来具有某个维度上的同一性。例如，一个单词包括若干可区分的语音形式，每个形式分别被确立为记忆中的样例。与现有的某些样例相同的新的经验形符得以映射，由此对已有的样例产生强化作用。然后，一个单词的所有语音样例被归并在一个样例集，样例集与该词的意义和使用语境相关联，意义和语境本身又构成另一个样例集（Pierrehumert 2002，Bybee 2006a）。各种意义、推论以及意义关联性语境要素和样例一并存储。有时，特定的语音形式与特定意义或使用语境相关联，但更常见的是，一个单词被表征为一组语音样例，变异幅度并不大，而且与一组意义直接关联。

20 ### 2.3.1 频度缩减效应

支持样例模型的一个主要观点是，包含相同语音子序列的单词，由于渐变的缘故，变异范围会有所不同。最近，语音缩减定量研究方面取得了一项重要成果，研究发现：高频词比低频词经历更多的变化，而且变化速度更快。高频词出现辅音省略的比例更大（Bybee 2001a），例如美式英语中 t/d 音（Gregory et al. 1999，Bybee 2000b）和西班牙语中两个元音间的 [ð] 音。高频词的非重读元音，出现缩减的情况更多（如 Fidelholtz（1975）讨论的英语实例和 Van Bergem（1995）讨论的荷兰语实例），省略的可能性也较大（Hooper 1976）。此外，有一些证据表明：元音迁移存在频度效应（Moonwomon 1992，Labov 1994，Hay and Bresnan 2006；讨论见 Bybee 2002b）。[1] 拜比（Bybee 2000b，2001a）和皮埃安贝尔（Pierrehumbert 2001）指出，如果同时也假定使用的形符中存在辅音弱化（发音缩减）倾向，那么上述事实就会在样例模型中自然呈现。对于使用频度更高的单词来说，这种倾向会更加明显，变化的速度也更快。辅音弱化倾向是实践的产物：随着单位序列的重复，所使用的发音动作（articulatory gesture）往往会缩减和重叠。有不少研究用数据表明，在变异和持续变化的情形下，语音语境自洽的高频词往往变化较大，无论是语料库中发现的变异项的比例，还是语音变化的进展程度，都可说明这一点。

样例模型是频度效应建模的自然之法（见 Moonwomon 1992 最早提出的主张）。如果一个单词每次使用时都累积发生细微的语音变化，如果这样的使用效应循环进入单词的存储表征，那么使用频度高的单词，跟使用频度低的单词相比，累积的变化会更多。建模取决于拥有记忆表征或语音范围（即样例集）的单词（Bybee 2000b，2001，Pierrehumbert 2001），但不取决于拥有抽象音素表征的单词。皮埃安贝尔（Pierrehumbert 2001）提出了一个正式的辅音弱化样例模型。该模型之所以会引发样例集渐变，是因为辅音弱化倾向对单词的每一次使用都会产生影响。

每个单词不是以各自独特的方式发生变化，而是遵循语言演变的总体方向。例如，就美式英语而言，居于中位的所有 [t] 和 [d]，其后出现非重读元音，就会发生闪音。鉴于此，不能说有些 [t] 和 [d] 变为摩擦音，另一些变为声门闭塞音，等等。事实上，单词的不同语音特性是相互关联的（Pierrehumbert 2002），从而导致某一具体词项的单一变异和若干词项的模式化变异。模式化变异可以由单词子序列（如音节、辅音或元音）组成的样例来描述。基于拜比（Bybee 1985，2001a）的注音图，我们可以用共享特征之间的连线来表示词际关系，如图 2.1 所示。

21

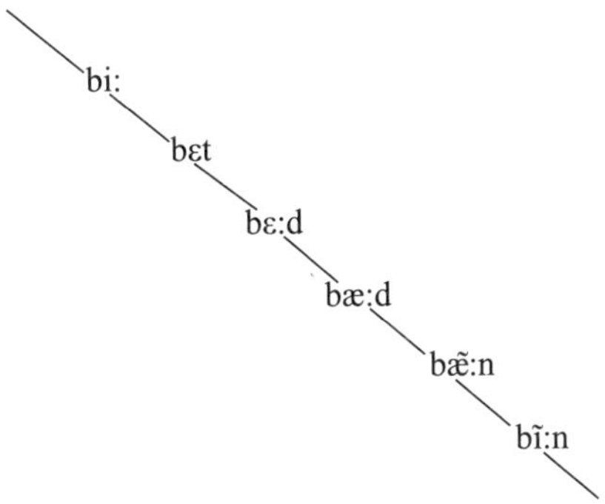

图 2.1　基于 [b] 音的词汇联结表征（bee，bet，bed，bad，ban，bin）

2.3.2 社会语音变异

语音变异研究也被称之为“社会语音学”。就新近研究而言，学者们提出了语言样例或者丰富记忆（Foulkes and Docherty 2006）这一观点。此观点同样也适用于解释数十年来社会语言学诸多研究所提到的次音位变异（subphonemic variation）现象。这些研究显示，有一些发音，例如，美式英语的 /r/ 音或双元音 /au/ 以及 /aj/，在某些地区与社会阶层归属有关（Labov 1966，1972）。为了把某种语音形式与性别、社会经济阶层或地理位置联系在一起，就必须把自己和他人经历的发音细节记录在记忆中，并把其作为某些个人或阶层的标志。事实上，实验结果表明，甚至连讲话者个人的语音特质信息也至少会保留一段时间（Goldinger 1956）。

2.3.3 成人语音变化

每个经验形符对记忆都会产生影响，要么强化已有样例，要么扩充样例集。既然样例表征和上述假设成立，那么就可以说成人发音会因时而
22 变。当然，对于孩子或者语言学习者来说，每一个新的经验形符对表征都会产生相当大的影响。相形之下，对于成人来说，情况则有所不同，因为成人已经储备了大量样例。由此可见，成人的语音变化是细微的，而且在大多数情况下还可能是十分缓慢的，但变化倒是可能的。桑科夫和布隆多（Sankoff and Blondeau 2007）对说蒙特利尔法语的同一批人在 1971 年至 1984 年间使用舌尖音 [r]（旧式发音）和舌侧或舌后音 [R]（新式发音）的数据进行过比较。在所观察的 32 人当中，10 人坚持按照或基本按照范畴使用 [R] 音，还有 10 人坚持按照或基本按照范畴使用 [r] 音，另外 3 人的发音变异相当稳定。最有意思的是其余 9 人，他们的发音在过去 13 年间发生了显著变化，其中 7 人由使用变异的 [R] 音转向按照范畴使用 [R] 音，另外 2 人最初按照范畴使用 [r] 音，后来在 65%—66% 情况下则使用 [R] 音。

以上数据显示，个体之间存在差异，有的差异或许是个人所处的特定社会环境所致，另外一些则可能属于其他不同类型。然而，这些证据清楚地表明成人语音变化的可能性。另外一个显著案例源自哈林顿（Harrington 2006）的报告。他研究了英国女王伊丽莎白二世 50 年间的圣诞讲话录音，对其中的元音进行了考察。研究发现，女王从早期的标准语音逐渐转向英国南部英语，换言之，也就是备受年轻人青睐的方言。

由此可见，样例库中增加新样例，对讲话者的发音也可能产生影响。

即使对成人来说，也不例外。如果采用前文述及的丰富记忆模型，我们便可预知同样的结果。

2.4　形态

2.4.1 关联网络

样例模型中的关系生成于不同层次和不同维度。例如，包含一组语音样例和一组语义样例的一个单词，可以看作一个单元，然后就能以不同方式与其他单词产生关联。单词可以在语音维度（如图 2.1 所示），也可以在语义维度，构成各种关系。拜比（Bybee 1985，1988a）认为，单词之间存在语义和语音相似性，因而可构成不同的词际关系，词际关系进而彰显为形态关系。图 2.2 以几个英语动词的过去式加词素变体 /d/ 为例，呈现所生成的形态关系。词尾辅音相似和意义相似（所有动词记录过去时意义），其后缀才可以得以辨识。

图 2.3 展现的是 unbelievable 这个单词的形态结构。采用的具体方式是，基于语音和语义共享特征，描绘出 unbelievable 与其他单词的关系。

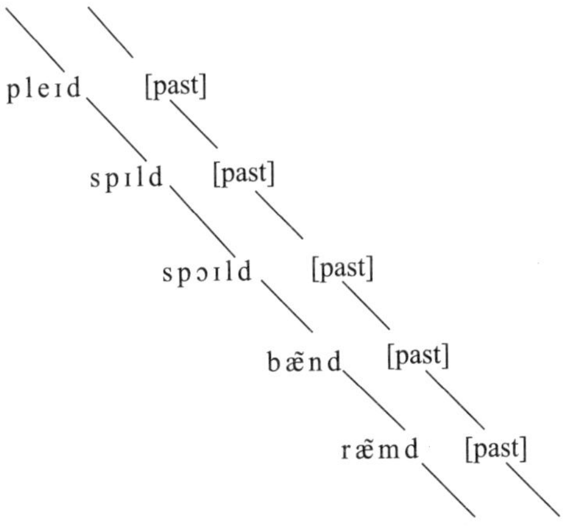

23

图 2.2　语音语义联结产出过去式
（played，spilled，spoiled，banned，rammed）

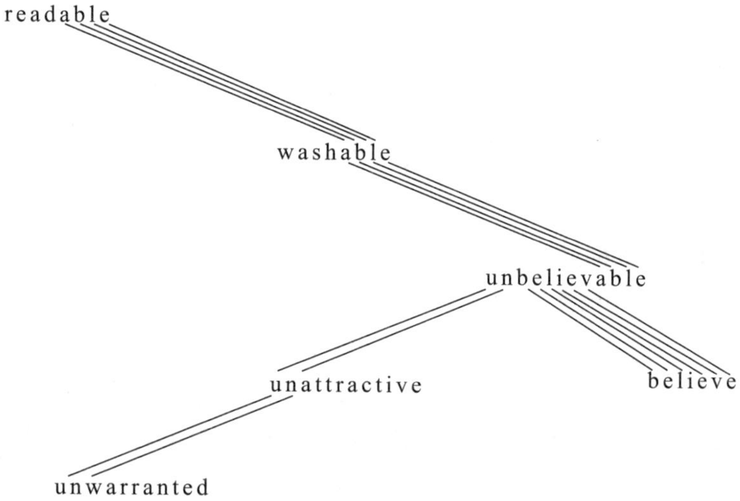

图 2.3　衍生于联想关系的 unbelievable 的内部结构

这种形态分析方法的一个优点是，不要求对一个单词进行穷尽性分析，达到词素这个层级。例如，英语过去式 had 可通过末尾的辅音与普通过去式的后缀相关联，尽管单词的剩余部分 [h] 本身并不是一个词素。同样，capable 一看就有 -able 这样的后缀，恰切地将其标示为形容词，尽管 cap- 本身并没有任何意义。

上图所示的形态关系在强度上具有递差性，这是因为其语义和语音
24 相似度不同。众所周知，通过派生形态关联在一起的单词，可能会丧失与词根相似的某些语义。如上语义迁移和关联度变化的原因将在第三章讨论。

上文已指出，样例表征是高度冗余的；甚至按常规生成的复杂项也许都有记忆存储。本框架不关心某个复杂单位是否存在记忆存储这个问题。拟提出的问题涉及表征的强度以及表征间的关联度，涵盖聚合性表征和组合性表征，而且所有表征都是可变的。就本模型而言，丰富记忆表征的属性至关重要，可用以描述和解释特定单词、单词序列以及

构式在语境中使用时生成特性的机制。比如，从词层来看，表层结构相同的两个单词，如附着半能产性前缀（如 re- 或 un-）的动词，由于与基本动词（base verb）的频度关系以及其他因素（如使用语境），各自的可组合程度大相径庭。海（Hay 2001）指出，refurbish 和 rekindle 的关系与 furbish 和 kindle 的关系非常不同，如此判断的依据是，refurbish 的使用频度远高于 furbish，而 rekindle 的使用频度却不及 kindle。拥有关联网络的样例模型可有效应对词际关系的强度差异，而结构模型却完全顾及不了同等层次的细节。

从较高层级来看，像 dark night 或 pick and choose 这样的多词序列并没有真正的意义特质性，但不用说都是大家耳熟能详的习惯表达，而且需要记忆储存。也有一些构式，形式上虽然没有真正的独特之处，但却生成了语用和语义特性，而且还必须在记忆中记录。下文将详细讨论。

2.4.2 例频保护效应

样例模型是对高例频若干效应的一种自然表达：每个新使用形符映射，样例就会随之增强。由此可见，高频样例强于低频样例，高频样例集（单词、短语、构式）强于低频样例集。类似的强度效应（词汇强度）（Bybee 1985）是多样的。首先，较强的样例更容易提取，由此可解释众所周知的一个现象：在词汇抉择任务中，高频词更易提取。第二，形态复杂的高频词具有趋于增强的形态稳定性。

此处所说的形态稳定性是指语言变迁中的两种现象（Mańczak 1980；
Bybee and Brewer 1980；Bybee 1985）。首先，高频形式抵制规则化或其 25
他形态变化，由此造成的结果众所周知，即不规则屈折形式倾向于高频。假如规则化发生时没有提取不规则形式，而是使用常规过程，那么高频屈折形式就不大可能受制于规则化。第二，一个范式中使用频度较高的成员往往是新增模拟组构的基础。鉴于此，名词的单数形式是复数形式生成的基础（cow，cows），但复数形式却不是新的单数形式的基础（kine 这一 cow 的古老复数形式不能生成新的单数形式 *ky）。同样，现在式是规则化过去式的基础，但反过来则不行（见 Tiersma 1982 和 Bybee 1985 有关频度观的其他例证讨论）。

2.5 句法

2.5.1 词符串

词符串（word string）可以在关系网络中予以分析。类似 pull strings 这样的短语固然有其隐喻意义，但如图 2.4 所示，它仍与作为独立词的 pull 和 strings 有关联（有关讨论见 Nunberg，Sag and Wasow 1994）。

就形态而言，图中用连线标示的关系在强度上可能存在差异。若干因素对词汇联结关系的保持或丧失都会产生影响。第三章将对此进行讨论。

两个或更多单词在一起经常使用，就会生发出一种序列关系，也就是下章将要讨论的“组块化”过程。序列关系的强度取决于两个单词共现的频度。[2] 正如我们将看到的一样，单位序列的使用频度对其语音、形态句法以及语义特性都会产生影响。

2.5.2 构式

样例和样例集可在复杂度不同的各个层级形成。词层以下的样例与单词内部的语音序列相对应，如音节首（syllable onset）或韵基（rhyme）。构式也有样例表征，但更为复杂，因为大多数或所有构式都是部分图式化的，也就是说，构式留有空位，可供各种各样的单词或短语填充。对此，不同人的界定不尽相同。此外，许多构式使名词、形容词和动词的各种屈折变化成为可能，屈折位置由此也变成图式。这样一来，构式的各个特定样例就会有实质性的差别。然而，构式通常也有某些固定成分，这样的成分对样例集的建立是至关重要的。

26

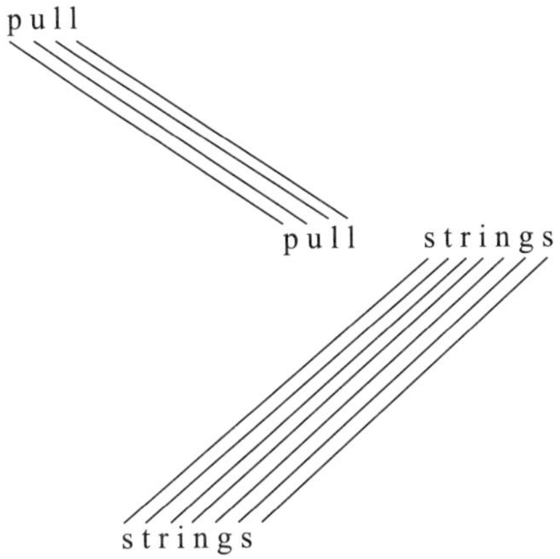

图 2.4　可分析为组件词的习语

以构式表征语法模式的方法尤其适用于样例模型。理由有两个：其一，构式是直接形义配对体，没有像短语结构规则所规定的中间层次表征。其二，语言使用者所经历的是构式的特定实例或形符。他们将近似形符互相映射，以建立样例，然后把样例归类整理成范畴，以此表征构式的固定和图式空槽。构式的意义也由一组样例表征，这些样例是通过提取所使用词项的本义和语境整体意义建立的。如第四章所述，构式与新词项，类比参考已有经验中的构式样例，以新的方式一起使用。

以博厄斯（Boas 2003）研究的结果构式（比较 Bybee and Eddington 2006 分析的西班牙语的一组 become 构式；见第四、五章）为例。该构式使用动词 drive 和一个形容词或介词短语，以表达类似“drive crazy（让人抓狂）”这样的意义。《英国国家语料库》显示的具体形符包括：

（1）It drives me crazy.

（2）they drive you mad

（3）that drives me mad

（4）The death of his wife the following year drove him mad.

（5）A slow-witted girl drove him mad.

（6）It drove the producer mad.

（7）A couple of channels that used to drive her up the wall.

（8）This room drives me up the wall.

27 上述构式含有一个主语位置，显然允许出现任何名词短语。主语后是动词 drive 的屈折形式，然后是充当经验主体的名词，也就是有生命的指称对象，通常为人类。这个名词短语大概可以是任何形式，但代词最常见。此处例举的形容词是 crazy，mad 和 up the wall。《英国国家语料库》出现的其他短语在语义上都和这些形容词有关（见 Boas 2003）。

举例来说，上面的 8 个形符，每个都可视为一个样例。这些样例与其他相互映射的相同构件以及构成范畴的图式构件，按照如下方式组合在一起。

（9）

主语 [DRIVE] { *me* / *you* / *him* / *her* / *the producer* } { *mad* / *crazy* / *up the wall* }

主语范畴没有使用实际样例表征，因为主语可以是任何名词性短语。名词性短语大概是基于其他构式中出现的样例发展而来的一种范畴（Croft 2001）。当然，即使在这种情况下，主语的有些体现形式相对高频，有的则不然，比如，that 或 it 的频度或许就尤其高。[DRIVE] 这一标记表明，动词 drive 除了与其他任何助词或新兴的助词构式（比如 used to、gonna…）共现外，还可能以任何屈折形式出现。[DRIVE] 采用加大字体，以示其在构式的所有实例中获得的强度。mad 和 crazy 在构式中高频出现，所以同样在表征中有所强化。经验主体槽位通常是代词，但总是有灵的，通常是人类。末尾位置可以是形容词或介词短语，具有很强的语义特征。博厄斯研究《英国国家语料库》发现，这个槽位的大部分填充词都是 crazy 的同义词，尽管也有一些表达与 crazy 的意义相距稍远，如 to desperation 或 to suicide。

这种构式的某些样例可能不止一次出现。因此，如果在某一语料库中发现“it drives me crazy”（形式完全相同）出现多次，我们也不必惊讶。

此外，构式的某些部分的共现率可能高于其他部分。显然，正是 drive 加上具有适当意义的形容词短语或介词短语才表达了构式中的词汇语义内容，但构式的另一个部分，例如 drives me，也可能频繁出现，并且成为“语块”。第三章将对此做详细阐述。

语言使用者经历的这种构式的所有样例对构式表征产生了一定的影 28
响，尽管它们可能并非全部一字不差地记录在记忆之中。与其他记忆一样，非增强性样例可能逐渐不可提取或被遗忘；近因（recency）和频度对于构式的特定样例具有维持作用。

2.5.3 构式样例表征的证据

这一节将呈现构式样例影响认知表征的证据。本节提出的一些观点将在后面几章进一步阐述。这里讨论的案例涉及作为构式具体样例的习语和预制单位，它们不仅要求认知表征，而且也要求以现有构式的具体样例为基础发展新的构式，其中，既存在语法化问题，也存在非语法化问题。

首先看一下习语。习语是构式实例，有自身的表征形式。据此，pull strings 就是 VERB-OBJECT（动–宾）构式的一个实例。习语的直接表征之所以必要，是因为其意义是不可预测的。然而，也有许多规约化的构式实例或样例，其意义或形式并不是不可预测，如 dark night，但它们都是讲话者经历过的表达式。这样的构式样例也需要在记忆中记录。

第二，以新构式的生成方式为例。现有的相对一般的构式产出的具体样例，在特定语境中使用，便会呈现新的语用含义、意义或形式，并由此生成新的构式。例如，菲尔莫尔和凯（Fillmore and Kay 1999）以及约翰逊（Johnson 1997）曾分别研究过一个构式，称之为 WXDY 构式，以如下的有名笑话为证，见例（10）。

（10）Diner: Waiter, *what's this fly doing in my soup?*

Waiter: Why, madam, I believe that's the backstroke.

（Fillmore and Kay 1994）

笑话斜体部分的序列具有歧义性。对于“What is X doing Y”这样的问题，通常的理解是，对不相宜之事表示惊讶，同时暗示一种不赞许的态度。这个句子与其源结构，即包含 do 进行体的 what 问题，在句法上难以区分。这样才让聪明的服务员恣意按字面将顾客的问题解读为“苍蝇正在做什么”。

有趣的是，这个问题存在非对称意义，从形式上看并不明显，但语内
29 可见强烈的暗含意义。那么，我们就可以提出这样一个问题：一个普通的 wh- 问题加上 doing 和一个处所短语（locative phrase）是如何获得这样的含义的？答案一定是：这些含义源于语言在语境中的使用。“What are you doing?”这个问题本身就常含有消极内涵。在面对面的情况下，尽管有不少视觉信息，但还有人这样问别人，就意味着讲话者要求听话者解释的不只是他 / 她在做什么，还有他 / 她为什么这么做。如果打电话时这么问，情况就有所不同，因为打电话时这么问是合理的。同样，附带处所成分的构式，如例（11），也存在歧义的可能性，但第一种解读或许更为常见。

（11）What are you doing with that knife = “why do you have that knife?”
or the literal meaning = “what are you doing with it?”

暗含不赞许的态度，是根据语境做出的一种主观解读。它一定源于含有如此细微否定意义的多项使用实例。正如前文指出，形态句法构式的每个样例包括使用语境信息以及基于语境所做出的推论。菲尔莫尔及其同事将这类暗含意义作为构式研究的重要内容（Fillmore，Kay and O’Connor 1988，Fillmore and Kay 1999）。语法化研究表明，推论可成为构式意义的一部分（Traugott 1989，Traugott and Dasher 2002；见下文和第六章）。（注意：“暗指含义”是指讲话者在不直接表达的情况下植入话语的意义，“推断意义”是指听话者从话语中探究到的意义，尽管这样的意义或许并未直陈）。

要使推论成为意义的一部分，唯一的途径是，语言使用者将每个情景下做出的推论记录在记忆之中。关于这一点，丰富记忆模型可见一斑。在

某个节点上，某些推论在某些语境中意义有所增强，才可能成为构式意义的一部分。

构式特定样例也可通过复用而得以规约化，然后才会进一步产生意义上的细微差别或形式上的变化。例如，“What's a nice girl like you doing in a place like this?”此话（可能是第一次）1953 年出现在《美国飞车党》（*The Wild One*）这部影片中，此后经反复使用，才差不多变成陈词滥调。这个表达式的派生用法甚至出现在书面语料库之中，如《时代杂志》语料库。该语料库包含与例（12）完全一样的问题。例（13）改动了一个单词，构成一部卡通片的片名。例（14）将第二人称改为第三人称，同时将 this 换成 that。例（15）更换了几个词。例（15）和（16）都是电影片名。例（17）换上了非常具体的名词短语。

（12）what's a nice girl like you doing in a place like this? (1974) 30

（13）Alice in Wonderland, or What's a Nice Kid Like You Doing in a Place Like This? (1966)

（14）What's a nice girl like her doing in a place like that? (1978)

（15）what's a nice thing like you doing in show biz. (1967)

（16）What's a Nice Girl Like You Doing in Business Like This? (1969)

（17）What's a nice girl like Annie Hall doing in a film like Mr. Goodbar? (1977)

请注意，例（13）和（16）均为电影片名，该样例的使用似有规约化趋势。其原因是，人们通常选择熟悉的表达式或其变异形式作为文学或电影作品的标题。可见，这个表达式就是“WXYD？”构式的具体例证，换言之，该范式就是一个具体样例日益规约化的产物。

上述讨论有个重点值得注意，即新构式产生于旧构式的具体样例（Bybee 2003b，2006a）。这一事实在很大程度上表明新构式的形成机制，也证明语法认知表征包括样例的使用语境信息及其语境意义和含义。

语法化也可以进行类似的论证。语法化过程使构式中的词项演化为语法语素（Heine et al. 1991，Bybee et al. 1994，Hopper and Traugott 2003）。

就语法化而言，不仅新构式从已有构式中产生，而且构式中的某一词项也进而获得语法地位。将来式标记 be going to 的发展就是英语史上最近的一个例证。它是由目的构式发展而来的，意即 to go somewhere to do something。有一点要特别注意，其他构式使用 go，并不会经过语法化过程而演变为将来式。该词语法化的唯一条件是，go 采用进行体，其后跟 to，再加一个动词。近在莎士比亚时代，这样的构式一般都取其字面意义。较为通用的目的构式多见于莎士比亚的作品，但与 go 关联的样例只有一个，使用频度也最高。

（18） Don Alphonso,
With other gentlemen of good esteem,
Are journeying to salute the emperor
And to commend their services to his will. (*Two Gentlemen of Verona*, I.3)

（19） ...the kings
and the princes, our kindred, are going to see the queen's picture.
(*The Winter's Tale*, V.2)

31 要注意的是，例（19）中的主语实际上在空间中移动。在现代英语中，"We're going to see the queen's picture." 可以简单地解释为对将来时间的预测，就像女王的照片即将出现在电脑屏幕上的情形一样。在这种情况下，人们就可以说 "We're going to see the queen's picture."。

语法化引发诸多变化，累积形成新的构式：语音缩减（going to 变成了 gonna）以及意义和推论的变化。后者扩大了新构式的使用语境，比如，例（20）表达意图意义和预测意义，例（21）是含有非生命主语的构式。

（20）They're going to get married next spring.

（21）It's going to rain all day.

为了使这些变化具有永久性，从一开始就必须把它们记录在作为新构式之源的样例之中。这意味着一个构式样例就有一个可标记具体语音、语用和语义特性的记忆痕迹。随着新构式在语法中确立下来，它与源构式的关联就会逐渐消失，与组件词或词素的其他实例也不再关联。

有关上文描述的网络模型的一个重要论点是，与其他词项失去关联是渐进的（见第八章）。对于使用当代英语的人来说，能否认同将来时迂回表达式中的 go 是 go 这个单词的实例，就很难说了。当然，识字的人都知道这个短语的词源，但并不是每次使用这个短语就能激活 go 的其他实例以及其他构式中的 go。

最后，一起使用的词项经常作为一个单元一起加工，组构和范畴也因此经常发生变化。由此可见，going to 作为构式的恒定部分，不仅在语音上而且在形态上都成为独立单位。它获得新的有细微差别的意义，失去其动作意义，后面的动词就被认定为主动词。这个过程被称为“再分析（reanalysis）”，从基于使用的语言观来看，“再分析”是渐进的，也就是说，样例集是渐变的（Haspelmath 1998；见第七、八章）。

2.6　结论

在每个语法层上都可以找到丰富记忆表征的证据，具体包括：具体语音细节是语言使用者语言知识的一部分；频度（以样例强度记录）对于形态结构和变化至关重要；构式的具体实例具有可提取的表征形式，可用于 32
新构式的类比性扩展或创建。

既然样例记录讲话者的语言经验，那么样例模型则是变化和差异的直接表征。因此，语音变异，无论是发生在特定词汇内部，还是泛化到许多词语或短语，都可直接表征。这种直接表征是语音渐变的一种实现手段。既然存在样例和网络表征，那么形态复杂的单词在频度或表征强度上就有所不同，每个单词的可组合性和可分析性就存在程度上的差异，这取决于每个单词与其组件的其他实例的关联强度。从形态上看，构式特定样例在频度上的差异，可能导致可组合性和可分析性的丧失，也可能逐渐并最终生成新的构式。关于特定样例对于构式的其他意义，随后的几个章节将予以讨论。

33

第三章

组块化与自治度

3.1 引言

语言变迁是语言结构生发的途径，重复或频度在场发挥作用，对此本书作者的前期研究成果给予了重点关注（见 Bybee 2007）。迄今识别的所有频度效应，皆与特定的加工机制相协同。加工机制重复使用，语法才得以形塑。鉴于此，本章和之后两章将对加工机制进行考察，以期揭示其内在属性，期望达成的最大目标是，识别语言背后的领域普遍性机制。这些机制与语言表征和语言组织的某个样例模型并用，就可随即反映语言系统持续不断的变更事实，并由此对语言的构型过程、共时变异以及历时变迁做出相应解释。

本文提及的“加工（processing）”指的是信息生成和解码所涉及的各种活动。因此，有关讨论原则上涵盖作用于实时交流（online communication）和语言记忆存储的认知和神经运动机制或活动。本文提出的假设是，加工机制的特定运作方式对揭示语言的本质有着非常直接的决定性影响。拟重点关注的内容有：组块化的性质；组块化造成的重复序列的语音缩减；重复对复杂表达式可分析性和组合性的维持与耗损作用。本章还将再次考察语境如何赋予语言构式以意义，尤其是听话人的推断所起的作用。下一章将聚焦类推和范畴这两个概念。类推被定义为现有构式对新词项的使用，范畴是类推所依赖的相似性框架。

上一章讨论了样例表征以及词际、词内关联网络。除了已讨论的聚合关系（paradigmatic relation）之外，语音、语素和单词之间也存在组合关系（syntagmatic relation）。两个或两个以上的单词经常一起使用，就会发展成序列关系（sequential relation），下一节的“组块化”部分将对此进行探究。序列关系的强度取决于两个词的共现频度。接下来的各小节将讨论 34
样例和网络模式对组块化现象的描述和解释功能，包括语音缩减、极高频情形下自治性的发展以及语言的语境化使用引发的意义变化。

3.2　组块化

重复的序列经验的组块化是形态句法及其层级结构的认知基础（Miller 1956，Newell 1990，Haiman 1994，Ellis 1996，Bybee 2002a）。经研究辨识，组块化是以记忆的一般组织为基础对所有认知系统产生影响的一个过程。纽厄尔（Newell 1990）曾指出：

> 组块是记忆组织的单元。其形成方式是，将记忆中现成的一套组块合并，进而将其连接在一起，生成更大的单元。组块化意味着循环组建这种结构的能力，对记忆进行分层组织。组块化可见是人类记忆的普遍特征。（第 7 页）

触发组块化的主要经验是重复。如果两个或两个以上较小的组块以某一频度共现，就会形成含有这些较小组块的较大组块。组块化无疑具有能产性，也具有感知性，对两种模态的流利度和自如度均有显著作用。可一起提取的词串越长，执行过程就越流畅，理解也就越容易。如下文可见，就产出过程而言，组块化的影响体现为发音动作的重叠和缩减。就感知和解码过程而言，其重要影响体现为对下文的预测力。

组块化是程式性或预制单词序列生成和使用背后的认知过程，如 take a break、break a habit 和 pick and choose，也是构式和成分结构生成的主要机制（Bybee 2002a）。请注意，重复虽然不可或缺，但不需要极高频的实践。组块化已被证明会受到“练习幂律（Power Law of Practice）”（Anderson 1982）的制约 。根据该幂律，练习可以改善行为，但随着练习量或频度增加，改善程度却会降低。因此，一旦组块化几经重复再次发生，重复产生叠加效果或效应的速度就会减缓。

研究认为，对成人和儿童来说，组块化发生的几率是一样的。人们随着经验的增加，就会搭建新的组块（Newell 1990）。这意味着诗歌、谚语
35 等较大的组块可存储在记忆之中，演讲或写作练习中出现的语言序列同样如此。就一般经验和语言而言，在通常情况下，组块越大，出现的频度就越低。break 的频度比由此构成的更大组块 take a break 和 break a habit 更高；而 break a habit 的频度又比 break a bad habit 高一些，不一而足。在较大组块内部，小组块的频度越高，衔接性越强，语言的层级结构就越丰富。一旦最有用的组块被习得，用处越少、频度越低的较大组块就会减缓学习过程。

尽管语言使用者不断习得更多、更大的组块，但不能据此就说，语言习得一般就是从最低级组块向最高级组块转移的过程。即使儿童从单个单词开始学习，单词本身也是由更小的组块（语素或语音序列）构成的，而这一点也只能等到儿童长大之后才会分析。然而，在不了解内部结构的情况下，儿童也能习得更大的多词组块（Peters 1983）。这种境况下的习得过程通常包括：首先将组块分析成更小单元，然后逐渐认识组块可替换或可修改的构件。例如，利文（Lieven）及其同事进行的几项研究表明，幼童的许多话语最初就是对成人话语和自我话语的逐字重复。随着儿童逐渐学会替换这些多词序列槽位的内容，序列才会逐渐被分析成若干构件，从而在使用中增强产出能力（Pine and Lieven 1993，Lieven et al. 1997 and Dąbrowska and Lieven 2005）。（更多讨论见第四章第 4.3 节）

各种规约化的多词表达，从预制表达式（prefabricated expression）到习语及至构式，基于加工和分析的目的考虑，都可视为组块。追溯第二章讨论的样例及其范畴，自然就会发现重复的单词序列。一个多词表达规约

化的前提是，它在某一特定社区已被默认（通过重复）为言说某事的恰当方式（Pawley and Syder 1983，Erman and Warren 2000，Wray 2002），既包括“how are you?”“I don’t know”“I don’t think so”等互动式表达，也包括作为话语命题内容一部分的组块，如 take a break 和 pick and choose。习语也是规约化的，是一种更具体的预制表达形式，其意义是非字面的，通常需要借助隐喻、转喻或夸张进行解读（Nunberg，Sag and Wasow 1994），例如 pull strings、lend a hand、raining cats and dogs 等。下文将使用“预制表达式”这个术语指称规约化的多词表达。最近的许多研究皆强调，这种多词表达式在自然交谈和写作中广泛存在。埃尔曼和沃伦 36
（Erman and Warren 2000）发现，大约 55% 的选词都是由有关单词在预制表达式的使用情况预先决定的。

多词表达式以组块形式存储和加工，并不意味着没有内部结构。其内部结构主要基于两个方面：其一，预制表达式与它所包含词语的其他实例之间的关联；其二，预制表达式与具有相对普遍性的源构式之间的关联。据此可见，lend a hand 一方面属于可解释其形态结构的 V-NP（动词–直接宾语）样例集；另一方面又与动词 lend、名语短语 a hand 以及名词 hand 三者所属的样例集相关联。虽然 lend a hand 相对固定，但其内部构件仍可辨识。其证据是，它有添加修饰语的能力，如 lend a helping hand，也有添加间接宾语的能力，如 lend me a hand。就习语而言，已有研究表明，语言使用者一方面根据短语的具体含义保持对习语的一种字面解读，另一方面也保持习语的修辞意义（Gibbs and O’Brien 1990）。某一表达式的内部结构可否识别，即可分析性，第 3.4 节将对此进行详细讨论。

如前文所述，记忆组块的状态呈现为一个连续体。毋庸置疑，从未在一起使用过的单词无法构成一个组块。除此之外，就存在一个连续体，一端是最近在一起仅使用过一次的几个单词，构成一个弱性组块，其内部构件的强度大于整体结构；另一端是使用频度较高的组块，如 lend a hand 或 pick and choose，随时可整体提取，同时与其组成构件之间又保持联系。

预制表达式可表征为词际序列关系。如上所述，这样的关系，强弱不一，与共现频度有关。位于连续体高频端的组块，诸如语法化短语或话语标记，的确无法维持其内部结构和组件的可辨识性（详见 3.4.2）。

如第二章所述，构式由语言序列组块构成，组块在常规情况下一起使用，有时会有特殊含义或其他特性。其规约化源自重复使用（Haiman 1994）。构式通常具有部分图式性，由某些固定构件和槽位构成，槽位可用一类语义定义清晰的词项填充。要注意的是，无论是习语、预制表达式还是构式，这些都表明：组块不必是连续的；换言之，它们会受到开放词类的干扰。以 drives X mad 这个构式为例，X 位置可以填入一个代词，实际上这个位置最常见的词是 me。然而，它也可以填入一个完整的名词短
37 语，参见第二章例（1）到例（8）。如上所述，这个构式中 mad 出现的位置可填充各种各样的形容词和介词短语。填充这个位置的标准是与中心成员 mad 和 crazy 的语义相似度。其关键特征是，它们不仅涉及单元序列，而且至少有一个图式性范畴（schematic category），这表明构式源于组块化和范畴化这两个领域普遍性认知机制。

为了证明组块化是复杂语言单元（从预制表达式到构式）的形成机制，接下来一节将讨论组块化的语音效应以及组块化对可分析性和组合性变化的影响。组块化和重复的语音效应将在下节讨论。我们将看到，就一个构式而言，有些要素的融合度要高于别的要素，其原因是它们在构式中的共现频度更高。语音效应可用来诊断构式的内部结构。

3.3 频度的语音缩减效应

3.3.1 单词在语境中的语音缩减

第二章已经谈到，最新报道的实质性证据表明，高频词的语音缩减比低频词出现更早，而且规模更大。第二章也提到，如果我们假定单词使用时发生实时缩减，那么比较常用的单词会更频繁地经历缩减过程，并因此

以更快的速度发生变化。此外，必须注意，经常在有利于缩减的语境中使用的单词，也会发生更多缩减。一般而言，语音倾向缩减是组块化的结果：当单元序列重复出现时，使用的发音动作趋向于缩减和重叠。这一概括性结论，既适用于构成单词的发音动作，也适用于单词序列。鉴于此，对相关数据的深入考察结果显示，决定缩减程度的不只是单词频度，在相当程度上还有单词出现在缩减环境中的频度（Bybee 2002b）。后期的这些发现，对于理解一个单词的各个样例在范畴化和存储方面如何相互影响，是十分重要的。此外，特定语境下的单词缩减，可为认识组块化材料的属性提供重要信息。

研究单词语音样例集何以历时变化，可洞察样例范畴化的本质。单词既可出现在制约变化的环境内部，也可出现在外部，考察这样的情形尤其有启迪意义。例如，美式英语往往省略词尾音 [t] 和 [d]，具有创生两种变异形式的潜质，hand、student、can’t 等例证可见一斑。其一情形是，[t] 和 [d] 38
后面是辅音，则省略（如 hand me 读作 [hæ̃nmĩ]），另一种情形是，[t] 和 [d] 后面是元音，则保留（如 hand it... 读作 [hæ̃ndɪt]）。尽管语音制约显而易见，但单词有两种倾向：有的伴随辅音，有更多形符；有的不伴随辅音，有更多形符，这取决于特定单词在哪种环境下出现的频度更高（Bybee 2002b）。

以英语的否定助词（如 don’t、can’t、aren’t）为例。尾音 [t] 省略概率极高，其中元音前 86%，辅音前 84%（所有单词的平均比率：元音前 37%，辅音前 59%）。需要注意的是，尾音 [t] 的这般省略甚至也会出现在元音之前。拜比（Bybee 2002b）报告说，省略比率较高，不仅仅归于助词的形符频度，而且也受这一事实影响：语料库中 80% 的助词皆出现在以辅音开头的单词之前（整体比率为 64%）。相反，以 -nt 结尾的词汇词（lexical word）出现在辅音之前的时间比率只有 42%，尾音 [t] 的省略明显不及助词。

音群中的最高频语音样例强度较大，因而更有可能成为语音生产的选项。否定助词出现在辅音前的频度要强很多，从而构成一个样例集，其中辅音前的变异项强度最大。鉴于此，变异项就有向所有位置扩展的倾向。这样一来，没有尾音 [t] 的否定助词样例，最终甚至也会出现在元音之前。必须注意的是，音群以最高频样例为主导，更有可能成为语音生产的选项，从而使单词的变异范围趋于紧缩，范畴定位趋于集中（Pierrehumert 2003，Wedel 2006）。

上述事实凸显了多词组块之于语音缩减的重要性。诚然，高频词比低频词缩减速度更快（如第二章所述）。然而，实际上执行缩减的并不是脱离语境的单词。相反，单词以序列呈现，构成组块，出现在连续的话语之中，这样的特定环境对缩减有助推或延迟作用。

3.3.2 缩减原因

新近的研究文献提到各种因素，以此对语音缩减的分布进行解释。着力确定何种机制造成语音缩减以及语音缩减何以与组块化交互作用之时，考察这些因素及其相互关系就很重要。已识别的因素有单词频度、语境出现频度以及依据周遭单词的可预测力（将在下文讨论）。这些因素可揭示实时调适与存储样例变化之间微妙的相互作用，也为样例的组块存储提供证据。

39 林德布卢姆（Lindblom 1990）提出的语音变异理论（theory of phonetic variation）认为，讲话人要应对两种相互竞争的倾向：一是运动系统倾向于省力，一是听话人需要区分刺激因素，对词项和构式进行识别。讲话人受一般神经运动原理支配，以平衡时序和身体运动位移的程度，以便行为更加省力。因此，协同发音（co-articulation）或重叠以及缩减可促进言语生成（1990：425）。讲话人对此有某种程度的选择（也许不是完全有意识），既可选择采取协同发音和缩减，也可根据对听话人获取信息状况的推断，或者对所要传达信息（例如，表达强调或对比）的关联因素的推断，选择抑制这些过程。这种现象尤其显见于高频短语（如 I don’t know/I dunno）（下文将讨论）。这些短语既可大幅度缩减，也可完整呈现，如 I’m going to/I’m

gonna（正字法意义上的变异项不能将这些短语中可能出现的所有变异描述得恰如其分）。然而，某种程度的选择，也是较低频单词和短语语音变异的一大特征。福勒和豪萨姆（Fowler and Housum 1987）的研究表明，话语中的一个词汇词第二次重复时，语音持续时间往往比第一次要短。

林德布卢姆强调说，听话人的系统被激活了，这一方面源于认知系统存在的语言范畴，另一方面源于话语嵌入的语言和非语言环境的特性。然后，讲话人必须判断正在使用的词项、短语和构式对于听话人在多大程度上是可及的。关于可及性的影响因素，林德布卢姆提到词频和邻近词频度（neighbourhood frequency），其依据是众所周知的高频词识别效应及其相关效应，前者指高频词的识别速度比低频词要快；后者指伴有较少邻近词（neighbour，指语音高度相似的单词）的单词识别速度较快（Goldinger et al. 1989，Luce et al. 1990，Munson et al. 2004）。下文将提及其他因素。如果讲话人判断话语单元对于听话人是高度可及的，那么语音缩减和协同发音就有可能发生；但如果在讲话人看来话语单元的可及性不强，那么发音就会格外小心。

值得注意的是，就缩减和协同发音而言，林德布卢姆的理论没有使用“发音自如（ease of articulation）”或“最省力（least effort）”等术语给予充分的描述；相反，他认为这样的实时变化指向低成本的行为方式，其间或许存在相当微妙的时序关系（比如 didn't you 这样的短语），但所节省的却是肌肉移位或激活的量值。布劳曼和戈德斯坦（Browman and Goldstein 1992）以及莫利和帕柳卡（Mowrey and Pagliuca 1995）曾提出类似的观点：即席讲话时之所以出现语音缩减和语音变化，是因为发音动作的幅度有所减小，连续动作的临时重叠有所增多。 40

有些因素对听话人的听讲有促进作用，因而才有可能使讲话人将最清晰的语音形式的信号缩减，尤拉夫斯基（Jurafsky）及其同事对此一直特别感兴趣。他们把一系列分布因素归于“可预测力”范畴，其中包括词频、基于前后词语的单词概率以及基于会话主题的单词概率（Gregory et al. 1999，Jurafsky et al. 2001，Jurafsky et al. 2002，Bell et al. 2003）。对于实词，他们经研究发现，词尾音 [t] 和 [d] 的省略，既与词频有关（如其他研究的发现，见上文），也与互信息（mutual information）有关。互信息指在考虑到词频的情况下两个单词共现的概率。词尾音 [t] 和 [d] 的闪化（flapping）与互信息相关联（Gregory et al. 1999）。词语的持续时间与它对后续词语的预测力显著相关（Bell et al. 2003）。尤拉夫斯基等（Jurafsky et al. 2002）的研究显示，相同的许多因素也影响到功能词，功能词存现的构式不同，缩减也会有所不同。

可预测力是语音缩减的基础，这一理论强调讲话人对听话人心理状态的监测。然而，可预测力在实时加工过程中发挥作用，往往取决于这样一种倾向：讲话人根据听话人的需要控制缩减力度（大部分情况下是无意识的或自动的）之时，语音缩减总是在同步进行。此外，应当铭记于心的是，对于讲话人和听话人来说，影响语音可及性的因素是相同的。互信息以及测量两词或三词之间条件概率关系的其他工具，可衡量预制表达或多词表达的词际相对聚合度。一个词语序列，如果先前处理过并留有记忆痕迹，那么再次处理起来就会容易些，这也许对语音缩减的部分现象可提供解释。由于重复是组块化和减少神经运动量度之行为的主要因素，可预测的语言组块缩减，可能源于对讲话人产生影响更多的机制，而不是对听话人更有利的机制。林德布卢姆的理论认为，讲话人相关因素和听话人相关因素之间存在竞争，因此比起尤拉夫斯基及其同事的理论现实性更强。关于可预测力，后者采用的测量工具旨在仅仅考虑听话人的需要。

然而，即使同时兼顾讲话人和听话人的实时需求也还是不够的。词际共现概率有助于增强可预测力，是组块化的产物。有关单词序列共现的知
41 识，在样例模型中会自然表征为包含整个序列的样例。这样的序列或强或弱，取决于以往的使用频度。语音缩减也许由此得以确立，成为单词序列的一部分。

支持组块化的一个重要观点是，上述实时加工变量不足以解释发生在

可预测的、高频的或规约化的单词序列中的语音变化幅度。此处以 I don't know 这个短语为例，don't 就是缩减的极好佐证。拜比和沙伊布曼（Bybee and Scheibman 1999）经研究表明，该短语的 don't 将元音缩减为中元音，首音变成闪音，尾音 [t] 被省略，甚至还有可能存在首音 [d] 被省略的形符。如此缩减幅度不太可能是实时加工的结果，因为实时加工很少影响到其他类似的语词，甚至对低频短语中出现的 don't 实例也没什么影响，如 "I don't inhale" 或 "what if they don't go for your fantasy?"。

这一缩减特例是实时缩减整个视阈常见缩减的一种延续，其中可见实时缩减的累积效应。鉴于此，[d] 缩减为闪音，自然而然到最后就会被完全省略；元音的缩短和缩减，如果持续下去，就会变成中元音。据此而言，特殊缩减就是单词或短语的记忆表征中缩减效应的累积结果。I don't know 是高频短语，而且通常被用作话语标记，与字面意思几乎没什么关联（Scheibman 2000）。就上面讨论的模型而言，重复越多，语音材料就越容易发生缩减，I don't know 之所以极度缩减，是因为记录过往实时缩减的存储表征发生了改变。

即使在频度不高的情况下，也有证据表明，在连续讲话的语境下，语音缩减持续不断，表征就会随之变化。上文提到的否定助词省略 [t] 音即是一例。另一个类似的例子可见于布朗（Brown 2004）的研究成果。他研究了新墨西哥西班牙语，发现包括词首音 [s] 在内的音节首音被缩减为 [h] 的现象。如例（1）和（2）所示，有利于缩减的语音语境包括音节前后的非高元音（non-high vowel）。词首音总体缩减率仅为 16 %。

（1）可能缩减：

no sabíamos "we didn't know" *la señora* "the lady"

（2）不可能缩减：

el señor "the gentleman" *su suegra* "3s. poss. mother-in-law"

对于词首音 [s] 来说，后面的语音环境始终如一，但前面的语音环境随语境而变化。布朗发现，考虑到单词在有利环境下的出现频度，词首音 [s]

42 的缩减则存在显著差异。试比较 señor 和 señora 两个词，后者频繁出现在低元音之后，因为前面经常附带定冠词和不定冠词，而且均以阴性 a 结尾——la señora、una señora，对 [s] 音到 [h] 音的变化有所制约。然而，阳性冠词有 el 和 un，均以辅音结尾，因而不会制约缩减。鉴于此，señor 出现在 no señor 这样的有利环境，缩减的可能性就不大，跟同样的语境下出现 señora 的情形远远不同。讲话人说 no heñora 的可能性远大于 no heñor。表 3.1 源自布朗的研究成果（Brown 2004：103）。FFC 表示“有利语境下的频度（frequency in a favourable context）”。所有单词都基于语料库出现的语境采用 FFC 这个指标进行评级。表 3.1 显示，单词分为两种情况，即在有利环境下发生缩减的可能性不到 50 %（FFC<50）和在有利环境下发生缩减的可能性超过 50 %（FFC>50）。表 3.1 显示，与 FFC 较低的单词相比，FFC 较高的单词如果在有利语境下出现，就会呈现较多缩减现象。

表 3.1　居前有利 / 不利语音环境下高 / 低 FFC 单词词首音 [s] 缩减率（Brown 2004: 103）

	FFC < 50	FFC > 50
居前有利语音环境	35/403 = 9 %	267/741 = 36 %
居前不利语音环境	33/686 = 5 %	19/344 = 6 %

有利：p = 0.0000，卡方值 = 100.4769；不利：p = 0.6222，卡方值 = 0.242809

如此说来，缩减并不像可预测力假设所认为的那样，只对听话人的需求敏感，反而对讲话人的先前经验更加敏感。由于 señora 经常出现在缩减环境之中，其缩减样例的强度远高于 señor，因此更有可能成为生成新话语的选项。有趣的是，影响这个单词语音形态的不仅仅是当下的语音语境，还有其经常出现的其他语境。鉴于此，尽管该词出现在记忆组块之内，但对其一般样例集也会产生影响。这一点可支持前文提出的观点：即便组块以单元存储，其组构词语仍然与这些词汇的一般样例集密切相关。

这并不是否认实时因素在讲话时的重要性：如前文所述，某一单词在话语单元中第二次出现，其时长通常比起第一次要短（Fowler and Housum 1987）。这种缩短现象可能有两个原因：一是讲话人和听话人轻 43
松自如地提取单词（语义启动的缘故），二是局部训练产生的某种效果。无论是哪种情况，缩减都具有话语特定性。同样，尤拉夫斯基及其同事所揭示的可预测力效应，是语音缩减的原始动力，从而创生出单词或短语的新样例。此外，单词或短语在语言串中的位置以及韵律突显（prosodic prominence）的位置也很重要：重读的材料会拉长，出现在停顿之前的重读材料也会拉长，这两种情况通常可见，都会阻碍语音缩减。不过，笔者的观点是，一个单词的缩减程度，不仅仅由说话的实时因素决定，也由该词的使用历史决定。缩减将会在类似 la señora 的高频短语之中发生，也会发生在该词的一般样例集之中，缩减变异项由此也会出现在其他地方。这样一来，尤拉夫斯基及其同事发现的某些可预测力效应，就可追溯到组块中出现缩减单词这一现象。鉴于此，我们可得出这样一个结论：组块生成预制表达，不仅惠及听话人，也惠及讲话人，并加快语音缩减。因此，本书作者一直认为，对讲话人和听话人的实时要求，以及存储表征的变化，都会影响到单词发音缩减或不缩减的程度。

3.3.3 高频组块内部的不同缩减

根据组块构件的共现频度，组块内部存在不同缩减现象，其中可见又一证据来源，以佐证共现频度对于构件发音融合的重要性。例如，going to 融合为 gonna [gənə]，是因为这个序列在语法化短语 be going to 中总是固定不变的。be 的各种形式与主语融合，跟进行体构式其他实例中的情形如出一辙。

研究美式英语 don't 的缩减特征之时，我们发现，don't 与前、后词之间的聚合度可通过共现频度来预测（Bybee and Scheibman 1999，Bybee 2001a）。

与后面的动词相比，don’t 的元音缩减更加依赖主语。don’t 只有跟在主语 I 之后，才会发生缩减（在含有 why 的数据中也有一例），但通常需要和 know、think、have（to）、want、like、mean、care 以及 feel 等各种动词合用。不仅如此，don’t 只有和 I 一起使用，才会省略闪音，但也要与各种动词一起使用，诸如语料库中的 know、think、like、mean 以及 feel，等等。

表 3.2 显示，在所考察的小型对话语料库中，共有 88 个 I don’t 实例，主语位置仅有 14 个类符。就 don’t 之后的位置而言，有 30 个不同的类符，know 出现 39 次。因此，don’t know 的频度比 I don’t 更低。

44 **表 3.2　don’t 前、后词项的数量**（Bybee 2001a:163）

don’t 之前	形符	类符	don’t 之后	形符	类符
I	88		*know*	39	
all	138	14	all	124	30

还有另外一些证据表明，单元之间的聚合是以共现频度为基础的。据我们发现，在主语和 don’t 之间插入副词会阻止元音缩减，如例（3），但在 don’t 和动词之间插入副词则不会，如例（4）。

(3) I really don’t think so.

I also don’t know anyone who’s tried it.

(4) I don’t even know if I was that hungry.

因此，即使在组块内部，也可根据单元串（string of units）的频度发现程度各异的聚合或组构关系。

本节从语音变化角度考察了组块化的证据。通常认为，语音并不是句法结构的诊断手段。然而，我们在此却认为，既然句法群组是通过组块化产生的，那么语音变化就可作为诊断讲话人所使用加工单元的重要工具。作为论证的一部分，我们研究了语音缩减的成因，讨论的依据有两个：一是林德布卢姆的理论，将讲话人针对听话人所做的适应行为纳入考虑之列；二是对该理论的拓展性研究发现，具体而言，单词语音形态的认知表征，由于语境因素，会发生永久性变化。下文将讨论组块化对结构和意义的影响。

3.3.4 自治性：组块的结构和意义

组块化的某些效应是微乎其微的：些小的语音调整（其中大部分是可变的）；提取速度的可能微增；讲话人对某些组合的常规性认识，等等。然而，随着频度增强，组块就会发生其他方面的显著变化，如形态句法结构、语用细微差别和功能以及语义方面的变化。本节将讨论这些变化以及使用频度增强引发变化的机制。

下面的讨论将对语义组合性（semantic compositionality）与可分析性（analysability）进行区分（Langacker 1987，Croft and Cruse 2004）。虽然语言表达的这两个属性密切相关，但把它们区分开来，就可更全面地理解语言表达是如何彼此相异的。这两个参数皆有递差。

组合性是语义度量指标，是指基于组件意义预测整体意义的程度 45
（Langacker 1987）。派生词既可能具有组合性，也可能不具有组合性：比如 hopeful、careful 和 watchful 这样的单词，它们的意义可根据名词基础词和后缀的意义进行预测；相反，如 awful 和 wonderful 这样的单词则不具有同样的组合性，因为 awful 具有消极评价意义，其基础词 awe 却没有；wonderful 具有积极评价意义，其基础词 wonder 却未必有。同样，与其来源构式相比，特殊构式往往被认为缺乏组合性。例如，第二章所讨论的那个著名问题“What’s that fly doing in my soup?”。其歧义性在于，一方面可对这个问题进行组合性解读，可用“I believe that’s the backstroke（我想它是在仰泳）”来回答；另一方面可将这个问题解读为特殊的 WXDY ？构式（Fillmore and Kay 1999），把它视为一种更具修辞色彩的表达，表示“惊讶”或“不满”。第二种解读不如第一种更具组合性。

根据兰艾克（Langacker 1987：292）的观点，可分析性是指“识别各组件对复合概念化的助益之处”。可分析性包括语言使用者对某一表达式的单个单词、语素以及形态句法结构的识别。这一度量指标也有递差，与表达式各组件激活其表征的程度有关。正如第二章所述，如 pull strings 这样的习语并不具备完全组合性，因为它具有隐喻意义。然而，它又是可分析的，具体而言，英语使用者不仅识别成分词及其意义，而且还识别其相互关系，在习语的解读过程中或许会激活所有这些知识。同样，如 air conditioning 或 pipe cleaner 这样的复合词，因为可识别其成分词，所以也可分析；然而，众所周知，复合词的解读高度依赖语境，因而通常不具有完全组合性（Downing 1977）。

上述实例表明，在保持可分析性的同时，组合性可能会消失，可见这两个度量指标是独立的。虽然在缺乏可分析性的情况下，保持组合性似乎不大可能，但也可能存在屈折异干（inflectional suppletion）的实例，尽管数量很少。假如屈折范例（inflectional paradigm）的成员与每个词干表达相同的语法意义，那么其异干形式（此处采用传统定义，意指某一形式的词干在词源上有别于范例的其他成员）尽管不可分析，却具有组合性。因此，英语过去式 was、were 和 went 的意义是可预测的（前两个是 be 的过去式，第三个是 go 的过去式），但形式是不可分析的。需要特别注意的是，真正的屈折异干通常只影响出现频度最高的样例。以下各节将探讨重复对可分析性和组合性耗损的作用。

46

3.4 频度效应和形态句法变化

3.4.1 形态句法可分析性和语义组合性的变化

海（Hay 2001，2002）论述了相对频度（relative frequency）对形态复杂词的影响。相对频度是指一个复杂单词相对于所含基础词的频度。正如标记关系理论（theory of markedness relations）预测的那样，在通常情况下，复杂词或派生词，和其相对简单的基础词相比，出现频度要低一些。因此 entice 比 enticement 常见；eternal 比 eternally 常见；top 比 topless 常见。但是，也有相反的情况，如 diagonally 比 diagonal 常见；abasement 比 abase 常见，frequently 比 frequent 常见。海通过若干实验证明，比基础词常见的派生词，和不及基础词常见的复杂词相比，组合性低，语义上也不透明。海让受试者比较两个词：一个比基础词常见，一个没有基础词常见，并决定哪一个更“复杂”。她解释说，所谓“复杂”是指可切分成若干有意义的或可分析的构件。就附带后缀和前缀的两种形式而言，受试者都认为，比基础词常见的词简单，不及基础词常见的词复杂。

在第二个实验中，她根据单词相对于基础词的频度来考察语义透明度。就这个实验而言，她查阅了复杂词的词典条目。如果词条使用基础词解释派生词，则可断定其透明度较高。如果词条没有使用基础词，则可认为其透明度较低。例如，dishorn 的词条解释是 to deprive of horns（将角切除），而 dislocate 的词条定义是 displacement or putting something out of place（移位或将某物放置在另一处），根本没有使用 locate 一词。上述结果表明，以这种方法衡量比基础词常见的复杂词，语义透明度的确要低一些。

海表明，简式形符频度与两个实验的结果没有相关性，这和拜比（Bybee 1985）提出的主张所预测的一样。她当时提出，可分析性和语义透明度的消失是由派生词的形频所致。后来，海对这一主张进行了改进，表明关联因素就是相对频度，至少在她研究的频度水平上如此。她的疑点是，在极高形频水平，可分析性和透明度会独立于相对频度而消失。例如，在形态句法领域，一个语法化短语，即使发生语义和语用变化，同 47
时损失某些内部结构，其频度也不一定比成分词更高。如表 3.3 所示（计数源自《英国国家语料库》），have to 的屈折形式（含有“义务”之义），和其他构式中 have 的屈折形式相比，使用频度要低很多，但发生了语义变化（表达“义务”之义），失去了可分析性，并经历了特殊的语音缩减（变为 [hæftə]）。

表 3.3 《英国国家语料库》中 have 和 have to 形式的频度

have	418,175	*have to*	43,238
has	247,008	*has to*	9,859
had	394,458	*had to*	26,748

然而，这些事实不会减损海针对较低频词所做出的研究成果；更为重要的是，我们的认识是，组块随着认知过程的频度增强而发生变化。海识别的认知过程与我们的理解是关联的。

讲话人或听话人加工一个形态复杂的单词，组构成分被激活的程度各不相同。有一种极端情况是，激活复杂词的直接对象是组构语素；如果是陌生词，情形尤其如此，从而将各个成分全部激活。或然也有可能将复杂词作为独立单元较为直接地进行提取，同时仍然激活其组构语素。另一种极端情况是，提取复杂词，也可完全不用激活其组构语素。如果该词的可分析性已经消失，那么就会出现这种情况。假设激活有递差，网络模式中单词各组件之间的关联也有递差，那么激活程度就会呈现多种可能。海一直主张这样一个观点：与基础词有关的复杂词频度越高，就越有可能在基础词没有完全被激活的情况下进行提取。

复杂词随着使用，自治性就会增强，提取就会更高效，与组块化彰显的优势别无二致。较复杂的单词或单词序列，一经组装并记录在记忆之中，就可提取。海提出，复杂单元的每一次直接提取都会强化提取路径，弱化通过组构成分提取的方式，同时弱化复杂单元与各个组件之间的关系，进而导致可分析性的逐渐消失。

当然，这一切都发生在受控实验环境之外，其他因素显得十分重要。拜比（Bybee 1985）曾指出，派生词使用频度越来越高，是因为使用语境颇多，包括或许不使用基础词的语境。在基础词也启动的语境下，可分析性就会保持；在基础词没有启动的语境下，可分析性就会丧失。对于组合
48 性来说，这一点也是适用的。语义和语用转移会削弱组合性，频度或重复又会加剧这一过程，但其源头在于复杂单元的使用语境。

综上所述，海提供的证据表明，可分析性和组合性受语言使用的影响：语素或单词序列一起使用的频度越高，该序列作为一个单元的强度就越大，与其组构成分的关联度就越低。失去与组构成分的联系，自治性就会不断增强（Bybee and Brewer 1980）。下一节将讨论这一主题。

3.4.2 渐增的自治性

我们已经观察到，绝大多数复杂单元，包括派生词以及预制表达和习语这样的规约化单词序列，既保持自身的内部结构，又保持与组构成分其他用法的关系。拜比（Bybee 1985）的网络模式和海（Hay 2001，2002）的方法表明，这些关系是可分析性和组合性的体现，强度可能不一，甚至可能完全消失。在频度极度增强的情况下，复杂单元独立于源结构而自治，失去内部结构和透明意义，因此分析性和组合性的消失尤为可能。鉴于此，自治性以递差方式被定义为组合性或可分析性的消失，或两者的同时消失。有三种机制独立或共同起作用以生成自治性：复杂序列的重复性直接提取、语音缩减以及源于使用语境的语用关联。

我们可以记录每个机制独立产生的不同自治度，也可记录两个或三个机制协同工作的情形，后者意味着自治性是语言单元自然生发的一个属性。下文举例旨在区分上述三种机制，以彰显各自的独立性。本节还将考察三种机制协同工作的境况，从而在自治性级阶的最高端创生语法化。

语音缩减可在语义组合性没有任何损失的情况下发生，如 I’m、you’re、he’ll、you’ll 等缩写形式。这些形式在语义上都是透明的，有些具有一目了然的内部结构，在句法和语义上与非缩写的对应形式等值。它们是自治的，也就是说，语音缩减比作用于连续话语的普通过程所制约的情形更为极端。因此，非常可能出现的情形是，这些缩写形式可直接提取，而不是将两部分先组合再提取。同样，don’t 的元音缩减为中元音，词首和词尾辅音发生闪化，但见于高频语串之中。I don’t know 中的 don’t 也有语用变化，但在 I don’t like、I don’t mean、I don’t feel 等其他组合中，语 49
音变化并没有伴随语用变化（Bybee and Scheibman 1999）。

相反，语义 / 语用转移是特定语境下频繁使用的结果，在没有特殊语音减缩的情形下也会发生。例如，西班牙语构式 andar（行走）+ 动名词已成为进行体的一个次级变异项。在语法化过程中，构式义已从“go around X + ing”转化为“be X + ing”。例（5）和（6）是该构式采用进行体形式的佐证（Torres Cacoullos 2000）：

(5) Yo no sabía por qué *andaba buscando* el día de San Juan.
"I didn't realize why she was looking for the day of San Juan (in the calendar)."

(6) Ahorita *andan trabajando* en las pizcas y allá andan.
"Right now they are working in the crops [fields] and they are there."

尽管这个构式发生了语义变化，但难以察觉到语音缩减，表明语音和语义变化是独立的过程，这和前面的例证如出一辙。没有伴随语音缩减的语义变化似乎是东南亚语言语法化的一大特征（例子参见 Bisang 2004）。

事实上，很少有或完全没有语音缩减的语义变化司空见惯，往往发生于新构式的创建过程，如前文提到的 WDXY？构式；语义变化也会伴随词项变化，如 indeed。特劳戈特和达舍（Traugott and Dasher 2002）讨论了"in dede > indeed"这个短语的变化过程。此表达式保留某些可分析性，因为我们（也许）可识别构成表达式的两个单词。其本义是 in action（起作用，在行动中），如同 in word and deed 这个表达式一样，但后来逐渐取 in truth（事实上）之义，其推断依据是，观察到的行动一定是真实的。直至不久前，它才新添了一项附加功能，用在话语中仅仅表示"增加新的信息"之义（来自《英国国家语料库》的例子）：

(7) A biography is not a monograph, and, *indeed*, there are biographies of painters which do little justice to art.

往昔的介词短语，现在以单词形式呈现，但所发生的语音缩减，如果有的话，几乎很难察觉。

生发自治性的第三个机制，即重复性直接提取，前面的所有例子可能皆有涉及。现在的问题是，重复性直接提取产生的自治性，是否可在其他类型的变化缺失的情况下发生。一个表达式越接近高频，就越难找到没有语音缩减或语义转移的实例。然而，拜比和布鲁尔（Bybee and Brewer 1980）提出自治性概念的初期所使用的实例似乎表明，直接提取效应可在其他效应缺席的情况下独自呈现。

拜比和布鲁尔考察了西班牙语和普罗旺斯方言的言语范例。相关语言 50
中的过去式范例通过规则的语音变化，早已失去了过去式的一贯标记，因为人 / 数的每种形式各自皆有表达这种体意义（aspectual meaning）的形式。[1] 有些人 / 数形式是在其他词的基础上再造的，重新建立了一定的可分析性。鉴于此，第一人称单数 canté（I sang）和第一人称复数 cantámos（we sang）没有充足的共性，从而把它们确立为过去式，而有些方言以单数为基础重构复数，生成 cantémos。从西班牙语和普罗旺斯语有记录的许多方言中可见各种各样的变化，但皆与第三人称单数的变化无涉。第三人称单数在人 / 数形式中最为常见，稳定性是其自治性的标志。在这种情形下，自治性的唯一缘由是直接提取，而不是语音或语义不规则性。可以注意到的是，第一人称单数大部分时间保持不变，以此可证明自治性存在递差。因此，重复性直接提取（和词汇强度）产生的相对自治性是频度保护效应的内在因素。[2]

自治性及其运行机制与形符频度高度相关。随着形频的提升，特殊语音缩减、语义 / 语用转移以及自治的可能性总体上会有所增强。这并不意味着频度导致语音缩减或意义变化。唯有重复才是引起这些变化的重要因素。如上所述，对于语音缩减来说，缩减偏好的重复会导致样例集的变化；对于语义或语用转移来说，某些语境下的重复可使表达式与某一意义之间产生新的关联，对此下文将进一步讨论。即便是直接提取意义上的自治性，也是由使用频度创生的，其唯一原因是，人类大脑可创建捷径以适应重复性提取。

就派生形态和复合生成而言，可分析性和组合性消失意义上的自治性可见于诸多情形。因此，如 disease、business 和 breakfast 等派生词，由于语义和语音变化，已与词源学意义上的基础词相分离。就语法化而言，我们也发现了完全自治的情形。对此，下节将予以讨论。

3.4.3 语法化

在频度至极的情形下，如语法化，可以发现最极端的自治性实例，其间组合性和可分析性完全消失（Bybee 2003b）。然而，应注意的是，一定程度的可分析性在语法化过程中完全得以留存。

第六章将对语法化进行全面讨论和解释，但此时注意到这一点就足够了：就语法化而言，一个构式的特定实例获得新的用法，频度有所增强，
51 语音和语义发生变化，并由此开始失去组合性和可分析性。例如，英语完成体（have done）源于属有动词（have），可见于过去分词修饰物体名词的结果构式（Traugott 1972，Bybee et al. 1994，Carey 1994）。如果要说完成体构式的一个现代实例，那就是"He has the letter written"，与"He has written the letter"这个现在完成式的语句形成对比。如今，含有 have 的现在完成式也可在不及物句子中使用（在此之前，不及物句子的助动词是 be）。这样一来，我们才会有 he has just arrived 这样的现在完成式语例（Smith 2001）。

这个构式的意义并不具有组合性，具体而言，严格依靠属有动词 have 和分词的意义，还不足以生成一个过去事件具有当下关联性的过往意义。尽管英语书写系统清楚表明，have 参与了这个构式，但至少已经失去了某些可分析性，有事实可佐证这一点：have 作为完成体的助动词，经历了与主语缩写在一起的过程，产生了 I've、he's、they've、you've 等形式，而美式英语的 have 作为属有动词则不会发生这种情况。还有，have 跟随否定词 not 时，助动词 have 会和 not 缩写，但属有动词 have 却不会。因此，英语既有 he hasn't written the letter，也有 he doesn't have a pen（第六章将详细讨论语法化问题）。

英语的语法化构式 be going to 是差别性语音缩减导致可分析性消失的另一个实例。众所周知，这一构式差不多可简化为 gonna，其中前位向格（allative）或不定式标记与前面的分词融合在一起。这个序列的可分析性逐渐消失的证据是"I'm going to the shop"，后面跟有介词 to 的 going 并没有发生同样的缩减。

语法化过程的组合性和可分析性消失，在助动词序列中也可找到相关证据，诸如 would have、could have、should have 和 might have（Boyland 1996）。由情态词加助动词 have 组成的序列，其后是一个过去分词，从组

合性或词源上来看属于情态动词过去式和完成体组成的构式。然而，这些序列的当前意义与事实相反，是非组合性的。鉴于这些常见序列中 have 所发生的语音缩减，它们是否具有可分析性是存疑的，would have 常常被误拼为 would of 等便是明证。

即便语法化程度不高，也可为组合性和可分析性的消失提供证据。就此而言，“far be it from me to + 动词”这个表达很有意思，be 的虚拟式，在其语气早已丢失在别处之后，仍然得以保留，则表明组合性的消失，参见例（8）和（9）。就可分析性而言，讲话人肯定能够识别表达式的所有单词，但有证据表明，单词之间的关系却并不总是可以把握。需要注意的是，这个构式在《英国国家语料库》中 19 个例证，from 的宾语总是第一人称， 52
其中，me 有 16 例，us 有 3 例。因此，这个构式是讲话人用来否认某一立场的话语手段。就某些例子而言，far 和 from 的关系可能十分透明，但有趣的是，《英国国家语料库》有 7 个例子使用介词 for，而不是由来已久正确的 from。试看例（10）和（11）：

(8) *Far be it from me to* stand in the path of true love.

(9) *Far be it from us to* condone tax evasion.

(10) But *far be it for us to* shed crocodile tears over the bruised egos.

(11) That would be a good move−; but *far be it for me to* advise the Prime Minister on that point.

介词的这种变化表明 far from 表达式的可分析性已经消失。由于这个表达具有主体间性的用法，并且明确指向讲话人的立场，显然可见，for me 和 for us 这样的短语对某些讲话人来说似乎是合适的（for me 出现 6 次，for us 出现 1 次）。

3.4.4 自治性与样例兼网络模式

在讨论组块化时我们注意到，常用短语可作为独立单元进行加工。具体而言，整个序列是一次性提取的，而不是每个单元分别提取，然后把它们嵌入构式。这并不是说其构件不可识别，而是说整体性持续提取会弱化组件的可识别性，因而也弱化整个表达式或构式的可分析性和 / 或组合性。语音变化进一步遮蔽表达式的各个构件。语境使用影响意义和推理，意义变化导致组合性的损失。

我们已经讨论了语音变化在样例模型中的表征方式；语义 / 语用变化也有类似的表征方式。就样例模型而言，使用过的话语具有丰富的表征形式，涵盖话语使用的语内、语外环境的诸多方面。随着话语或类似话语的重复，语境的某些方面得以增强，而别的方面则不会。如下一节可见，经常根据语境做出的推断，可成为表达式或构式的部分意义。这一点表明，衍生于语境的意义要素和词项或构式的固有意义之间没有明显的界限。

随着表征在某些语境的制约下逐步建立，单词或表达式与相关词语或表达式的联系就可能开始弱化，一方面源于直接提取，另一方面也源于范
53 畴化过程中进行的相似性匹配。表达式的构件与词源学视域的基础词在意义或形式上不再相似，这些关联的强度就会减弱。

在讨论自治性增强问题之时，我们已识别出语音缩减和语用 / 语义转移等促成因素。如前文所述，两者都更有可能出现在高频项之中。我们也提到，直接提取是削弱短语与其成分词联系的一个因素。在某种程度上，我们可将自治性视为一种自主供给（self-feeding）过程，其原因是，高频短语容易提取，并因此继续保持高频，乃至增强频度。鉴于此，使用 that drives me crazy 的可能性要大于 that makes me insane。

最后，我们应该考虑，自治性是否也可能会减弱。正如海指出，制约自治性发展的一个因素是基础词的频度；就短语而言，则是成分词的频度。可能在某些情形下，某一复杂形式的频度较低或消减，都会不断增强其可分析性和组合性。

3.5　意义和推论

就结构主义和生成理论的意义研究而言，语法语素及其存现的语法构

式被认为具有抽象的、不变的意义，意义往往在语境中调变。[3] 毫无疑问，语法意义通常在本质上具有抽象性和一般性，但还没有上升到理论原则的层次，从而说明每个语素或构式仅有一个恒定不变的意义。相反，似乎较为现实的是，假定形式和构式的意义涉及特殊与一般的有趣互动。例如，就语法化而言，我们注意到，在某些特定意义或功能得以保留的同时，意义也在泛化并不断抽象。

语法自然生发于特定语言经验的范畴化过程，这一观点也表明，范畴化使语法意义得到有效理解，但不会最终形成必要和充分条件的经典范畴。更确切地说，如果认为意义与语言客体和自然客体范畴化的有关知识相一致，那么便可提出这样一个主张：就语义范畴化而言，某些语法构式的用法更为核心，而另一些则更为边缘。事实上，如果考虑范畴的演变方式，那么发现一个范畴在特定使用环境下早已分裂成两个，就不足为奇了。因此，坚持认为每个语法范畴（构式、语法语素）只有一个固定意义，同时又认为样例表征和动态认知表征生发于语境下的语言使用过程，那么这两种观点则是相互对立的。

意义的语法化如何揭示产生语法意义的范畴化的本质，对此第十章将 54
详尽考察，但笔者在此想简单提一下支持意义样例观（exemplar view of meaning）的证据。我的主张是，较抽象的意义生发于单词或构式语境用法的范畴化，而不是后者的必然结果。首先考虑这样一个事实：很多时候识别恒定意义几乎是不可行的。以下是可以跨语言复制的英语例子，如将来时标记词 will，在例（12）这样的语境表示纯粹的“预测”意义，在例（13）这样的语境表示“意图”，在例（14）这样的语境表示“意愿”。试看如下例子（Coates 1983）。

(12) I think the bulk of this year's students *will* go into industry.

(13) I'*ll* put them in the post today.

(14) I don't think the bibliography should suffer because we can't find a publisher who *will* do the whole thing.

既然恒定意义一定是最抽象的意义，那么具体意义一般则从抽象意义中派生，与惯常的历时关系正好相反。关于这个假设产生的问题，不妨思考两点：如何才能从例（12）的“预测”意义中推出例（14）的“意愿”意义？语境可为该意义提供什么样的依据？

另一个问题是，针对口语中 may 的使用情况，我们能否建议一个恒定意义呢？ may 在例（15）中表示“认知”，在例（16）中表示“许可”。例（17）表示“根可能性（root possibility）”的用法（我认为曾经综合了所有的用法）大多在口语中已经消失（Bybee 1988b）。

(15) I *may* be a few minute late, but I don't know.

(16) *May* I read your message?
I will wander along to your loo, if I *may*.

(17) I am afraid this is the bank's final word. I tell you this so that you *may* make arrangements elsewhere if you are able.

再看一下过去时在假设条件从句中的使用情况，见例（18）和（19）（《英国国家语料库》）。

(18) if very few people *turned* up then perhaps people might say that we didn't go around go about advertising it in the correct way.

(19) if your animal *needed*, your pet needed treatment it would be done by the private vets.

过去时的常见用法表示讲话之前发生的情况。假设用法与常见用法相结
55 合，要求有一个十分抽象的意义，如“不是现在（not now）”（见 Steele 1975，Langacker 1978）。但存在的问题是，就过去时的用法而言，没有这样的抽象意义，只有表示过去的具体意义。

各种不同的历时场景，使同一个语素意义相分离，形成或具体或抽象的用法。如果讲话人局限于语素的单个抽象意义，上述这些发展变化就不会发生。第六章和第十章将讨论语素多义性产生的历时过程。

就上文提及的恒定意义而言，它们仍需在语境中调变。大多数关于恒定意义的主张都认为，意义调变是实时发生的（Michaelis 2006）。就样例

模型而言，真实话语的意义组合记录在记忆之中，一旦重复就会约定生成可能的解释。事实上，基于语境的反复推断成为单词或构式意义的一部分，最终可在新语境中使用（Bybee 1988b，Traugott 1989，Traugott and Dasher 2002；比较“毗连律（Law of Contiguity）”，James 1950，Ellis 1996：110）。因此，丰富的意义表征包含使用过程中形成的推断，对于解释语境中常见的意义变化是必要的。

再看将来助词 will 的例子，它由表示 want 意义的动词演变而来。在中古英语中，will 主要表示意志（Bybee and Pagliuca 1987），但它经常出现在表示意图的语境之中，现在仍然如此，见例（20）。表意图的例子在有第一人称主语的句子中特别常见，但也和第三人称主语一起出现，如例（20）所示。但是，在这种情况下，表达第三人称的意图暗示了一种预测，即谓语动作将被执行。通过这样的暗示，will 构式具有了预测意义，然后经过扩展，可以用来表示明确的预测，见例（21）和（22）。

(20) As soon as he gets a house she *will* leave home.

(21) And I think her husband *will* probably die before she *will*.

(22) Yeah. You better go otherwise she *will* be annoyed!

此处以 will 和 may 为例阐述一词多义现象。一词多义从丰富的词汇意义历时发展而来，历经了基于语境的调适过程。根据语境所做的频繁推断记录在记忆之中，并逐步约定成为助词意义的一部分。如果讲话人和听话人总是赋予语法形式以恒定含义，这个过程则不可能发生。

语言使用之所以能够产生意义，是因为意义总是植根于语境，而语境是由社会和认知决定的。物质世界的体验和社会关系既不同一，也不扁平，认识到这一点是十分重要的；它不仅仅是一个一维或二维的概念空间，其拓扑结构十分多样，有的情境比其他情境更重要、更常见或更频繁 56
提及。某些情境是常规的，例如请求许可、表达不确定性、让人们做某事。时间在我们的经验中也不仅仅是二维的；经历或谈论时间也离不开情态（无论是认知情态还是施事导向的情态）。因此，如果将时间或情态概念简化为抽象的二元维度，就不可能形成一个基础十分牢固、具有动态性的系统，从而对语言使用或语言变迁做出解释。事实上，一种分析方法，只有考虑到语言的具体使用情况，才能够对语言之间的异同做出解释。第十章将对此予以讨论。

3.6 结论

本章讨论涉猎广泛，涵盖语音学、形态句法学和语义学，其原因是组块化以及自治性渐增对语法的各个层面皆有影响。本章一方面阐述了样例模型和网络表征共同引起语言变异、递差和变迁的机制，另一方面，也强调了这样一个主张：组块化的领域普遍性过程生成语言结构的诸多特征。其中包括：

（ⅰ）预制表达、习语、构式等多词单元的形成；

（ⅱ）多词单元内部的语音效应；

（ⅲ）可分析性和组合性的保持或消失；

（ⅳ）将意义与特定形态句法构式和语境相组合，以维持特定语境的特定意义，同时通过语境推断创立新的意义。

第五章和第八章将考察不同程度的可分析性、组合性和自治性，进而探讨成分结构具有递差性和渐变性这一观点的生成机理。

第四章

类推与相似性

4.1 新话语加工中的类推与相似性

针对整体存储和提取的语言材料，本文就序列组块问题进行了讨论，同时也论及序列关联特征的递差。递差取决于序列内部某一特定转换的发生频度。构式是通过组块化过程形成的，但其组成部分并非一成不变：构式含有图式位（schematic position），而图式位由已整理为范畴的词项集构成。如前文所述，构式之内的这些范畴是基于样例模型之经验而建立起来的。关于这些范畴的性质，业已取得了实证性研究成果，第五章将对此做进一步的阐述，但当下需要考虑的是，构式的图式槽位具有能产性，其背后是否存在某种加工机制。所谓能产性，是指图式槽位可与新词项共现，最终得以逐渐扩展并发生变化。

语言具有创造性和能产性，可表达新概念，描述新情境，其中的一个重要缘由是，构式的图式槽位是可扩展的，能填入新词项、新短语或其他构式。大量证据表明，这一过程关乎以往使用过并存储于记忆之中的特定词项集。许多研究者使用“类推（analogy）”来指涉基于存储的特定样例在现有样式（pattern）中使用新词项这一现象（Skousen 1989，Eddington 2000，Baayen 2003，Boas 2003，Krott，Baayen and Schreuder 2001，Bybee and Eddington 2006）。可以认为，类推与规则管约式能产性

（rule-governed productivity）形成反照，前者在很大程度是基于与现存词项的相似度，而后者则基于具有相对普遍性的符号规则。在探讨基于使用的构式语法的语境下，笔者对这一术语的定义是十分宽泛的：类推是指讲话人在构式中逐渐使用新词项的过程。如果说构式具有特定性，是借助语言经验建立的，那么一个新词项的概率和可接受度就有递差性，也取决于该词项与特定构式已有用法的相似度。

58 采用上述定义，目的在于将其应用于形态句法层面，例如，使用第二章讨论的构式就可创生出 that drives me bananas 这样的新话语。又如形态层面的一个具有可比性的实例，使用一般过去时构式，可生成诸如 leaped 这样的规则化形式。再如语音层面的一个例子，nuclear 的发音是 nucular，这很可能是基于 popular、regular 乃至更具体的 binocular 等单词所包含的子词串 -ular 的强度而生成的。

本章拟讨论类推加工的本质以及构式在词项层次上得以扩展的证据。类推是一种加工机制，这是本章讨论的旨趣所在。与此同时，本章也探索类推之于语言变迁和儿童语言习得的作用，以期获得重要发现。语言学家通常认为，类推是形态规则化背后的机制，而本文同时也关注类推的更多功用：类推既是形态句法创造性的首要机制，又是语音变化的次要机制。

4.2 作为领域普遍性过程的类推

如果说类推具有领域普遍性过程的特性，那么就要注意两个不同领域的结构相似性，尽管其构成对象不尽相同（Gentner 1983）。历史语言学教科书经常引用如下比例类推（proportional analogy）实例（见 Trask 2007）：

(1) talk：talked :: leap：leaped

金特纳和马克曼（Gentner and Markman 1997）援引了一个非语言例证，以此来说明发生转移的是与对象的关系，而与对象的属性不大相干：

(2) 1 : 3 :: 3 : 9

据此，例（2）的两处可见数字“3”，但就结构关系而言，这一点全然无关紧要。

诸如 leaped 这样的新形式是如何出现的（取代先前的 leapt），对此，例（1）的描写显然是成功的，但要说语言类推通常都属于这种类型，倒是值得怀疑的。首先，比例类推要求语言使用者构想出三种形式并加以比较，以产出一种新的形式。像 leaped 这样的新形式的产生步骤更可能是：援引英语中十分普遍的过去时构式，将其付诸先前使用不规则过去时的某一形式（Bybee and Moder 1983；见第 5 节）。第二，也是最重要的一点，类推所涉及的对象，其本质绝非任意随机。语言中的大多数类推形式，都是基于与现有形式的语义或语音相似性而生成的。鉴于此，如 drives me happy 这样的新话语，出现的几率极小，因为 drives 构式要与表示“疯狂”或 59
“癫狂”的形容词或短语搭配。同样，一个新动词要进入 strung 过去式之列，就必须与同类的其他动词在语音上具有某些相似性。由此可见，dip 的过去式不太可能是 dup（见下文第 4.5 节）。最后，四重比例类推意味着，一对词项可能就会影响另一对词项；然而，就形态类推而言，一个模式如果只有一个实例，那么吸引另一实例的情况则非常罕见（Bybee 2001a）。

金特纳和马克曼（Gentner and Markman 1997）讨论了相似性和类推之间的关系，认为两者之间存在一个连续统。

> 比较呈现高度的关系相似性，而极少呈现属性相似性，类推就会发生。随着属性的增加，比较就会向实在意义上的相似性转移。（第 48 页）

相似性或共有属性对语言类推至关重要，我们因此不得不做出这样一个论断：语言类推很少属于纯粹比例型。鉴于此，前文对类推所做出的定义，即“讲话人在构式中逐渐使用新词项的过程”，似乎与当下语言学文献中的用法更为一致。[1] 然而，必须指出，在构式中使用新词项，需要大量的关系知识（relational knowledge）或结构校准（structural alignment）（Boas 2003），两者皆是类推的先决条件（Gentner and Markman 1997）。

4.3 与先前话语的相似性

新近的许多研究表明，与先前话语或部分话语具有相似性，对于新话语的生成是至关重要的。对此，语料库研究（Boas 2003，Bybee and Eddington 2006）、语言变迁研究（Israel 1996，Bybee 2003b）、儿童语言研究（Lieven et al. 1997，Tomasello 2003）以及相关实验（Krott，Baayen and Schreuder 2001）皆已有所证明。此外，有关研究业已表明，判断新话语的可接受度，在很大程度上取决于该话语与频现的规约化序列的相似度（Bybee and Eddington 2006）。[2] 这些事实（将在下文加以评述）构成了语言经验样例表征的有力佐证。

进一步审视新话语之前，有必要指出，许多话语实际上并不新，至少某些部分并非全新。人类语言能力具有无限创造性，这是学界的断言；人类能够运用语言表达任何概念，这一事实也显而易见。在这样的语境下，当我们发现现实中的话语富含预装单词序列（prepackaged word sequences）时，就难免有些讶异。语料库研究（Erman and Warren 2000）表明，即便是相当保守的估算，约 55 % 的单词并非源于“自由”选择，
60 而是由更大的组块或预制表达（预制单元）所决定。其他研究也有类似的发现（讨论见 Pawley and Syder 1983；Wray 2002）。

下面的两句话选自《美国电话录音语料库》。我把自认为是预制表达的部分用下画线标出，其间插入空格。[3] 这两句话共有 35 个单词，然而，如果每个预制表达被视为一个“选择”，也就是说，从认知存储中作为独立单元提取的单一组块，那么一共只有 20 个选择。[4]

(3) I mean I can remember when I was
Very young, much + young + er, and I
applied for a job
they said, well, are + n’ t + you planning to

have children? Well, I mean,
that's none of + their + business.

20 个选择，35 个单词，预制表达有 25 个单词

预制表达的其他例子包括前文讨论过的组块、习惯短语（如表结果的短语 drive crazy、tear apart、wipe clean 和 suck dry（Boas 2003））、并列短语（black and blue、bread and butter、pick and choose，等等）、动词-小品词或动词-介词组合（look up、think about）和许多其他形式（见 Erman and Warren 2000，Wray 2002）。

预制表达之所以具有常规性，是因为它们是通过重复使用建立起来的，尽管重复未必十分频繁。我们学习一个新词，重复几次便可学会（对于讲母语的人来说，接触一次就可掌握）；同样，记录一个预制表达，使用一到两次形符便可达成。

现在回到新话语的讨论。尽管口头语和书面语大量使用预制表达，但仍会出现新话语，有的与现有的预制表达高度相似，有的则大相径庭，这一点赋予语言以众口赞誉的创造力。这样一来，我们便要问，讲话人到底如何创造性地使用语言？此处亟待探讨的答案是，先前话语是建立新话语的坚实基础。这一观点不仅被语言习得的早期阶段所证实（Lieven et al. 1997，Dąbrowska and Lieven 2005；见下文），而且也对成人的新话语生成（无论是形态层次，还是句法层次）提供了相当合理的解释。

首先，从形态学的词层来看，有大量证据表明，新形式在很大程度上是基于与现有样例的相似性（Bybee and Moder 1983，Koepcke 1988，Aske 1990，Eddington 2000，Baayen 2003）。拜比和莫德（Bybee and Moder 1983）研究过一小类英语动词及其过去式（如 sing/sang/sung 或 string/strung）并随之发现，与现有类成员的语音相似性对新形式的生
成具有显著影响。因此，在实验环境中，以软腭鼻音结尾的临用动词 61
（nonce verb），比起以其他辅音结尾的临用动词，更有可能被赋予带有元音 [æ] 或 [ʌ] 的过去式。这一点表明：归属 sing 和 string 类的 25 个动词，

有 11 个以软腭鼻音结尾。然而，尾辅音完全匹配对类成员的资格并不构成限制。以 [ŋk] 结尾的动词、以（非鼻音）软腭音结尾的动词，如 strike/struck，stick/stuck、dig/dug 以及常见但不完全标准的 drag/drug，都属于这种模式的扩展形式。除了以软腭音结尾的动词之外，这种模式没有其他新扩展。需要进一步注意的是，声母为 [s] 音或 [s] 音加辅音也是决定因素。此类有 13 个动词以 [s] 或 [ʃ] 开头。由此可见，决定类成员资格的不只是尾辅音，而且还有整个动词的语音形态（进一步讨论见第 4.5 节）。

有关现有单词语音结构相似性的影响，还有一些其他的研究，如基于语言类推模型（the Analogical Model of Language，Eddington 2000）建模的西班牙语重音研究（Aske 1990）和音位结构学（phonotactics）研究（Pierrehumbert 1994, Coleman and Pierrehumbert 1997, Vitevich et al. 1997）等。

克罗特、巴延和施勒德（Krott，Baayen and Schreuder 2001）对荷兰语名词–名词复合词连接成分的研究，是超越语音相似性研究的一个案例。他们认为，连接成分存在三种可能性：没有连接成分、以语素 -en- 连接或以语素 -s- 连接。制定规则来预测现有复合词会出现哪种成分，似乎不太可能，然而，复合法（compounding）具有高度的能产性，而且对于新复合词中会出现哪些成分，讲话者表现出高度的一致性。这几位学者通过实验表明，讲话人将新复合词与已有复合词进行比较，并依赖已有复合词的各个部分，来建立新复合词的连接成分。复合词左边的单词或修饰复合词的单词，是最重要的因素。例如，如果修饰词为 lam（羊羔），并且大多数包含 lam 的复合词都有 -s-，那么包含 lam 的新复合词也会有 -s-。如果修饰词出现在具有多种连接成分的复合词之中（例如，schaap-en-bout（羊腿）、schaap-ø-herder（牧羊人）、schaap-s-kooi（羊圈）、schaap-en-vlees（羊肉）），那么就可根据使用每个连接成分的类型多少计算出选择的权重（另见 Baayen 2003）。右边的单词，或中心词，也有一定的影响，但实验表明，其影响比起修饰词略显逊色。为了解释受试者的反应，克罗特等主张使用样例对复合词进行表征。当需要创造新复合词时，具有相同首词的复合词家族将被激活，并成为新复合词的生成模型。巴延（Baayen 2003）指出，所使用的类推模型，可以认为，就是网络模型的一种形式化处理。关于网络模型，我曾在几本专著（Bybee 1985，1995，2001）中有所主 62 张。就网络模型而言，如前文所述，具有相同语音和语义特征的条目，根据相似程度高度关联。由此可见，在这样一个网络中，包含相同单词的所有复合词，在记忆存储中都已关联起来，从而使类推过程的应用更为直接。

然而，详尽阐述这些模型，首先面临的问题是，如何对衡量相似性的关联特征进行细化？这是一个紧迫的实证性问题。我们不得不问，为什么strung 类动词的尾辅音比首辅音更重要？为什么荷兰语复合词的第一个成分比第二个成分更重要？以下是可能的回答：就 strung 这样的动词而言，标记过去式的元音和后面的辅音组成了一个语音成分（韵脚），已被证明是重要的组构成分，在英语中尤为如此。就荷兰语的复合词而言，连接成分类似于（从词源上派生于）后缀，也就是说，它与前一个成分的同一性要高于后一个成分。不过，这些都是事后推测；当务之急是创建阐述详尽的实质性理论，以便对至关重要的相似点进行预测。

此外，我们还需要问，如果英语动词的结尾是寻找过去式标记的地方，那么为什么动词开头仍然十分重要呢？ strung 这类词就属于这种情况。如果将荷兰语复合词的连接成分分析为第一个成分的后缀，为什么第二个成分又会影响讲话人的反应呢？这些问题的答案是，语言加工，除了我们比较熟悉的线性排序之外，似乎还有一个整体成分在起作用（Bybee 2001a）。

在构式层面，有关证据也表明，已有组合对于生成新组合十分重要，此处指基于意义生成新组合。拜比和埃丁顿（Bybee and Eddington 2006）基于若干西班牙语大型语料库研究表“变成（becoming）”意义的动词，以确定哪些动词与哪些形容词搭配。这是建立规则或找出动词和形容词关联特征的又一次尝试，可惜以失败告终。西班牙语有几个动词与形容词或介词短语一起使用，表示“进入某种状态”，规约化的组合如下所示：

(4) *ponerse nervioso* to get nervous
quedarse solo to end up alone
quedarse sorprendido to be surprised
volverse loco to go crazy

根据所考察的语料，动词“become+形容词”构式的许多实例，在语义上与一些规约化的组合相类似。quedarse solo（变成孤身一人的）在语料中出
63 现28次，与其相似的表达形式如下所示，其中aislado（孤立的）在语料中仅出现一两次。

(5) *quedarse a solas* to end up alone
quedarse soltera to end up unmarried（fem.）= an old maid
quedarse aislado to become isolated
quedarse sin novia to end up without a girlfriend

包含quedarse的另一组表达形式是围绕quedarse sorprendido（感到惊讶）这个短语呈现的。以下是几个例子：

(6) *quedarse deslumbrado* to become dazzled
quedarse asombrado to become amazed
quedarse pasmado to become stunned，astonished
quedarse asustado to become afraid

还有一个动词ponerse，通常与nervioso（紧张的）一起使用。这个短语在语料库中出现过17次，但该动词与nervioso相关的其他形容词共现的频度较低：

(7) *ponerse pálido* to become pale
ponerse histérico to become hysterical
ponerse furioso to become furious
ponerse colorado to turn red/become flushed

“become动词+形容词”构式的数据分布表明，较高频度的习惯短语是新短语生成的类推基础。单个动词，例如quedarse，可与不同语义组别的形

容词一起搭配使用——既可与“独自的”一起出现，也可与“惊讶的”一起出现。这一事实表明，其范畴化的依据不是学术文献（Fente 1970，Coste and Redondo 1965）所主张的“变化持续时间”或“主体的被动或主动参与”等具有高度普遍性的特征，而是与习惯短语在局部意义上的相似性。

判断可接受度也可对新词生成或理解过程中使用基于词项的类推这一行为提供支持。拜比和埃丁顿（Bybee and Eddington 2006）做过一项实验，要求受试者判断表 become 意义的动词短语的可接受度。构建的刺激材料包括：（i）较高频习惯短语；（ii）与较高频短语具有语义相似性的低频短语；以及（iii）与现有短语语义相异的低频短语。受试者的判断结果显示，前两种类型的短语比第三种更易接受，这一点表明，可接受度意念的形成，在很大程度上有赖于经验形符或与经验形符的相似度。上述结果 64
可佐证下述观点：生成和理解涉及相似性匹配，相对于较低频样例而言，与较高频样例相匹配的概率更高。

包括认知语法（Langacker 1987，等等）在内的构式语法观（Fillmore et al. 1998，Goldberg 1995，2006），以阐述构式的图式槽位为途径，解释语言的创造性。构式槽位有两个或更多实例，就会形成一个相对抽象的节点，将关涉的实例全部涵盖。据此，如例（5）所示，西班牙语 become 动词构式中的形容词也许更适于图式化表征，意为“缺乏人的陪伴（lacking human companionship）”。然而，如果图式性是构式形成过程中唯一的创造性来源，那么就很难解释两种类型的发展样态：即范畴的家族相似性扩展和新集群的创造。比如，例（5）的范畴，从历史角度来看，也包括带有 sin（without 没有）的介词短语。这类短语似乎始于表示“失去家庭成员”的短语（sin padre 没有父亲），但如今却有了多种可能性，例如 sin armas（没有武器）、sin pluma（没有笔）（Wilson 2009），从而创造了一种貌似家族相似性的结构，而不是一种抽象图式结构。此外，新集群也会从新预制表达中产生，如 quedarse 也与 sorprendido（惊讶的）一起使用，但它并没有与例（5）中的词项形成一种语义类。鉴于此，当下研究的一个目标是，理解抽象和个别样例对预测新话语的作用（更多讨论见第五章）。

以上关于语言的创造性或能产性的论述，能否最终解释人类生产的全部新话语，一些学者对此持有怀疑态度。事实上，平克及其同事（Pinker 1991，1999）还有杰肯多夫（Jackendoff 2002），一方面承认佐证构式和基于特定词项的类推的有力证据，另一方面又欲想坚守较为传统的符号规则观念，即面向形态学的高度普遍性（默认）规则和面向句法的短语结构规则。诚然，不同构式的普适性有所不同（见第五章），但没有必要假定两种不同的语言加工类型。即便是最一般的样式，如与英语助词和过去式相关联的样式，也可解释为具有高度图式性和高度能产性的样例集之副产品。这些样式是因时渐变的，零零碎碎地逐渐发展起来的，也有自身的特质，这一事实与基于符号规则的描述是相悖的（相关完整的讨论见第五、七章）。

4.4 儿童语言中的类推

从使用的角度研究儿童语言习得颇有前景，可揭示儿童从学习特定
65 话语到建构一般样式的机制（Tomasello 1992，2003，Lieven et al. 1997，Dąbrowska and Lieven 2005）。托马塞洛（Tomasello 1992）的研究表明，特定动词与特定构式之间存在紧密联系。派因和利文（Pine and Lieven 1993）以及利文等（Lieven et al. 1997）发现的证据表明，幼儿语言的多词产出，以某几种词项或生搬硬套的表达式为主，从中找不到一般化或抽象规则的相关证据。例如，利文等（Lieven 1997）发现，就 1 岁 8 个月到 2 岁 8 个月的幼儿而言，60 % 的话语呈现为 25 种以词汇为基础的样式（比如“There's a X，I want a Y”，等等），31% 是完全生搬硬套的表达式。另一项研究也值得注意，东布罗夫斯卡和利文（Dąbrowska and Lieven 2005）证明，2 至 3 岁儿童提出的问题在很大程度上都是他们之前问过的问题。针对新话语的生成，两位学者提出并置（juxtaposition）和叠置（superimposition）二元操作假设。并置是指单词、短语或构式（从成人的

角度来看，它们本身的内部结构就较复杂）任意两个单位的线性并列；叠置是指一个单位对另一个构式的图式槽位具有详述或“填充”作用。“Are you downstairs now?”或其变异形式“now are you downstairs?”就是并置的一个例证。关于叠加，也有一个例子。“Shall I + 过程？”是一个部分图式化的单位，“open that”是另一个单位，将两者叠加起来，就可生成“Shall I open that?”这个新的表达式。

东布罗夫斯卡和利文分析了一组测试题的后期转写文本，试图探究其中有多少问题只使用了上述两种操作方式，而且在前期转写文本中曾经出现过。他们发现，儿童前期提出的问题和后期测试的问题之间存在密切的对应关系。首先，就所考察的问题而言，21% 到 75% 的问题属于以下三种情况：直接重复成人提出的问题；重复一段时间之前成人提出的问题；重复儿童自己提出的问题。更为有趣的是，儿童 90% 的其他话语源于之前记录的话语，而且仅使用了上述两种操作方式。儿童语言的这种境况，就构式习得而言，是非常具体的起点：儿童首先存储经历过的样例，然后逐渐扩展这些样例，从而获得较为一般的样式。东布罗夫斯卡和利文的数据也显示，儿童运用并置和叠置操作方式的能力逐步增强。语料库的历时数据显示，新话语涉及越来越多的操作过程，并且有更多种类的图式材料参与到叠置过程之中。

有关研究开始表明，随着儿童年龄的增长，使用的样式越来越抽象。萨维奇等（Savage et al. 2003）的研究显示，6 岁儿童能从词汇层和结构层触发英语主动构式和被动构式，然而，3 岁和 4 岁儿童只有词汇触发。也就是说，6 岁儿童更有可能使用主动句或被动句，这取决于他们先听到过哪一个；而年幼的儿童只受他们听到的词项的影响。这些结果表明，对于这些构式的特定词项和代词，只有在经验丰富之后，才会出现高度抽象。66
那么，达到这种抽象水平，是否一定就意味着词汇特定性的丢失？兰艾克（Langacker 1987）认为，没有理由去假设，特定样例被丢弃，只是学习者达到某种抽象程度造成的。事实上，一些构式样例可以作为独立单元进行提取，即使较为抽象的构式版本也可同时提取（有关 can remember 的进一步讨论见第五、九章）。

东布罗夫斯卡和利文提出的并置和叠置两种操作方式，对于成人来说，同样是可及的，从而凭借构式产出连续的话语。借助叠置操作，构式的图式槽位可增补词项或其他构式，这似乎是复杂结构的主要产出机制，也是层级结构的主要来源。

4.5 语言变迁中的类推

历史语言学每每援引“类推”这个术语及其关联过程来描述形态范式中的词素音位变化。通常区分两种类型的变化：一种是类推调平（analogical levelling），指涉范式中变更项（alteration）的丢失；另一种是类推扩展（analogical extension），指涉范式中引入新的变更项。由 leapt 到 leaped 的规则化，便是类推调平的一个例证，[i:] 和 [ɛ] 之间的变更消失了，因此有了“调平”这样的术语。然而，要尤其注意，“变更项的丢失”并不是描述这种变化机制的最恰切方式。事实上，与此有所不同的是，将规则构式应用于词根或范式中的最高频成员（在本例中为 leap），才可创生出一种新的规则形式。类推调平机制的首要证据是，旧形式实际上并没有立即消失，而是继续与新形式竞争。因此，大多数英语词典同时列举了 wept 和 weeped、leapt 和 leaped 以及 crept 和 creeped，等等。其次，比起高频范式，类推调平更早出现在低频范式之中，例如 keep/kept、sleep/slept 等高频形式似乎不易发生类推调平。这一点表明，低频形式可及性不强，因而就会出现以规则模式创建新的规则形式的情形。第三，根据调平方向，也可得出同样的结论：新形式的产生，通常有赖于范式中的最高频成员（Mańczak 1980，Bybee 1985）。

比起低频范式，高频范式的不规则特征能够保持更长时间，这一事实为样例模型提供了重要佐证。相对低频样例而言，高频样例具有较强的表征形式，加之高频样例集包含更多更强的样例，因此高频样例比低频样例更易提取。可提取性越强，讲话者创建替代形式（例如 keeped）并最终 67
替代不规则形式的可能性就越低。同样的原则也适用于形态句法构式的高频样例，如下文所述，尽管有更新的、更具能产性的构式，但旧构式的某些样例仍可保留在语言之中。这些情形有力地证明，构式的特定样例被保留在记忆表征之中（Bybee 2006a）。

据各方观点，形态学层面的类推扩展远不如类推调平常见。然而，它不但发生，而且发生的条件具有启示性，可揭示生成性（即便是有限的）的决定因素。首先，如果变更只存在于一种范式之中，那么不规则变更项则极少扩展。相反，吸引新成员，离不开一套核心范式。如果心理语言实验可以表明什么的话，那么即便两种范式共享同一变更项，也不足以触发扩展（Bybee and Pardo 1981，Bybee 2001a）。鉴于此，能产性至少部分取决于类频：类频越高，构式扩展到新词项的生成能力就越强，可能性也越大。

然而，类频与其他因素相互作用，尤其是能产性的第二个重要决定因素，即图式性（schematicity）程度（Clausner and Croft 1997）。图式性是指类成员的相异程度。类的图式化程度越高，涵盖的实例就越多。举一个典型例子，英语规则过去式的图式可应用于任何语音形态的动词。高图式性与高类频相结合，便可生成能产性极强的构式。具体到某一形态类，语音相似度高，图式性则弱，因为以语音界定形态类，限制较多。图式性弱，能产性则有限，因为适用于扩展的候选项有限。然而，弱图式性与相对较高的类频相结合，就会有一定程度的能产性。

以英语中不规则（强势）动词为例。它们是更古老的、也许具有能产性的系统的残留成员，其中时态变化以内部的元音变化为标识。在古英语中，尽管系统逐渐分崩离析，新的后缀构式的能产性不断增强（主要源于其高度的图式性），人们仍然可以识别元音变化相似的某些类别的动词。因此，从古英语到现在已有十几个世纪，许多这样的类别失去了一些成员，要么因为规则化（helpan（help）的形式曾经有 hilpth、healp、hulpon、

holpen（分别是第三人称单数现在式，第三人称单数过去式，过去式复数，
68 过去式小品词），而现在只有 help/helped 形式），要么因为自然损耗（许多这样的动词已经不再使用了）。然而，有一类强势动词，通过类推扩展获得了一些新成员。关于此类动词，前文已有所讨论，如 sing、sang、sung 以及过去式和过去分词不再区分的动词（string、strung）。例（8）列举的是从古英语延续下来的类成员，以尾辅音排列。

(8)	-m	swim	swam	swum			
	-n	begin	began	begun	-n	spin	spun
		run	ran	run		win	won
	-ŋ	ring	rang	rung	-ŋ	cling	clung
		sing	sang	sung		swing	swung
		spring	sprang	sprung		wring	wrung
	-nk	drink	drank	drunk	-ŋk	slink	slunk
		shrink	shrank	shrunk			
		stink	stank	stunk			

基于耶斯佩森（Jespersen 1942）的研究，例（9）列举的是古英语时期以来新增成员和一些方言变体，同样以尾辅音排列。

(9)	-ŋ	sling	slung
		sting	stung
		string	strung
		fling	flung
		hang	hung
		bring	brung*
	-k	strike	struck
		stick	stuck
		sneak	snuck*
		shake	shuck*
	-g	dig	dug
		drag	drug*

（标注星号的单词被视为非标准形式）

新成员只有两个主要部分，皆以一个软腭辅音结尾。有些以咝音或咝音集开头，增强了单词的整体语音相似性。该类的原始成员都有鼻辅音，但新成员已偏离这个要求，现在的尾音必须包含软腭辅音。因此，一方面，语音相似性对于定义可扩展、具有半能产性的这一形态类是至关重要的；另一方面，范畴结构随着时间的推移已发生变化。这个例证表明，范畴成员的语音形态非常受限，因而其图式性较弱，也意味着其能产性也有限；即 69
便获得能产性，也是源于“帮派（gang）”效应：相对于没有明确语音定义的可比成员，共享语音属性的动词高度汇集，因而更有可能吸引新成员。

一个构式应用于过往参与过另一个构式的词项时，扩展和调平都会发生。如例（9）所示，有的动词源于名词，有望添加规则词缀；有的本来就不规则，归属不同的类，如 bring、brought 和 strike、stroke。由于英语的词干变更较少，扩展往往适用于次级构式，调平则适用于能产性较强的构式。在历史变迁中，如在共时环境中一样，类推是词项特定的，其应用常常被描述为不规则。请注意，就此处讨论的情形而言，一方面是变更项调平有利于过去式后缀规则化，另一方面是次级构式的扩展，两者之间存在着一定的张力或竞争，从而使不同系统无法完全走向“规则化”。所谓规则化是指同一规则统管一切（关于生成性程度决定因素的更多讨论见第五章）。

4.6　类推与构式

4.6.1 形态句法中的历时类推

在形态句法中，调平和扩展又相当于什么？它们皆相当于构式的能产性使用，无论是主要构式还是次要构式。随着时间的推移，通常可以观察到，一个构式要么扩展其应用领域，要么让位于其他能产性更强的构式。因此，在形态句法中，如同在词汇形态学中一样，可以看到构式竞争的许多例证，也可以看到，语言学家们付出诸多努力，试图厘清十分形似的构式在功能和分布上的细微差别。采取基于类推的历时方法，同时兼顾形频对语言留存古老样式产生的影响，这有助于我们了解两个或以上极似构式在语言中共存的诸多境况。

托蒂（Tottie 1991）研究了英语中的两种否定类型。一种在助动词或形式动词 do 后使用 not（见例（10a）和（11a））；另一种则使用 no 或者将否定融入非限定性部分（见例（10b）和（11b））。

(10) a. …by the time they got to summer, there wasn't any more work to do.
b. …by the time they got to summer, there was no more work to do.

(11) a. when you just can't do a thing.
b. when you can just do nothing.

70 **表 4.1 no 否定形式的比例**（Tottie 1991）

	口语	比例	书面语	比例
存在 *be*	34/38	89%	96/98	98%
静态 *have*	18/28	64%	41/42	98%
系动词 *be*	12/20	60%	26/47	55%
词汇动词	20/76	26%	67/104	64%

请注意，例（10）的两种否定形式，在语义和语用上可互换，但例（11）的两种否定形式具有不同的意义。托蒂只选择研究意义相同的情形，其中，假定讲话人在使用何种构式时，其选择没有太多约束。

下面将论及历时变化的情形。在有记载的英语史中，no 和否定不定式的使用从未中断，而 not 的使用则是新近才发展起来的，本身起源于否定不定式 "ne + wiht"（比较 nought/nohht），意即 "not at all（完全不）"，其使用范围在中古英语和早期现代英语中显著扩大（Mossé 1952，Campbell 1959；见 Tottie 1991 和第七章的讨论）。因此，一个较老的构式（否定成分合成构式）和一个较新、更具能产性的构式（not 构式）之间形成了竞争，在某些方面类似于英语动词规则和不规则过去式之间的竞争，其中，我们注意到，使用频度较高的动词保留较老的屈折样式（使用元音变化），而新动词和频度较低的动词则使用较新、更具能产性的样式（Bybee 2006a）。

托蒂曾借助大型英式英语口语和书面语语料库，对这两种构式进行过研究。她只提取了使用替换构式且具有相同意义和含义的例子（如例 10）。据她发现，某些构式，尤其是存在动词 be（如例 10），静态动词 have（如例 12）和系动词 be（如例 13），相对于词汇动词而言，使用 no 否定用法的概率要高（见表 4.1）。由此可见，no 否定用法，与某些构式一直保持关联，而并非所有句子的选择。

(12) the Fellowship had no funds

(13) as a nation we are not doing well enough. This is no new discovery

存在动词 be、静态动词 have 和系动词 be 构式的使用频度颇高，其数据占比超过所有词汇动词的总和。高频有助于说明它们保留旧构式这一事实，像英语中元音变化的动词（break、broke、write、wrote 等），高频增强表征， 71
也不大可能使表征随着更具能产性的样式改造。由此可见，词汇动词中或许也存在频度效应。

事实上，某些高频动词，如 know、do、give 和 make，对词汇动词实例的许多 no 否定形式也有解释力。

(14) no, Marilyn does no teaching I imagine she's a research assistant

(15) I've done nothing except you know bring up a family since I left school.

(16) I know nothing about his first wife.

此外，某些词汇动词也出现在多用于书面语的习惯表达或预制表达之中。

(17) the ballads make no mention of the trapping of rabbits

(18) Make no mistake about it, the divisions are very serious.

(19) the split in the Conservative Party over Africa gives me no joy

这些例子表明，即便一个构式已失去能产性，其特定样例仍可继续存在，因为重复使其积聚力量，从而得以继续使用。据此，上述例子为样例表征提供了额外证据。

同样，存在动词 be、静态动词 have 和系动词 be，跟词汇动词相比，维持否定成分合成构式的力度要大，这说明存在一种否定嵌入构式的表征。鉴于此，在英语使用者的认知表征中，并不存在静态动词 have 的一般构式，从而在一系列规则应用过程中将一种否定构式与另一种结合起来；相反，却有更特定的构式，如…have no…、…have nothing…、…have no one…，等等。

综上所述，使用 no 否定构式或否定不定式，是较为古老的否定策略，正在被 not 否定构式所取代。这种否定策略在缺乏不定式的句子中同样有用，从而使其在分布上优于否定成分合成构式。然而，较古老的构式保留了下来，与其他高频构式以及高频或常规词汇动词结合使用。这样一来，较新的、更有能产性的构式之扩展，便类似于类推调平或规则化。鉴于此，基于较新构式的生成形式，正在逐渐取代基于较旧构式的生成形式。其他例子包括英语的现在完成式（Smith 2001）。

4.6.2 作为新构式来源的类推

最后，以西班牙语“quedarse+ 形容词”构式为例，讨论作为新构式来源的类推。威尔逊（Wilson 2009）追溯了这个构式从 12 世纪发端及至
72 当代的发展轨迹。最早的例子主要与形容词“solo（独自的）”一起使用，出现在“一个人由于其他人的离开而被单独留下”的语境。

(20) E el conde quando vio que de otra manera no podia ser sino como queria el comun delos romeros no quiso ay quedar solo & fa zia lo major & cogio sus tiendas & fue se empos delos otros.

"And when the count saw that there could be no other way than the common wishes of the pilgrims to Rome wanted it, (he) didn't want to be left alone and did his best and gathered his tents and went after the others." (Gran conquista de Ultramar, anon., thirteenth century; Davies 2006)

所研究的文本中有三个这样的例子，在 12 世纪和 13 世纪的文本中也有几个“quedarse+ 形容词”的例子，但到了 14 世纪，基于 quedarse solo 的类推事实显然成为一个范畴，并创生了一个新的构式。在 14、15 世纪，出现了如例（21）的例子。威尔逊认为，这个例子比照 quedar 早期根深蒂固的含义“被人独自留下”进行类推，使其能够表达“成为寡妇或鳏夫”的意义。

(21) Enla tierra de ansaj avia vn potente rrey al qual no avia quedado sy no vna hija la qual avia avi- do de su muger que enel ora del parto murio & quedo biudo mas el rrey hjzo criar la hija muy honorable mente.

"In the land of Ansaj there was a powerful king to whom no one was left but a daughter who he had had from his woman who in the moment of birth died & (he) became widowed, but the king had the daughter raised honorably." (Historia de la Linda Melosina, anon., fifteenth century; O'Neill 1999)

同样在这几个世纪里，huerfáno（成为孤儿的）这个形容词和 quedar 一起使用，还有一系列带有 sin（没有）的介词短语，例如 sin heredero（没有继承人）、sin armas（没有武器）、sin pluma（没有笔），还有一些更抽象的概念，如 sin dubda（毫无疑问）和 sin pena（没有悲伤）。在这一时期，可与 quedar（se）一起使用的形容词或介词短语的范畴，似乎比照 solo 的早期表达进行类推并得以扩展，结果产生了一些表达式，起先用于描述家庭成员的离世，后来用于描述"实体被剥夺"之意（例如没有了武器），最后扩展到一些更抽象的表达。这样一来，基于根深蒂固的单一样例，更为一般的构式从一开始就形成了。有关"quedar（se）+ 形容词"其他使用情况的进一步讨论，请参见 Wilson 2009。

值得注意的是，类推作为历史语言变迁的一种形式，与作为认知加工机制的类推密不可分。语言变迁生发于人们使用语言的过程之中，所有的变迁机制都必须以加工机制为基础。因此，看到类推运行的历时证据，我 73
们便可断言，语言使用实例中的加工机制也在运行。

4.7 类推与规则

样例模型能够指导我们考察具体与一般的交互方式。语言当然有许多高度一般的样式，但它们从相对局部和具体的样式中历时产生并在习得中逐渐形成。类推作为一种加工机制，能让我们审视具体到一般的发展机理。这种观点也使语言学人得以解脱，不用对所有的例外予以解释。如果假定一般样式是类推的结果，而不是基于符号规则，那么来源不同的各种例外便在预料之中，因为某些特定的高频项对类推变化是抵制的，或者因为相互竞争的样式可能源于特定实例（如前文所述）。与其试图使例外规则化（通过改变其内在结构），也许倒不如看看例外对于揭示泛化（抽象）过程有何启示。

类推作为一种加工机制，新近已被生成语言学家更普遍地接受，用于解释能产性较低的次要语言样式（Pinker 1991，Jackendoff 2002）。然而，生成语言学家们仍然坚持符号规则和短语结构规则的理念，分别用以解释能产性较强的形态问题和句法学的抽象问题。因此，他们的模型包括两种不同的加工类型，他们极力主张对两种加工类型进行分离，将其划分为词汇层面的类推加工和规则部分的符号加工。相比之下，类推模型（analogical model）（Skousen 1989，Eddington 2000）和连接主义模型（connectionist model）（Rumelhart and McClelland 1986，Bybee and McClelland 2005，McClelland and Bybee 2007）主张对能产性欠缺的特殊样式和能产性较强的一般样式进行分级处理。正如前文所述，无论是所谓的“规则”样式，还是“不规则”样式，所适用的词项在数量和相似性上存在递差，其能产性也因此存在递差（另见第五章）。

这些立场到底有什么区别？有关英语过去式问题的大量文献将符号规则和类推的区别概括为以下几个方面：

首先，类推与构式或词项的特定存储样式相参照。当然，如我们观察到的一样，类似的存储样例被组合在一起。分组采用原型结构，既有核心成员，也有较多的边缘成员（更多讨论见第五章）。图式或范畴等组织样
74 式出现在词库或所谓的“构式”（包含许多构式的词库）之中，不会独立于其来源词汇单位而存在。相形之下，据假定，规则可独立于所适用的形式而存在。事实上，符号规则被认为是独立于词库的组件或模块。

第二，图式的能产性颇受参与词项数量的影响。例如，涵盖许多不同动词的图式，比仅涵盖几个动词的图式，更具能产性。这种观点还认为，能产性存在递差，除了能产性和非能产性样式之外，也许还存在中等程度的能产性。从另一方面来看，规则不受所适用类符数量的影响。规则不依

赖所影响的形式，所以规则与其适用词项的数量之间没有任何关系。规则的能产性由“默认”状态决定。儿童一旦观察到某个规则在“默认”情境下使用，比如动词衍生于名词，生成新形式，他 / 她就会认为，这个规则是默认规则或能产性规则（Marcus et al. 1992）。

第三，类推颇受现有类符的细节影响。拜比和莫德（Bybee and Moder 1983) 通过实验观察到，英语临用动词越接近原型或最佳样例，如 strung，受试者就越有可能将元音改为 [ʌ]，生成过去式。同样，克普克（Köpcke 1988）发现，德语受试者倾向于将以完全元音和 -s 结尾的临用名词复数化，因为带有完全元音的现有德语名词均使用这种形式，例如 Autos、pizzas。另一方面，符号规则适用于整个范畴，例如动词或名词，丝毫不考虑个别的特殊形态（Marcus et al. 1992）。

第四，类推具有概率性，因为它们是以特定类符为基础的。个别类符离范畴的最佳样例或近或远。据此，讲话者基于另一种模式创造新的形式，其行为就具有概率性。相反，规则在行为上是离散的：一种形式要么服从规则，要么不服从规则，因为一种形式要么属于相关范畴，要么不属于相关范畴，是有排他性的。

第五点不同涉及短语结构规则。这些规则是纯粹句法性的，与意义无关，这正是自治语法的含义所在（Newmeyer 1998）。由于构式将意义与形式关联起来，构式语法的所有句法关系相反都有语义导入，并且根植于其适用的语言和非语言环境之中。

类推模型拥有一种加工机制，跟两种机制驱动的二元加工模型一样，可处理同等数量的数据。有人主张两种加工机制，而不是一种，主张二元分离，而不是一个连续统，举证之重任自然就落在其身上。

4.8　类推与频度 75

作为一种加工和变化机制，类推与使用频度相互影响，其方式有别于语音缩减与使用频度的交互作用：相对于低频词项，高频形式不易发生类推变化。这种现象可称之为高例频保护效应，其原因可追溯到我所称谓的“词汇强度（lexical strength）”这个概念（Bybee 1985）。一个单词或构式，每使用一次，都会增加其样例集的强度，从词汇角度来看，该单词或短语更易提取。用其他术语来讲，使用频度提高构式存储实例的静息态激活水平。相对于可比且更具组合性的构式而言，这样的实例，词汇强度越大，可及性则越强。

上述效应与组块化关联的频度效应，即缩减效应（Bybee and Thompson 2000，Bybee 2002a，2007）迥然不同。缩减效应是由神经运动行为以及随之而来的发音动作的重叠和缩减直接造成的。这种变化机制在词汇中扩散之时，并不具有类推性，也许在词汇扩散的最后阶段有所不同（敬见 Kiparsky 1995）。

4.9 结论

本章探讨了语言类推之实，以佐证类推加工是人类新话语创造能力的基础这一主张。在此语境下，要重点关注的是，有多少口语和书面语是由预制单词序列构成的。这些习惯表达式和构式是应用类推这一领域普遍性过程的基础。近期的儿童语言研究认为，这种加工机制可生成新话语。本文认为，类推对成人语言中新话语的生成也具有解释力。本章回溯了类推在历时变化过程中的运行机制，认为正是同一种加工机制才使传统上所辨识的类推变化成为可能。本文还指出了词汇形态学和句法构式在类推变化方面的相似之处，从而提出这样一个观点：从历时和共时加工角度来看，类推在上述两个层面皆可适用。下一章将反观图式性和能产性等概念，尤其在讨论语料库构式实例频度分布的语境下，对本章提出的部分概念进行详述。

第五章 76

范畴化和语料库的构式分布

5.1 引言

前三章讨论了赋予语言以结构的基本加工机制。首先探讨了语言的记忆表征，论证了样例或丰富记忆表征的必要性；然后讨论了序列组块化及其对形态句法结构的重要性；同时探究了组块化与可分析性和组合性的交互机制，并对自治性增强导致可分析性和组合性消失这一现象进行了分析。第四章讨论了类推，将其视为以新词项拓展构式使用范围的一种机制，进而阐释了范畴化和相似性这两个概念。本章将更为详细地考察构式，特别关注语言使用中构式特定形符和类符的分布状况，重点讨论针对构式开放槽位所建范畴的性质，同时探究形符和类符频度与语义范畴的交互机理，以期确定范畴的属性，也就是范畴的图式性和能产性程度。

5.2 构式何以必要？

构式是形式和意义的直接配对（其中也包括语用意义），通常含有覆盖大量词项的图式位。构式经常包含显性的词汇材料，如例（1）的way 或 what 或 be doing。相关研究者一致认为，构式几乎无所不包，涵盖单语素词、复杂词和习语，及至“被动构式”等非常一般的构型（皆为形义配对体）。尽管如此，“构式”这个术语通常用于指称具有部分图式性的形态句法层面上的复杂结构。比如，例（1）是例（2）非正式表达构式的实例，例（2）的图式位采用小型大写字母或 Y 这样的变量表示。

(1) a. Mr. Bantam corkscrewed his way through the crowd (Israel 1996).

b. What's that box doing up there?

77 (2) a. SUBJECT$_1$ VERB (MANNER OF MOTION) POSS PRO$_1$ *way* ADVERBIAL

b. *What* BE SUBJECT *doing* Y?

菲尔莫尔、凯和奥康纳（Fillmore，Kay and O'Connor 1988）最早明确提出什么是构式的属性。他们主张以构式考察语法，认为除了关涉主语、宾语、补语和关系从句的普遍规则之外，说话人还知道更多语言知识。许多表达式，如例（1）所示，具有特殊的形式、意义和语用效果，借助与特定词项或特定意义无涉的一般语法原则，尚不能达成理解。因此，他们所主张的就是对语言的习惯表达给予解释。正如之前的章节提到，习惯表达在语言实际使用中占比很大。上述几位学者还表明，即便是习惯表达结构，也有能产性，因而必须将其视为语法的组成部分。[1]

进一步审视他们的观点，便可注意到，不只是语言的习惯表达部分才存在特定词项与语法结构的有力互动。即便是相当普通的句法结构，如从句补语（clausal complement），也对主句的具体动词有很强的依赖性。例如，think 后可跟限定从句（I think it's going to snow），want 后可跟不定式从句（I want it to snow），see 后可跟分词补语（I saw him walking along），等等。关于构式的一个主要论点是，和某些动词与某些补语的联系相比较，句法和词汇的交互更广泛、更深入。正如兰艾克（Langacker 1987）在讨论句法和词汇互动时所指出的，成千上万的习惯化表达，是说话人所掌握的相关语言知识的组成部分。如 suck dry、drive crazy 等结果性表达式，又如 follow up、look over、turn out 等动词 + 小品词短语，等等，都遵循一般语法模式，但在具体的词汇层面却有着特定的习惯化组合。鉴于此，或许可探索这种可能性：从构式角度来审视所有的语法。当然，有不少传统的语法参考书都是基于构式编写而成的。

克罗夫特之所以偏爱基于构式的研究途径，是因为形态句法跨语言比较领域取得了重要的类型学研究成果（Croft 2001）。生成语法本身存在缺陷，难以从语言内部和比较视角阐明构式分布的重要但通常又很细微的差别（Newmeyer 2005）。采用本质上的语言特殊型构式，观察不同语言之间的差异，可针对构式类型涵盖的语义空间及其发展和变化假设，有望提出重要见解。费尔哈亨（Verhagen 2006）对英语和荷兰语的 78
三种构式进行了详细比较，揭示了比较不同构式的效用，从而使分析人员注意到不同语言的频度、生成性和图式性差异，而不是只关注它们的结构差异。由于构式的形式非常具体，抽象层次较高，因此构式语法使不同层级的比较成为可能。

戈德堡（Goldberg）主张以构式阐明语法关系。其论据是，某一特定动词可出现在许多不同的构式之中，因此不能依赖动词本身来确定它可附带的论元。相反，构式承载的意义可详明小句论元的功能，构式与动词结合决定小句的意义（Goldberg 1995，2006）。

托马塞洛、利文和他们的同事们发现，构式是描述和揭示第一语言习得过程的一个合宜构念（construct）（Tomasello 1992，2003；Pine and Lieven 1993；Lieven et al. 1997；Dąbrowska and Lieven 2005）。如前一章所述，仔细跟踪儿童的话语，就会发现他们的新话语在很大程度上是基于之前的话语，只是替换了部分词项和短语。可以说，他们是在掌握和使用具体话语的基础上形成了具有部分图式性的构式。

采用基于构式的方法，其一原因包括上述所有方面，也包括这样一个事实：从领域普遍性视角描述语法的本质，构式是特别合适的语言单元。首先，如前一章所述，构式的形成、习得和使用，与组块化这一领域普遍性过程密切相关。该过程将反复关联的点滴经验重新打包成一个独立单元。人类具有序列学习的能力，即便再长的构式，也可通过重复形成组块。其次，构式图式性部分的发展取决于基于特定词项和相似性的范畴化，这也是另一种领域普遍性认知能力。

构式基于表层结构，源自经验话语的范畴化，尤其适合样例模型。反过来，样例模型也使构式的再处理成为可能，这对于全面理解构式是必不可少的。样例模型既存储构式的具体实例，也可抽象出更为一般的表征。关于构式的分布，本章将述及一些重要的事实。这些事实影响构式的语义和语用解释，只有记忆存储中保存了样例，语义和语用解释才可能达成。

5.3 范畴化：样例范畴

构式最重要的属性也许是，描述特定词项和特定语法结构的关系。出
79 现在构式的词项，对构式的意义具有建构作用，也有助于确定其话语功能和分布。如第二章所述，构式槽位出现的显著不同的词项，构成以语义特征为主要依据的范畴。本节将考察支配样例范畴的原则，接下来的各节将讨论范畴如何在语料库中呈现。

样例范畴是通过经验（各个领域）建立的，呈现为原型效应（prototype effect）。原型效应衍生自范畴全体成员的分级：有些样例是范畴的中心成员，另外一些则是边缘成员。这种属性通常可使用鸟类等自然范畴加以说明：据判断，有些鸟类，如知更鸟或麻雀，比其他鸟类，如鹰或企鹅，更靠近范畴中心。迄今，在实验环境下已使用自然范畴和文化范畴来揭示范畴成员的分级状况。同一文化的成员能够从范畴中选择前后一致的"最佳样例"。当问及某一中心成员是否属于该范畴时，成员就能较快地做出反应；当问及某一边缘成员是否属于该范畴时，成员的反应则较慢。最终会形成具有一致性的分级结果，以表明范畴成员的隶属度。（Rosch 1973，1978，Taylor 1995，Croft and Cruse 2004）。

样例的范畴化机制使原型效应自然生成（Medin and Schaffer 1978）。

首先，样例包含知觉对象（percept）的全部细节(无论是鸟类还是话语)，鉴于此，才有可能运用许多特征而不只是对比特征实现范畴化。例如，接近原型的鸟类往往体型较小，如麻雀或知更鸟大小；体型大的鸟类则不怎么典型，尽管体型大小并不是鸟类的区别特征。

此外，相似性和频度这两个范畴化维度交互作用，也可生发出样例模型的分级范畴成员。罗施（Rosch）及其同事反对将经验频度作为成员中心地位的决定性因素。在实验中，他们控制了实体名称的词频，也仍然获得了原型效应。然而，诺索夫斯基（Nosofsky 1988）表明，在颜色范畴化任务中，增强特定颜色的频度，边缘颜色在范畴化方面就会发生变化，也就是说，范畴中心向频度渐强的颜色转移。

如果构式是规约化的语言对象，而非内在具有共同特征的自然对象，那么呈现频度似乎就可能对语言的范畴化产生显著影响。同时，考虑到使用语言就是提取存储表征，那么强度较大(较为频现)的表征就更易提取，因此也更易成为新词项范畴化的基础。由于这个因素，列为范畴成员的高频样例就可能被理解为范畴的中心成员，至少可以这么说，高频样例 80
可提取性较强，意味着可为范畴化提供参照。有关这一断言的证据，下文将予以呈现。

新进样例所处的语义空间，距离强度较大的样例或近或远，这取决于二者的相似程度。范畴化在两个维度上具有或然性。在某些场合，如果与较低频成员的相似性更大，那么范畴化便可由此所驱动（Frisch et al. 2001）。然而，频度和相似性的或然互动，也可产生一个范畴，其中心成员为极高频成员。

5.4　构式变异的维度：构式槽位的固定性与图式性

图式性是范畴的实质性定义，既可指涉语义特征，也可指涉语音特征，甚或指涉整体性更强的样式。在图式刻度的下端，构式的位置可能完全固定；较强图式性是范畴内变异区间的函数。本章的讨论兴趣主要在于图式性较强的范畴，但本节仅略举一二例，以此说明从完全固定到高度图式化的区间变化。

本章开头（1a）和（1b）示例的两种构式都存在一些固定成分。例（1a）的 way 是固定的，而其余部分或多或少是图式性的。也就是说，该构式不可缺少 way 这个单词，而且既不能以复数形式出现，也不能改变。同样，例（1b）的 what 和进行体 do 是固定成分。两个构式也包含屈折语法成分：例（1a）（见例（2a））修饰 way 的所有格代词，可以是任何可能的形式。就例（1b）和（2b）而言，be 的形式也有屈折变化，与主语保持一致。这些槽位是图式性的，就此而言，它们完全由语法决定。

构式也可相当具体，这样的话，某一位置的变化就相对有限。以 vanishingly 修饰的形容词为例。《时代杂志》（*Time Magazine*）语料库有 5 个 small 的例子，tiny、low 和 thin 的例子各 1 个。《英国国家语料库》的统计结果是：small（20），scarce（1），low（1），improbable（3）。显然，vanishingly small 是个预制表达，但证据显示它有一定的创造性，图式性不强，却也生成一个范畴，这种现象十分有趣。

适用于“drive someone____”的所有形容词，构成一个范围更广、图式性更强的范畴。博厄斯（Boas 2003）借助《英国国家语料库》语料发现，此槽位使用的词项有 16 个，如 mad、crazy、insane、wild、nuts、up the wall 等。另外，它们也构成一个形容词语义类，大致上是美式英语的 crazy 和英式英语的 mad 的同义词。还有另外一些类，也具有图式性，但
81 却是围绕某些中心成员紧密组织起来的，诸如出现在双宾语构式的动词类（Goldberg 1995）、出现在 way 构式的动词类（Israel 1996）、出现在 into-结果构式的动词类（Gries et al. 2005）以及与西班牙语具有 become 意义

的动词共现的形容词类（下节将讨论）。

图式性最强的类是名词或动词层次的语法范畴。上文提到的一些构式就是具有较强图式性和普遍性的范畴。例如，drive someone X 这个构式的主语可以是任何名词短语。尽管许多构式好像对可能出现的动词有所限制，但语法化程度高的构式在动词位置可使用任何动词，NP *be going to* VERB 构式便是如此。

如第二章所述，构式有图式槽位，样例范畴才得以发展。以下几节将考察经实证研究确立的范畴及其性质。

5.5 作为范畴中心的预制组块

构式的图式槽位出现的词项构成范畴，通常由语义定义。就常见分布模式而言，语义相似的词项围绕某一高频样例聚集在一起。如此样例可视为一个预制组块，是表达某一想法的惯常方式。以《时代杂志》语料库20世纪90年代和21世纪的小样本为例，与drive及其屈折形式共现的形容词和介词短语如下所示：

crazy	25
nuts	7
mad	4
up the wall	2
out of my mind	1
over the edge	1
Salieri-mad	1

虽然大部分表达完全有可能是规约化的，但要注意的是，美式英语的drive someone crazy 比其他短语的使用频次要高一些。有关假设（基于Bybee and Eddington 2006）表明，较高频的成员担任范畴的中心成员，依据较高频成员进行类推，可生成新的表达。

82

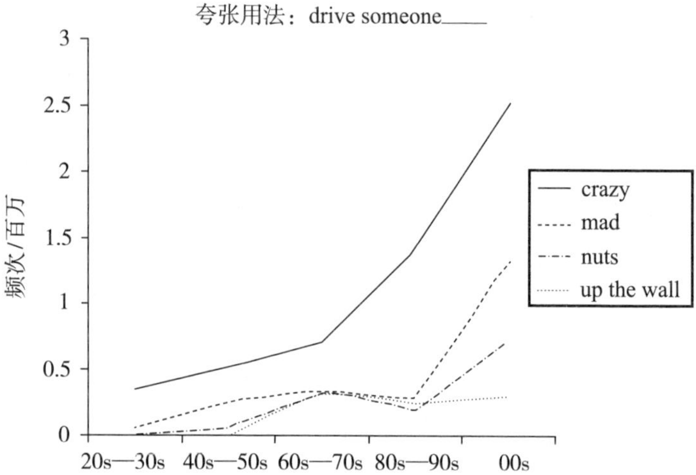

图 5.1　20 世纪 20 年代及至 21 世纪初 drive someone crazy、mad、nuts、up the wall 等夸张用法曲线图（《时代杂志》语料库）

基于《时代杂志》语料库观察“drive someone+ 形容词 / 介词短语”从 20 世纪 20 年代到现在的数量和用法，可找到支持上述断言的证据。相关表达式的使用频次之所以增加，是因为出现了夸张用法这一重要的发展性特征。drive someone mad 字面意义上的用法出现在 20 世纪 20 年代到 30 年代期间，mad 是指临床精神错乱的状态。及至 60 年代，此种用法远远超过夸张用法。此处所说的夸张，是指某人变得易怒或心神狂乱，而不再是字面意义上的精神错乱。drive someone crazy 的夸张用法初见于 30 年代的语料，使用频度始终保持增长态势。

从 20 世纪 30 年代到现在，drive someone crazy 的使用频度稳步增长，可见其夸张用法已获得中心地位。到了 20 世纪 60 年代，这个表达式的使用日益增多，显然已达到可引入同义表达式的程度（见图 5.1）。drive someone mad 的夸张用法在 20 世纪 60 年代达到顶峰，然后开始递减。nuts 字面意义上的用法在 20 世纪 40 年代就有记录，直到 20 世纪 60 年代，其夸张用法才开始多了起来。据语料库观察，up the wall 与 drive 在 20 世纪 60 年代初次共现时，就用于表达夸张意义；使用频度在 70 年代有所增长。

由此看来，drive someone crazy 的主观夸张用法逐渐扩大，其他修饰成分随之加入并形成类似表达，反过来也增强了构式的图式性。有趣的是，drive someone mad 的夸张用法并没有让原来的字面意义“精神错乱”就此消失（见图 5.2）。

83

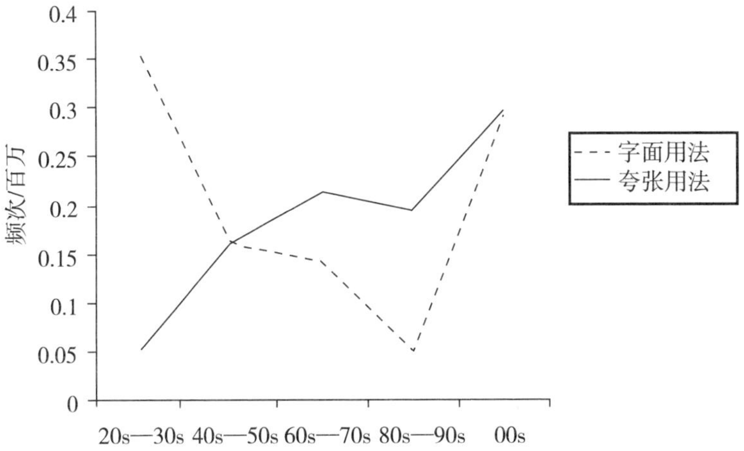

表 5.2　20 世纪 20 年代及至 21 世纪初 drive someone mad 的字面和夸张用法

为什么在此情形下形容词 crazy 会处于引领地位？首先，它是该语义域的最高频形容词；其次，就表达“精神错乱（insane）”之义而言，crazy 比起 mad 相对要弱。在美国人看来，crazy 并不一定指临床症状，因而更适于夸张用法。

下一节将更详细地讨论占据构式图式槽位的样例范畴之性质，将此类结构与基于必要和充分条件假设的范畴进行比较。假设范畴在语言学和西方思想领域整体上一直居于主导地位。下一节也将再次看到范畴高频成员的重要作用，同时探讨其中心地位的成因。

5.6 原型范畴：西班牙语的 become 类动词

5.6.1 必要和充分条件失效

语言学有一个历时久远的传统，试图识别范畴或语言标记的抽象特征。就结构主义和生成主义的实践而言，抽象特征越少越好。这样一来，语言学界每每在探寻最抽象的可能特征，以描述一系列词项或用法，同时排除其他可能性。第二章提到，罗曼·雅各布森十分明确地指出，语言非常复杂，这样的抽象特征，也就是实际上的二元特征，对于简化说话人的学习和使用任务是不可或缺的(Jakobson 1990)。然而，利用这些特征进行具体分析，却总是备受争议，这或许表明说话人创造性地使用语言，这些特征却无法揭示其内隐机制（参见 Bybee，Perkins and Pagliuca 1994，以及 Bybee 1998a 对“非现实”范畴的讨论）。

84 依据严格的必要和充分条件，一个词项要么属于特定范畴，要么不属于。以此为依据的抽象分析，与上述的样例范畴化，形成鲜明对比。就样例范畴而言，范畴成员是根据中心性或边缘性进行分级的。此模型采取的范畴化方式是，对新进词项与已有词项进行局部比较，同时兼顾不同维度的相似性和出现频次。这意味着相关词项在任何可能的情形下都可形成紧密的局部关系。

我们研究过西班牙语的 become 类动词及其关联形容词（Bybee and Eddington 2006），其中援引了各种类型的证据，以证明构式范畴成员的局部聚集特征。该研究聚焦四个动词，与有灵主语和形容词一起共同构成 become 类表达式。四个动词分别是 quedarse、ponerse、volverse 和 hacerse。以往的许多研究试图对哪些形容词与哪个动词更适配之普遍特征进行描述。业已注意到的是，并非所有形容词都与每个动词共现，似乎尚存在一些规约化的动词-形容词配对。使用抽象术语对这些特征进行描述，迄今尚没有成功的先例。某些可能的特征，如已有状态的持续时间或主语的参与程度，要么实证无法证明，要么在特定情形下难以适用。关于第一个问题，庞坦（Pountain 1984）曾经提出，与 ponerse 一起使用的形容词，也与系动词 estar 一起使用，表示一种临时状态。相形之下，科斯特和雷东多（Coste and Redondo 1965）研究却认为，与 estar 共现的形容词，不可能与 ponerse 搭配。关于第二个问题，据说 quedar（se）可用来描述由外部动因 (反映其历史渊源）引起的被动变化（Fente 1970），但语料库可见的实例却表明在这个维度上存在一系列的变异。比如，例（3）隐含外部动因，例（4）则隐含内部控制。

(3) y la gente cuando la vea funcionar *se* va a *quedar asustada*.
“and people when they see it work are going to be afraid”

(4) — Como quieras, viejo. Las cosas se dan así, lo mejor es *quedarse tranquilo*. A mí tampoco me va tan mal.
“As you wish, old man. Things are like this, it’s better to calm down (become calm). To me it doesn’t seem that bad.”

第三个问题是，这些特征也许可描述某一动词的典型用法，但不一定能将一个动词与另一个动词的用法区分开来。例如，quedarse 和 ponerse 皆可与短时的情绪态（quedarse sorprendido 感到惊讶，ponerse nervioso 感到紧张）和身体态（quedarse embarazada 怀孕了，ponerse mal 生病了）一起使用。试看以下两个例子。quedarse tranquilo 和 ponerse tranquilo 均可用于一 85
个人试图抚慰另一个人的情形：

(5) El chico se quejaba, gemía y ella lo acunaba pidiéndole que no llorase, que *se quedara tranquilo*…
“The child whined, moaned and she cradled him asking him not to cry, to calm down.”

(6) – Yo le digo “compañero” para que *se ponga tranquilo*. Calma usted…
“I called you ‘compañero’ to calm you down. Calm down…”

事实证明，使用仅包括范畴成员而排除其他所有成员的一般特征来描述与每个动词搭配的形容词群组的特征，是相当困难的。

5.6.2 趋于局部的范畴化

一般的抽象特征不能预测动词 become 在语料库的用法，由此可见，趋于局部的范畴化对说话人选择动词与形容词配对具有管束作用。拜比和埃丁顿（Bybee and Eddington 2006）提出可与 quedarse 搭配的几个语义上关联的形容词集群，但没有提出统揽一切的抽象特征。基于语料库实例，本书作者提出可与 quedarse 共现的几个形容词范畴，同时针对 ponerse 也提出一组形容词（详见 Bybee and Eddington 2006）。

表 5.1 是语料库研究发现的佐证，列示的形容词皆与 solo（单独的）具有语义相关性，solo 经常与 quedarse 一起使用。需要注意的是，该表列示的反义词 emparejado（与……成对），与“单独的”也具有语义相关性，其原因是，反义词共享大部分特征，只是在某一方面存在差异。

某些较低频形容词与 solo 具有语义相似性，这一点表明，它们之所以与动词 quedarse 共现，而不和其他任何动词搭配，是因为与 quedarse solo 之间存在类推比较关系。此类范畴化的局部性可见于这样一个事实：围绕某一高频样例(或预制表达）也会出现类似的其他形容词群组。表 5.2 列举的形容词与使用频度更高的 quedarse inmóvil（变得静止不动）具有语义相似性。

表 5.3 是另一形容词群组的示例，与 quedarse sorprendido（惊讶的）有语义相关性。如前所述，很难找到一个抽象特征来描述与这个动词（几乎排除其他动词）共现的形容词群组。似乎比较可能的情形是，与其说讲话人提取高度抽象的特征，倒不如说更依赖于局部比较。既然频度越高，可提取性越强，那么使用频度越高的形容词，则越有可能成为类推的基础。

86 **表 5.1　口语和书面语料库中与 quedarse 共现的 solo 类形容词的数量**

形容词	口语	书面语
solo “alone”	7	21
soltera “single, unmarried”	1	2
aislado “isolated”	2	0
a solas “alone”	1	0

续表

形容词	口语	书面语
sin novia "without a girlfriend"	1	0
Opposite:		
emparejado "paired with"	1	0

表 5.2　与 quedarse 共现的 inmóvil 类形容词

形容词	口语	书面语
inmóvil "motionless"	0	17
parado "stopped, standing"	2	0
tieso "stiff"	0	3
duro "hard"	0	2
petrificado "turned to stone"	0	1
de piedra "made of stone"	1	0
paralizado "paralyzed"	0	1
seco "dry"	0	1
clavado al suelo "nailed to the ground"	0	1
inoperante "inoperative"	1	0
encerrado "closed in"	0	1

5.6.3 范畴化的相似性

添加相似成员以扩展范畴，可能呈现不同的样态，其原因是，特定语境的语言使用实例不同，对相似性的评判也不尽相同。基于西班牙语 become 表达式的语料，我们在范畴中可见若干类型的语义相似性，其中的四种可用表 5.2 列示的 inmóvil 群组的实例予以说明。

表 5.3　与 quedarse 共现的 sorprendido 类形容词 87

形容词	口语	书面语
sorprendido "surprised"	4	3
deslumbrado "dazzled"	1	0

续表

形容词	口语	书面语
fascinado "fascinated"	0	1
asombrado "amazed"	0	1
asustado "frightened"	1	0
seco "dry, frightened"	1	0
acojonado "impressed"	1	0
trastornado "disturbed"	0	1
alucinado "amazed"	3	0
loco "crazy"	1	0
frío "surprised"	1	1
perplejo "perplexed"	0	1
pasmado "stunned"	0	1
estupefacto "stupefied"	0	2
atónito "astounded"	0	1
preocupado "worried"	0	1
frustrado "frustrated"	1	0
colgado "disappointed"	1	0

首先，正如可预期的一样，同义词或近义词会被引入同一范畴。因此，parado（停下来，站着）和 inmóvil 一样可与 quedarse 搭配使用。第二，产生相似含义的隐喻也将在同一范畴出现，例如 de piedra（石头的），表示"静止不动"的意思。第三，如 paralizado（瘫痪的）等表示"不动的"的夸张表达也可与 quedarse 共现。第四，有些词项共享同一特征（静止不动的），但也增添了其他特征，如 atrapado（陷入），表示归因于某个抑制性实体的"静止不动"。最后，令人十分惊讶的是，有一项实验要求受试者判断几对形容词的相似性，结果被评为高度相似的形容词有 bueno（好的）、rico（富有的）、famoso（著名的）和 fuerte（强的）。这种评级与语言学家的语义分析属于不同类型，这表明基于社会信息的推理关联在语言使用者的范畴化过程中也可能发挥作用。这些形容词可见于伴有动词 hacerse 的语料之中。

5.6.4 构式范畴的多重群组

在构式范畴中发现局部分布特征乃平常之事。文献中已经讨论的许多实例表明，一个构式槽位可填入两个或多个范畴。例如，way- 构式据说可出现两种动词：运动方式和路径创建（Goldberg 1995，Israel 1996）。例（7）属于运动方式类，例（8）属于路径创建类（选自《时代杂志》语料库）。

(7) Annabel *wormed her way* into the circle around Kezia…

(8) A skier *carves his way* down a pristine slope of powder…

情态动词 can 的古英语原型是 cunnan，观察其早期实例，可见三种补 88
语动词（complement verb），每种以各自的方式发生演变（Bybee 2003b，另见 Goosens 1990）。can 的早期含义是“知道（to know）”，三种用法都反映了这一含义。第一种补语动词有“知道和理解”的含义。随着使用日益频繁，这类动词只不过增强了 can 不为人注意的意义。第二种补语动词有“说”的含义，与 can 搭配，表示受试者有足够的知识，可真实地陈述自己的主张。第三种补语动词用于表示技能。以前有“X can（knows）the harp”这样的用法，意思是“X 会弹竖琴”。后来添加了一个动词，变成了“X can（knows）the harp play”。

戈德伯格（Goldberg 1995）也识别出许多用于双宾语构式的动词群组，包括表示“给予”的动词，如，give、hand、pass、sell、trade、lend、serve、feed；表示“发送”的动词，如 send、mail、ship；表示“传达信息”的动词，如 tell、show、ask、teach、write；表示“创制”的动词，如 bake、sew、make、build、knit，等等。在此情形下，这些范畴之间可能存在某些联系，但没有任何主导性的抽象意义能够可靠地告知说英语的人，哪些动词可用于这种构式，哪些不能。

由此可见，试图找寻单一的抽象意义或对照项，并以此概括性地描述构式的某一位置出现的全部词项，是以往常用的一种分析方法；同样，发现构式的某一位置使用若干群组词项的情形也十分常见，而且语言使用者显然也不会感到有任何不妥。相对而言，此处讨论的分布特征则表明，范畴化的依据也可以是词项的具体语义特征，由此创生出包含分级成员的范畴（有时是几个范畴）。

5.7　最高频范畴成员的作用

戈德伯格曾对论元结构（argument structure）构式进行过研究，也注意到这类构式的动词之间存在频度偏差（frequency skewing），并探讨了频度偏差对于构式习得的作用。戈德伯格、卡森海泽和塞图拉曼（Goldberg，Casenheiser and Sethuraman 2004）分析过母亲对儿童的话语语料，其中可见三个构式，每个构式都有一个使用频度最高的动词。表 5.4 转引自戈德伯格的研究成果（Goldberg 2006）。

89 **表 5.4　对于贝茨等（Bates et al. 1988）语料库的三个构式 15 位母亲使用最多的动词以及动词类型数**

构式	母亲	动词类型数
主语-动词-间接格	39% *go*（136/353）	39
主语-动词-直接宾语-间接格	38% *put*（99/256）	43
主语-动词-直接宾语-间接宾语	20% *give*（11/54）	13

戈德伯格认为，动词 go、put 和 give 在上述构式中频现，不仅仅因为是英语的高频词，也因为具有语义普遍性，适用于各种各样的论元。她也认为，三个动词每个都表示“一种基本的经验模式”，因而所承载的意义对于儿童来说是随时可及的（2006：77）。她进而指出，动词本身的意义与其所在构式的假定意义是非常相似的。鉴于此，将这些没有附加意义的动词与构式合用，有助于儿童确定构式的意义。可以假定的是，儿童（和成人）以此为基础可在此构式中使用其他动词，从而给整个话语附加其他意义。

卡森海泽和戈德伯格（Casenheiser and Goldberg 2005）针对 5 至 7 岁

儿童以及成人做过一项实验，以检验偏差性输入（skewed input）对学习的影响。所设计的实验旨在检测类频和形频之于学习的效用。实验要求儿童和成人学习一个英语临用论元构式，其中含有一个临用动词（在某些条件下带有后缀），出现在小句末端，使之有别于英语的其他构式。研究者给受试者讲解构式的意义，使用伴有语言刺激的视频，具体分为两种情形。第一种情形是，语言刺激材料使用形频相对较低的临用动词：三个新动词出现 4 次，两个新动词出现 2 次（4-4-4-2-2）。另一种情形是，呈现的动词数量相同，但有一个动词的形频最高，出现 8 次，其他四个动词分别出现 2 次（8-2-2-2-2）。

以前的文献认为，类频是决定能产性的一个重要因素，而形频并非如此（MacWinney 1978，Bybee 1985，Hay and Baayen 2002）。基于此，受试者在两种情形下也许有望做出相似的反应。然而，研究结果显示，在一个动词类型出现 8 次的偏差条件下，成人和儿童对构式的新实例做出正确反应的频次更多。

卡森海泽、戈德伯格（Casenheiser and Goldberg 2005）以及戈德伯格（Goldberg 2006）提出，重复一个特定构式的特定动词，有助于确立意义与形式之间的相关性。戈德伯格（Goldberg 2006）进而指出，就范畴学习总体而言，集中度高或变异小的范畴更易学习。只有一个较高形频实例的情形就属于这样一个范畴。

此处或许也可提及有关类推的领域普遍性研究。科托夫斯基和金特纳（Kotovsky and Gentner 1996）的研究显示，熟悉固定的一系列关系，才有可能将其扩展到其他对象。许多构件尽可能保持恒定不变，有助于关系的 90
内化。因此，一个构式的某个实例，几经重复得以固化，有助于学习其组构要素，了解构式的意义生成机理。

语言形式的规约化使用，反映经常提及的规约化情境，对于成人语言使用者来说，注意到这一点也很重要。这样一来，形式和意义都易理解，为新的类推组构形式建立可靠模型，以填补中心或高频成员周遭的范畴空间。

最后，如前一章所述，历时发展似乎是范畴中心成员向外扩散的产物。规约化表达式似乎几经复用才得以发展，进而被确立为谈论某一种情境的常规方式。然后，随着情境主题的诸多变化，逐渐形成一个范畴。如第四章所述，威尔逊（Wilson 2009）讨论了“quedarse + 形容词”构式的发展轨迹，认为它可能肇始于 quedarse solo（被独自留下）。不久，这个表达式便有了与 quedarse 意义相同的其他用法，例如 quedarse sin padre（没有父亲）、quedarse viuda（寡妇）、quedarse huérfano（孤儿）以及 quedarse sin herederos（没有继承人），等等。

由此可见，分级的范畴成员和位居核心的高频成员，在语言的各个维度皆有体现，对语言的共时使用（可见于语料库的分布特征）、儿童的语言习得以及范畴的历时扩张具有一定的作用。

5.8 家族相似性结构

频度和相似性是笔者一直主张的两个因素，其相互作用对范畴结构具有一定的解释力，同时还认为两个因素是否在任何特定情形下适用也有或然性。鉴于此，如果一个较低频成员与新情境的相似性更强，那么就可作为类推的依据。如此情境促使范畴创造性地扩展，进而生成维特根施泰因（Wittgenstein 1953）所说的“家族相似性结构（family resemblance structure）”。

例如，与 quedarse 一起使用的形容词，其中最常见的词之一是 quieto，意思是“安静的 / 宁静的”。这个词关系到与 quedarse 经常共现的另一个形容词 inmóvil，意为“不动的”，但未必是“安静的”。另一个关联词是 tranquilo，字面意思为“平静的”，内涵积极，取“平和”之意。接下来，与 tranquil 有关的词是 conforme（满足的），由此又生发出形容词 a gusto（高兴的）。a gusto 和 inmóvil 间接关联，没有共同特征：一个是“高兴的”，另一个是“不动的”，只是通过家族相似链（family resemblance chain），参与到业已扩展的同一范畴，如例 (9)。家族相似链 91
与允许新组合的局部类推机制相互兼容。

(9) *inmóvil–quieto–tranquilo–conforme–a gusto*

“motionless”, “still”, “tranquil”, “satisfied”, “pleased”

局部类推也使创造性和临时创造成为可能。《时代杂志》语料库中可见 drive 构式与临用词语 Salieri-mad 一起使用的情形。这个实例似乎在描述作曲家萨列里（Salieri）身上独有的那种疯狂。他对莫扎特（Mozart）的成就嫉妒不已，据说还下了毒，对莫扎特之死负有责任。以下是源自语料库的一段话：

(10) …for the rest of your life, knowing that if you had just not slept in that one morning or skipped your kid’s stupid school play, you could have made it? Wouldn’t that drive you Salieri-mad? That’s why I needed to call someone who just missed the TIME 100 and let him know. It was the only way I could feel better about myself. There were several candidates who just missed the list…

由此可见，家族相似性结构是范畴经由类推得以扩展的结果。局部类推链生成家族相似链。这样的相似链可覆盖大部分语义空间，生发出强图式性范畴。在图式性较弱的情形下，相似链也可围绕某一高频成员集中呈现。下一节将讨论集中度较低、图式性较强的范畴。

5.9　图式性较强的范畴

迄今为止，我们考察了聚焦度较高的范畴，其组织以中心成员为核心，成员间的相似性较强。其区间相对狭窄，因而属于图式性较弱的范畴。尽管如此，出现在构式的某一位置的词项之间也可能存在其他关系。学习样例可生成各种范畴。有的范畴图式性较强，没有位居中心的高频成员；有的范畴的确有高频成员，但尚不能证明是其扩展的依据。

研究与 quedarse 共现的形容词，我们发现有一组表示身体状况的形容词，其图式性之强，似乎是业已揭示的其他范畴所不及的，见表 5.5 列举的形容词。“一个女人怀孕了”的习惯说法是“quedarse embarazada”，“一只动物怀孕了”的习惯说法则是“quedarse preñada”。考察聚焦度较高的范畴语料，可见相似性关系中存现的形容词，但未见与其特别相关的其他形容词。尽管相似性关系的距离较远，但这些词项仍可构成一个范畴，其图式性远强于迄今考察过的其他范畴。

表 5.5　与 quedarse 共现的表示身体态的形容词

92

形容词	口语	书面语
embarazada “pregnant”	4	0
preñada “pregnant”	3	1
desnutrido “malnourished”	1	0
en bolas “naked”	1	0
ciego “blind”	0	4
asfixiado “suffocated”	1	0
calvo “bald”	2	0
encogido “cringing”	0	1
mejor “better”	1	0
viejo “old”	1	0
pelado “shaved”	0	1
toruno “castrated”	0	1
delgado “thin”	0	1
estéril “sterile”	0	1

范畴图式性强、成员偏少的又一个例证与动词 volverse 有关。西班牙语说“发疯（to go crazy）”的习惯方式是 volverse loco，经常在口语和书面语数据中出现。大家也许期望这一表达会产生诸多同义表达，就像英语的 drive someone crazy 生发出一整套表达一样。然而，表 5.6 列举的西班牙语数据表

明，除了 idiota（白痴的）和 llena de furia（愤怒的）之外，与 volverse 共现的其他形容词和 loco 并没有什么特别的相似之处。对这一始料未及的结果，我们无法解释。唯一可观察到的是，语言使用中确实存在类似样式。

另一个强图式性范畴与西班牙语的 hacerse 共现。该词与有灵主语和形容词一起使用，表示 become（变成）之义；同时也跟无灵主语和名词一起使用，包括 hacerse tarde（迟到了）、hacerse amigos（成为朋友）等习惯表达式。然而，与有灵主语和形容词一起使用，hacerse 只出现了 24 次，与 16 个不同的形容词配置。如表 5.7 所示，这些形容词的意义千差万别。此前，我们已经注意到，参与相似性评级实验的受试者发现，bueno、fuerte、rico 和 famoso 之间具有相关性。测试的其他形容词只有 aburrido（无聊的）和 presente（现在的）。受试者认为这两个词彼此相异，而且与测试的其他形容词也不尽相同。

表 5.6　与 volverse 共现的形容词 93

形容词	口语	书面语
loco "crazy"	6	10
idiota "idiotic"	0	1
llena de furia "full of fury"	0	1
mística "mystical"	0	1
pesado "annoying"	0	1
raquítico "rickety, weak"	0	1
fino "fine"	0	1
exquisito "exquisite"	1	0
esquivo "shy"	0	1
ensimismado "introverted"	0	1
sumiso "submissive"	0	1
susceptible "susceptible"	0	1
mieles "sweet（lit. honeys）"	0	1
negro "black"	0	1
viejo "old"	0	1

表 5.7　与 hacerse 共现的形容词

形容词	口语	书面语
aburrido "boring"	1	0
cursi "tacky"	1	0
consciente "aware of"	1	2
realista "realistic"	0	1
responsable "responsible"	0	1
mayor "grown up"	1	1
viejo "old"	0	2
duro "hard"	0	1
fuerte "strong"	1	1
invulnerable "invulnerable"	0	1
no inferior "not inferior"	1	0
digno "dignified"	0	1
bueno "good"	1	0
famoso "famous"	1	1
rico "rich"	0	2
visible "visible"	0	2
presente "present"	0	3

表 5.6 和表 5.7 列举了与 volverse 和 hacerse 分别共现的两组形容词，其意义域较宽，因而图式性较强。尽管如此，数据却显示，这两个动词的构式能产性却不及 quedarse 和 ponerse 两个动词。两组动词的能产性差异可见于
94 表 5.8，其中列示了每个动词的语料库类频和形频。数据显示，quedarse 和 ponerse 的形符乃至类符占据大多数。下一节将讨论能产性的决定性因素。

表 5.8　伴有人类主语和形容词的动词形频和类频（基于 110 万词的口语语料库和约 100 万词的书面语料库）（Marcos Marín 1992；Eddington 1999）

	口语		书面语		小计
	形符	类符	形符	类符	类符[2]
quedarse	68	40	181	54	69
ponerse	36	23	85	45	62

续表

	口语		书面语		小计
	形符	类符	形符	类符	类符[2]
hacerse	8	8	16	11	16
volverse	7	2	22	13	14
合计	119		304		161

与 volverse 和 hacerse 一起使用的形容词，一方面范畴不大，另一方面能产性也不强，但涵盖的语义特征广泛，因而图式性较为显著。当然，构式的某一范畴既具有强图式性，也具有强能产性，也是十分常见的现象。业已充分研究的范畴，如英语的规则过去式，既有强图式性（适用于任何语音或语义类型的动词），也有强能产性（易适用于新动词）。同样，语法化程度高的构式，图式性和能产性也强。例如，和 can 一起使用的动词曾经受限，偏向于言语动词和认知动词，但现在可与任何语义类型的动词共现。像 quedarse 和 ponerse 这样集中度较高、图式性较弱的范畴，也具有较强的能产性（从语义范畴化角度来看）。这一事实表明，图式性和能产性是构式变异的两个相互独立的维度。

5.10　能产性

能产性是指构式适用于新词项的可能性，因而是其开放位置形成的某一或若干范畴的一个属性。构式的每个词汇槽位，自有不同程度的能产性。据此可见，如 drive someone crazy 这样的构式，动词槽位可见由 drive、send、make 等动词占据（Boas 2003），而形容词槽位，正如前文指出，却出现许多类符，因而能产性更强。但是，需要注意的是，动词槽位 95
的语义明晰度较低，因此其图式性比形容词槽位更强，再次表明图式性和能产性是相互独立的。

相对于其他领域而言，能产性研究多见于形态学领域，决定形态学意义上的能产性的某些因素也可应用到形态句法构式。如上所述，类频是能产性的一个重要决定因素，类频越高，能产性就越强。类频效应可能在各个方面受限。不容忽视的是，极高形频的类符，由于其自治性和可分析性的丧失，对能产性的贡献相对较小。另外，图式性也限制能产性，以“drive someone __”为例，出现在构式中的形容词群组聚焦度高，这一性质对构式的扩展能力有所制约。

根据相关文献，关于类频的重要性，已有若干不同的解释。巴延（Baayen 1993）强调认为，语料库某一单个形符中出现的类符数是能产性的衡量指标。这些“一次性罕用词（hapax legomena）”不怎么常见，也许属于新词，所以需要解析，以激活组构成分，进而恢复构式的可分析性。就派生形态学而言，这种做法可防止词缀的激活水平出现衰减。就形态句法构式而言，相对于高频样例，使用低频样例更有助于激活整个构式，进而强化构式表征。

上文关于能产性的解释表明，解析有助于激活构式（另见 Hay 2001，Hay and Baayen 2002），对此我们表示认同，但同时我们也可能识别出这样一种情形：就样例模型而言，高类频构式槽位的存储样例数将远远超过低类频槽位。考虑到能产性机制是词项特定型类推，那么伴有高类频槽位的构式创造新话语的可能性就要大于较低类频的构式，其原因不外乎是，类推可依据的候选项更多。

正如巴延指出，解析对于低频形符不可或缺，并且有助于增强能产性。在形符谱系的另一端，高频形符的相对自治性，对一般构式的能产性没有什么助益 (Bybee 1985，等等）。构式的样例达至高形频，就无须激活构式的其他样例而得到处理，同时开始丧失其可分析性和组合性。鉴于此，主要由高频成员或程式化表达式表征的构式往往不具能产性。以第三章讨论的两种否定形式为例。托蒂（Tottie 1991）研究的语料库显示，no
96 否定式的形频为 314，not 否定式的形频为 139。后者的能产性更强，显而易见，形频并不是能产性的唯一决定因素。no 否定式的形符计数大，其原因是，它与某些高频动词的共现水平高，如存在动词和系动词 be 以及静态动词 have。no 否定式也与某些词汇动词一起使用，但其中许多是程式化表达。因此，在口语语料库中，no 否定式的类符 / 形符比（0.45）远低于 not 否定式（0.57）。在书面语料库中,no 否定式的类符 / 形符比为 0.63，not 否定式的类符 / 形符比为 0.86（Tottie 1991：449）。

因此，如果自治性达到一定程度，高形频就会减损形态学和形态句法学层次上的能产性。下一节将简要讨论自治性问题。

5.11　成员中心性不等于自治性

如前文所述，构式的相对高频样例是中心成员，具有吸纳新成员的作用。第三章指出，样例达到极高频，就可能逐渐自治，从而创建一个新构式。自治成员已经形成各自的构式，因而对范畴化或能产性没有助益。这样一来，根据不同使用频度，就存在两种不同类型的行为。

自治性渐增可创生新构式，对此拜比（Bybee 2003b and 2006a）已有所讨论。与此处讨论关联的一个事实是：构式的某一特定实例，即伴有特定的构式，达到高频时，就可作为一个单元予以处理。如第三章所述，序列作为一个单元被直接处理的次数越多，激活其他单元或所属构式的可能性就越小，可分析性丧失的可能性就越大。同时，基于特定语境的使用有助于词义的转移，从而降低组合性，使构式的早期样例偏离其原发样态。例如，be going to 构式源自目的从句构式，其中任何动词都可占据 go 现在的位置。由于 go 具有语义普遍性，因此正好成为目的构式中最常见的移动类动词。因为语境使用的缘故，人们可从中推断出做某事的意图，于是便成为意义的一部分。“主语 + be going to + 动词”经常作为一个单元被提取，加之语境推理引发的语义变化，便逐渐独立于自身起源的目的构式，演变为一种新的构式。

此时需要注意一个相反的情形，如 quedarse solo（孤身一人）等构式的样例并没有显现自治性，其动词也没有朝语法语素方向发展的倾向。该样例一如既往地保持语义组合性和完全可分析性；它是规约化的，可作为构式类推性扩展的参照点。

97 5.12 构式搭配分析法所存在的问题

构式搭配分析法（Collostructional Analysis）是近年来发展起来的另一种分析构式词素分布的方法，旨在解决构式的意义问题。构式搭配分析法（Stefanowitsch and Gries 2003）尤其关注计算方法的运用，以确定哪些词素最受构式“欢迎”，哪些词素会遭到构式“排斥”。提出这种方法的研究人员感到，兼顾某一词素的整体形频和在已有构式中的频次，对于确定其在新构式中的存现预期是至关重要的。因此，可以做出这样的评判，在其他所有条件相同的情况下，与低频词素相比，构式对形符总计数高的词素吸引力偏小。此外，该计算方法还考虑构式中出现的某一词素相对其他词素的频次。最后，也是第四个因素，是语料库中所有构式的频次。上述四个因素皆用以计算构式搭配强度，所以该方法绝不可能确定各个因素的显著程度。基于下述原因，笔者建议将构式中词素 L 的频次视为最重要的因素，同时，与构式总体频次相对的词素频次可能也发挥一定的作用。

首先要考虑的问题是，词素的总体频度是否会降低构式对词素的吸引力。斯特凡诺维奇和格里斯（Stefanowitsch and Gries 2003）以及格里斯等（Gries et al. 2005）解释说，吸引力是指词素和构式的关联强度。格里斯等人声称，构式搭配分析法有助于确定构式的意义，鉴于此，“吸引力”或构式搭配强度则相当于词素之于构式意义和使用的原型度或中心度。就计算而言，词素的总体形符频度高，就会降低构式搭配强度。所述的推理意味着把控，以达成总体频次效应：为了使一个词素获得高构式搭配强度，其在构式中出现的频次就必须高于单纯的随机预测（Gries et al. 2005：646）。

上述推理过程存在的问题是，词素在语料库呈现并非纯偶然。每个词素都是说话人基于特定语境和特定原因选择的。进而言之，某一词素在语料库中高频呈现的因素，完全有可能正是其成为构式槽位居中的定义类成员的因素（见第 5.7 和 5.11 节）。以西班牙语形容词 solo 为例，它是 quedarse 表达式中出现的最高频形容词之一，意思是“单独的”，与 aislado（孤立的）、soltera（未婚的 [女性]）等词相比，具有高度普遍的 98
意义。这种高度普遍的意义，使其在语料库中得以频繁呈现，也使其成为构式的形容词范畴的中心成员。在这种情形下，构式搭配分析法可能会给出错误的结果，其原因是，根据这个程式，总体频度高反而会降低构式对 solo 的吸引力。

格里斯等（Gries et al. 2005）对于基于使用的分析中采用“单纯频度（mere frequency）”（大概是指形频）的做法嗤之以鼻。他们如是说：

> 因此，我们希望再次强调的是，仅凭单纯频度数据提出观点或理论，所冒的风险非常大，获取的结果不仅有可能完全是基于词语（在语料库）的随机分布，而且也更不是基于使用，与该分析方法所假定的目标相去甚远（第 665 页）。

既然拜比和埃丁顿（Bybee and Eddington 2006）使用构式形容词的“单纯频度”或形频，来考察与西班牙语表示“变成（become）”的每个动词共现的形容词范畴的属性，那么就可将其获得的结果与构式搭配分析法的结果进行比较。为了计算构式搭配强度（Collostructional Strength），我们借用拜比和埃丁顿曾使用过的书面语料库，对所有形容词（全部屈折形式）的总体形频计数进行采集。[3] 但遗憾的是，上述第四个因素，即语料库出现的构式数，存在某种不确定性。一个特定小句可使多个构式实例化，目前尚没有计算语料库构式数的已知方法。斯特凡诺维奇和格里斯（Stefanowitsch and Gries 2003）以及格里斯等（Gries et al. 2005）的研究使用的是语料库的动词计数。因为我们使用的是没有标注的语料库，所以无法获得需要的计数。取而代之，我们把语料库规模作为第四个因素，使用规模不同的数个语料库来计算构式搭配强度。此处报道的结果以 200 万单词的语料库为基准，尽管其他规模的语料库也可产生类似的结果。

拜比和埃丁顿采用基于语料库的分析方法，把与表示“变成”的每个动词共现的最高频形容词当作范畴的中心成员，其周围是语义相关的形容词，如上文所述，这取决于语义相似性。鉴于此，我们的分析兼用频度和语义两个指标。构式搭配分析法的支持者希望达成语义分析，但没有将任何语义因素纳入分析之列。既然分析过程没有顾及语义因素，那么就不可能有语义分析，这么说貌似也很合理。

拜比和埃丁顿的分析为两个实验所证实。一个是语义相似性判断任务，其结果显示，相当多的说话人对我们所主张的形容词相似度高度认
99 同。第二个实验要求受试者对主要选自语料库的语句进行可接受度判断。因此，所有的刺激语句均符合语法规范，但即便如此，说话人还是能够在李克氏量表中对其进行评级，一端是“非常好”，另一端是“怪异”。这些判断理应告诉我们，刺激语句中的某个形容词之于所在构式的原型度或中心度。我们的假设是：构式中出现的高频形容词，可接受度最高；构式中出现的低频但语义上与高频形容词相关的形容词，可接受度次高；构式中出现的低频且语义上与高频形容词无关的形容词，可接受度最低。这些发现得到了实验结果的有力支持。

比较构式搭配分析法与单纯频度分析法的一个好方法是，观察前者在预测可接受度实验结果方面的表现：就构式的形容词而言，构式搭配强度越高，语句的可接受度就越强。

表 5.9 和表 5.10 将构式搭配强度和构式内频度与受试者做出的可接受度评判（48 人完成）进行比较。第一列是刺激材料中出现的形容词；第二列是将语句划归两个最高可接受度类别的受试者的应答总数；第三列是构式搭配强度的数值；第四列是形容词的构式内频度；第五列是形容词的语料库频度。语料库频度降低构式搭配强度，所以有助于解释第

三列的数值。形容词分为三类:（1）构式内高频;（2）构式内低频但与高频样例有语义相关性;（3）构式内低频且与高频样例没有语义相关性。（Convencido 和 Redondo 的构式内频度（Frequency in Construction）之所以为“0”，是因为它们实际上并没有在语料库中出现。低频且无语义相关性的形容词在语料库中十分少见，拜比和埃丁顿不得不为实验编造一些刺激材料。）

首先需要注意的是，曾在最高频构式出现过的形容词，构式搭配强度最高，可接受度评价也最高。对于此情形而言，构式搭配强度分析法和单纯频度分析法做出的预测是相同的。

然而，就低频形容词而言，一类是语义上与高频形容词相似的低频形容词；另一类是语义上与高频形容词没有相似性的低频形容词，两者之间存在差异，跟拜比和埃丁顿预测的如出一辙。实验也证明，这一结果十分显著，具体而言，语义相关的低频形容词与高频形容词获得的可接受度分值几乎一样高。相比之下，构式搭配分析法对构式内出现的所有低频形容词一视同仁，评分都很低。当然，构式搭配分析法只分析数字，不分析意义，所以不能区分语义相关和语义不相关的形容词。因此，要确定什么词素是构式的最佳或最核心成员，使用简单的频度分析法分析语义相似性，便可产生最好的结果。

表 5.9　与 quedarse 共现的形容词的可接受度、 100
构式搭配强度和构式内频度比较[4]

	高可接受度	构式搭配强度	构式内频度	语料库内频度
高频				
dormido “asleep”	42	79.34	28	161
sorpendido “surprised”	42	17.57	7	92
quieto “still/calm”	39	85.76	29	129
solo “alone”	29	56.25	28	1000
低频 / 语义关联				
perplejo “perplexed”	40	2.62	1	20

续表

	高可接受度	构式搭配强度	构式内频度	语料库内频度
paralizado "paralyzed/at a standstill"	35	2.49	1	1
pasmado "amazed"	30	2.72	1	16
clavado al suelo "riveted"	29	3.92	1	1
低频 / 语义不关联				
convencido "convinced"	31	0	0	87
desnutrido "undernourished"	17	3.23	1	5
redondo "round"	10	0.01	0	128
orgullosísmo "proud", "arrogant"	6	3.92	1	1

关于拜比和埃丁顿的语料库研究和实验结果，有一个合理的解释：构式内频度相对高的词素，是决定构式意义的核心因素（Goldberg 2006），可作为构式新用法的参照点。如果这种解释正确的话，那么这个词素在其他用途中的频度便无足轻重。格里斯及其同事主张采用他们的统计方法，但没有提出与其分析方法相对应的认知机制。语言使用者一般会采取何种认知机制来贬低一个高频词素在构式中的价值呢？这是构式搭配分析法必须解决的问题。

101 **表 5.10　与 ponerse 共现的形容词的可接受度、构式搭配强度和构式内频度比较**

	高可接受度	构式搭配强度	构式内频度	语料库内频度
高频				
nervioso "nervous"	37	50.06	17	159
enfermo "sick"	32	8.82	4	243
furioso "furious"	24	14.49	5	60
pesado "heavy"	22	15.83	6	124

续表

	高可接受度	构式搭配强度	构式内频度	语料库内频度
低频 / 语义关联				
agresivo "aggressive"	34	2.55	1	49
inaguantable "intolerable"	27	3.54	1	5
negro "nasty/cross"	22	1.20	1	1129
revoltoso "rebellious"	6	3.46	1	6
低频 / 语义不关联				
sentimental "sentimental"	19	2.58	1	45
viejo "old"	11	1.07	1	1551
maternal "motherly"	11	2.94	1	20
putona "promiscuous"	2	3.54	1	5

关于构式搭配分析的结果，还有进一步的评论。对于仅在语料库某个构式中出现一次的词素，构式搭配分析法有两种处理方式：如果它们在整个语料库中频繁出现，那么就可以说它们遭到构式的排斥；如果它们在语料库中不频繁出现，那么它们就有可能被构式所吸引。我们已经注意到，如果不去查阅词素的含义，这样的结果可能没有意义。此外，在许多这样的分析中，例如斯特凡诺维奇和格里斯（Stefanowitsch and Gries 2003）提供的许多数据，低频词素往往被忽略不计。这方面存在的问题是，低频词素经常可显现构式使用的词素范畴的能产性扩展（Baayen 1993）。不了解低频且语义相关的词素之区间，我们就无法界定构式可使用词素的语义范畴。

5.13　更高抽象度

大多数语言学理论都有先验假设，认为语法包含非常广泛的概念和高度抽象的范畴，如主语、宾语、形容词，等等。迄今为止，讨论主要集中 102
于许多小的构式，形成对群组的局部概括。讨论的重点一直是较低层次的概括，因为这些内容被其他理论忽视了。此外，有关局部概括的经验证据，似乎有可能帮助我们最终理解语法产生的机制。但此时早该提出这样一个疑问：比较抽象的范畴和概念在基于使用的语法中具有何种地位？

拟提出的第一个问题关乎抽象范畴和构式的证据。结构理论和生成理论之所以假设抽象概念存在，是因为语言使用者遵循语言中其他话语的模式，能够产出形式完好的新话语。这些理论的假设是，说话人运用一般规则来完成这一壮举。然而，包括本章讨论在内的基于使用的研究已提出的证据表明，能产性（将现有结构应用于新话语的能力）可通过对现有样例进行局部类推来实现，无须参考更高级别或更抽象的概念。因此，与其简单地假设说话人形成较为抽象的概念，不如寻找明确的证据以证明事实确实如此。

语言认知中不仅仅只存在高层次抽象，之所以这样认为，有几个原因。许多构式具有共同特征，例如对主语、动词或名词短语的参照，对此，构式语法运用“承继（heritance）”这一概念给予解释。所谓“承继”就是将共时语法中的构式联系起来，使其具有共同属性。然而，构式具有共性，并不一定意味着对构式的概括是由说话人做出的。对此，也可从历时的角度予以解释：由于新构式是从现有构式发展而来，随着时间的推移，现有构式的属性就会被转移到新的构式。因此，对某一语言的大批构式来说，主语这个范畴是相同的。因为这种历时关系本身足以对属性共享做出解释，所以对于“说话人做出概括”的各种主张就必须明确地付诸验证。

现在，证据和反证都已找到。鲍德尔和金特纳（Bowdle and Gentner 2005：198）认为，在领域普遍性层次上，人们可以通过匹配情境类型，来形成抽象的问题图式，这或许类似于较为抽象的语法范畴。然而，这种情境匹配是否适用于语言，尚需要更多的研究。在与语言直接相关的一项研究中，萨维奇等（Savage et al. 2003）发现，3 岁和 4 岁的孩子听完一张图片的描述后，
103 在描述另一张图片的任务中，受到词汇启动的影响。相比之下，6 岁的孩子均受到词汇和结构启动的影响（由主动及物句或被动句所启动）。这项研究表明，年龄小的儿童通过具体的词汇语境获得构式，而年龄大的儿童则开始形成覆盖诸多样例的抽象构式。还有研究显示，成人使用双宾语和被动等一

般构式实现结构启动，也说明一定水平的抽象能够达成。

因为语言学家已经假定语言规则具有一般性，所以很少有人认真考虑过如下两个问题：这样的规则究竟有多一般？一般和具体是如何相互作用的？最近的研究开始提出应该质疑最大一般性（maximal generality）的一些理由。例如，戈德伯格开展了一项实验，她教说英语的儿童和成人一个以动词结尾的构式。实验表明，人们可以用与语言中其他任何构式不相匹配的词序来学习构式。事实上，德语有这样一种情形：动词在主句中位居第二，在从句中位居末尾。由此可见，根本没有必要对语序进行最大化的概括。拜比（Bybee 2001b）也指出主句和从句属性各异的许多情形，至少在一般性层次上对从句的广义概念提出了质疑。

某些语言概念的概括力颇强，如英语常规过去式后缀的强能产性，有些语言模式具有泛在性和规律性，如英语的助词，这些都意味着以规则为形式的抽象。然而，高类频产生更高类频（因而才有规律性或一般性），但未必指向抽象的、符号化的规则；有了一种模式，就可作为一种模型，以类推方式生成新样例，从而为一般性提供实之又实的解释，而无须借助抽象概念。即使接受这一结论，一般性、图式性和能产性更强的构式与其具体实例如何相互作用，其中隐含的许多问题依旧悬而未决。

5.14　结论

本章聚焦构式图式槽位的范畴结构，探讨了影响构式内部结构、能产性、图式性以及可分析性的一些用法属性。构式的高形频词项成为构式范畴的中心，而高类频则与能产性相关。这些证据表明，使用影响构式范畴的结构。本章也表明，呈现于构式的词素的语义范畴化，是构式如何向新 104
词项扩展的决定性因素。本章提供的数据是对丰富记忆表征的支持。丰富记忆表征使用和记录构式词素的意义细节，从而有可能增强特定样例，为生产类推性新表达提供参考。

105

第六章

构式是如何产生的？基于使用的理论之共时和历时分析

6.1 作为语言理论组成部分的历时分析

语言是一个复杂的适应性或自组织系统。本章回归这一论题，直接讨论生发新结构的变化过程。这些过程或机制是解释语言何以成为语言的终极基础。数十年来，不少语言学家（如 Greenberg 1963，1969，1978，Givón 1979，Heine et al. 1991，Haiman 2002，Bybee 1985，1988c，Bybee et al. 1994）都强调认为，历时分析对于理解语法至关重要，在类型学研究语境下尤为如此，对于理解认知过程也有举足轻重的作用。语言变迁不仅仅是附加于共时理论的一种外围现象。我们必须把共时分析和历时分析视为一个互为关联的整体。变化既是观察认知表征的窗口，也是语言模式得以创造的源泉。此外，如果以本书所描述的方式来看待语言，认为语言既是可变的，又有递差范畴，那么语言变迁便成为整个研究图景的有机组成部分。

本章和其后两章直接关涉语言的历时分析。6.2—6.5 节将首先讨论语法化的历时现象。对此，过去数十年已经做了深入细致的研究。本书认为，语法化的实证研究，和同一时期的其他任何实证研究相比，更有助于对语法的理解。语法化研究所采取的视角，经由自然的日常语言使用过程演变而来，将语言视为一般感知、神经运动和认知体验的组成部分（Bybee 2002a）。考察语法化的运行机理，可揭开语法的神秘面纱，进而揭示语法衍生于领域普遍性过程这一事实。生发于语法化研究的新语法观认为：儿童语言习得是语言主要变化的潜在来源这一假设毫无疑问是错误的。使用与习得是语言演变的缘起，第6.6节将对使用和习得进行比较。

语法化本身源自一系列共时过程，影响到话语的各个层面，涉及语音 106
学、形态句法学、语义学和语用学。鉴于当前众多理论赋予形态句法以优先地位，第七章将考察英语助词这一重要的形态句法范畴因时而变的机理。有证据表明，与此范畴相关的模式经历了渐进发展的过程，与前几章讨论的影响构式的因素相匹配。第八章将讨论句法的再分析问题，认为成分结构显现递差，也使句法结构的再分析呈现递差。

第十章将进一步探讨历时与共时的相互作用，讨论语法化和基于使用的语法对理解语法意义的启示。和其他研究领域一样，我们也发现一般和具体之间存在相互影响，这一点颇为有趣。正如我的其他研究一样，我始终认为，结构主义将语法意义视为一系列抽象的二元对立要素，这既不符合有关使用的共时证据，也不符合有关意义演变的历时证据。

6.2 语法化

创建语法项目和结构的最普遍过程是语法化过程。语法化通常被定义为某一词项或某一序列成为语法语素从而改变分布和功能的过程(Meillet 1912，Lehmann 1982，Heine and Reh 1984，Heine，Claudi and Hünnemeyer 1991，Hopper and Traugott 2003）。因此，英语的going to（与be的某一限定形式一起使用）变成意图/将来标记gonna。然而，新近的观察表明，有学者进一步认为，词项语法化发生在特定构式中，语法化创造新的构式，这一观点颇为重要（Bybee 2003b，Traugott 2003）。鉴于此，going to的语法化，不会在“I'm going to the gym”这样的构式中发生，而只是发生在 to 后面跟动词的构式中，如“I’m going to help you”。

产生将来式 be going to 的构式是较为一般的目的小句构式，如“they are going to Windsor to see the king”或“they are journeying to see the queen’s picture”。当下表示将来的 be going to 与早期表示目的的构式在功能上已有所不同，动词 go 在这种用法中丧失其固有的移动意义。据此，我们可以认为，[主语 be going to 动词] 有别于目的小句构式。新的语法语素通过语法化过程得以产生。由于定义语法语素取决于其所在的构式，所以语法化过程既产生新的语法语素，也产生新的构式。

107 历史语言学家早就意识到，语法化是创造新语法语素的一种方式。然而，及至上个世纪 80 年代和 90 年代，才有相关研究表明，语法化是泛在的。跨语言文献和历史文献清晰表明，无论什么时期，无论何种语言，都存在语法化，而且影响到语法的方方面面。除此之外，还有一个显著事实：意义极为相似的词项参与语法化过程，并产生意义极为相似的语法语素，这种现象在互不相关的各语言中颇为常见。拜比、珀金斯和帕柳卡（Bybee，Perkins and Pagliuca 1994）研究了代表世界主要语系的 76 种语言的样本，考察时态、体和情态的对应特征。研究发现，在一大批互不相关的语言中，将来标记都从移动动词演变而来；将来标记也都源于意愿（volition）动词 (如英语的 will)；进行体通常来自方位表达式 (be located doing something)；进行体可进一步演化成非完成体或现在时；过去时和完成体来自结果表达式 (have something done) 或表示完成（finish）意义的动词。有关例子可参见拜比等（Bybee et al. 1994）的研究成果。海涅和库特夫（Heine and Kuteva 2002）的研究也有大量的例证。第十一章将进一步讨论跨语言对应特征的重要性。

6.3 语法化是如何产生的

立足文本，关注即时变化，覆盖不同语言，深入细致地审视语法化过程，就会得出这样一个结论：语法化过程伴随语言使用过程（Bybee and Pagliuca 1987，Bybee 1988b，Bybee，Perkins and Pagliuca 1994，Bybee 2003b）。其中，有诸多因素始终在发挥作用。对此，上文引用的文献和本书前几章皆有所论及。如上所述，语法化是指在现有构式的基础上创造新的构式。因此，在语法化过程中，构式的特定词汇实例（如目的构式的 go）独立于其他实例而达成自主。这个过程当然包括可分析性和组合性的损失（见第三、八章）。它也涉及新组块的创造，同时伴随频度增强所引发的语音变化。语义和语用变化是新构式在语境中使用的结果。

现在逐一考察语法化过程的相关部分。形频有所增加，就会在所发生的语言演变中发挥重要作用。与此同时，某些变化又反过来会促使形频有所增强。这种自馈效应（self-feeding effect）为语法化推进语言变迁提供动能。

构式的特定实例几经重复变成组块。如第三章所言，组块涉及的序列 108
经历语音缩减。语法化构式最终会达到极高频水平，因此可能会历经相当剧烈的语音缩减过程。缩减幅度是语法化程度的一个衡量标准（Bybee et al. 1994，第四章）。至于例证，前文曾提到 going to 缩减为 gonna，want to、have to 和 supposed to 等短语也在持续缩减。反观过去，我们会发现英语的 -ed 是 dyde（did）的缩减形式；西班牙语第一人称单数将来时后缀 -é 是拉丁语助词 habeo 的缩减形式。之所以有这样的缩减，是因为这些序列的发音动作达成自动化；词符串几经重复，就会愈发流畅，伴随的动作也会多有重叠和缩减（见第三章的讨论）。

组块化的另一结果是，语法化表达式的内部单元变得不那么透明、不那么容易分析，而且更加独立于这些单元的其他实例（见 Boyland 1996）。因此，have to 中的 have 与另一语法表达，即完成体中的 have，更加疏离。完成体中 have 的形式与主语缩减在一起（I've seen、he's taken 等），但是 have to 中 have 的形式并不会发生缩减（*I've to go）。当然，语义变化驱动也是缩减的部分原因。

语义变化逐渐发生，并涉及各种类型。意义成分看上去已经消失，就是其中一类。例如，gonna 不再表示在空间中移动；will 不再表示“想要（want to）”；can 不再在所有情形下都表示“知道（know）”或“知道如何（know how to）”；a/an 仍是单数，但不会明确表示“一个（one）”。这种变化被称为“淡化（bleaching）”。此类现象之所以产生，是因为使用这些表达的语境增多了。尽管例（1）的 can 仍表明主语有说出真相的知识，但较为泛化的例（2）却没有关于知识的任何内容。

(1) I can tell you that she has gone with her uncle.

(2) Walk as quietly as you can.

随着新构式（如“主语 + be going to 动词”）逐步扩展，与越来越多的主语和主动词一起使用，其意义也开始泛化。另外，可以注意到，频繁使用，就会习以为常，惯常使用则会使重复的元素失去部分语义力（semantic force）（Haiman 1994）。泛化以至惯常使用，就会弱化语法化构式的意义，构式的适用情形就会越来越多，使用频度也会越来越强。

然而，正如特劳戈特（Traugott）在许多出版作品（Traugott 1989，Traugott and Dasher 2002 等）中指出，并非所有语义变化都涉及意义损
109 耗。如前几章所述，交际行为从来都不是完全明晰的，非要使用大量推理不可。听话人读取的内容多于所表达的内容，类似的情形就是明证。也就是说，话语隐含某些内容，听话人通过推理获得有关信息。就语用推理引发的变化而言，构式伴随语境，经常隐含意义，经过规约化，就成为整体意义的一部分。be going to 经常出现的语境，如“I am going to deliver this letter”，暗含意图，因而行为意图早已成为 be going to 意义的重要组成部分。

语法化显现在语音、形态句法、语义和语用等各个层面。这一事实表明，构式是描述和解释这一过程的合适单元，因为构式是连接语言符号各个方面的界面。另一事实是，语法化改变用法，使样例成为认知表

征建模的合适单元，从而也使语法化得以发生。许多涉及语素语法化的构式有一系列用法，从非常具体的意义（通常为旧用法，见第十章）到非常一般的意义，如例（1）和（2）。样例模型由若干个连续阶段构成，可表征构式不同用法持续变化的相对频度。此外，样例表征包括许多信息，涉及话语发生的语境以及从话语使用中提取的意义，因为认知表征也记录伴随构式使用而做出的推理（见第二、三、八章）。如果特定推理通常与某一构式共现，那么其表征就会得到加强。当构式再次出现时，就会被自动激活，从而在本质上成为构式意义的一部分。构式的语法语素所呈现的语音变异区间，也自然而然地在样例模型中得到表征（Bybee 2001a）。

此处对语法化的描述强调引起语言演变的运行机制，其累积效应表现为新语法语素的产生。所有这些变化机制都需要重复，由日益增多的使用所驱动。组块化、语音缩减、自治性渐增、面向新语境泛化（通过类推）、惯常使用和语用推理，都是作用于任何语法化材料的基本机制。同样的过程在司空见惯的语法化行为中也起作用，例如 go 的将来式以及时间副词将来式（如皮钦语（Tok Pisin）的 bai < by and by）等较为罕见的情形。这些过程尽管可解释不同语言的相似点，但也允许有差异，并生发差异：go 经语法化形成的将来式，和 want 经语法化形成的将来式，在语义上存在细微差别；新近已经语法化的将来式，读起来会有一种强烈的意图感；历经更多发展的将来式，也许全然没有表达任何意图的用法（Bybee，Perkins and Pagliuca 1994）。因此，语法化对于解释语言相似性 110
和差异性具有较大潜势（Bybee and Dahl 1989）。

透过语法化，我们可以看出，正如结构产生于复杂的适应性系统，一种语言的语法也会有自身的发生机制。说话人和听话人使用语言，在多个语言活动中重复使用，这些机制就在其中实时运行，使语言发生渐变，由此产生语法语素及其相关构式。由形式和意义组成的词汇材料，铸成构式，经规约化和重复使用，可使形式和意义进一步演变。

6.4 语法化的解释力

理解语法结构以何产生，就有可能获得纯粹共时描写无法获得的解释。形态句法模式是沿着长期变化轨迹发展而来的，共时上也许是任意的，因此也许只能从历时角度解释其属性。

例如，因为新构式是旧构式的特定实例，所以其许多属性，如成分排序，都是由旧构式决定的。如果要问：为什么英语的 not 出现在动词短语的第一个助动词或系动词之后，而不是之前，那么就必须付诸历时方法寻求答案。这个问题的答案是：中古英语时期，not 衍生于否定成分 nā 或 nō 加不定代词 wiht（意为“某人，某物”）。当时，不定代词 wiht 担任动词的宾语。在 VO 为正常语序的某一阶段，否定词是动词的直接宾语，所以跟在动词之后。实际上，否定出现在所有动词后面，包括主限定动词，只是后来才被限制在助动词和系动词之后的位置。对此，第七章将予以描述。

同一发展过程也使较新否定式 not 和较旧否定式沦为一种竞争关系。后者使用“否定归并（negative incorporation）”式短语，如 no longer、nothing、no one 等。如第四章所述，同义句对的这种竞争持续至今，例如：

(3) I know nothing. 与 I don’t know anything.

(4) There were no funds. 与 There weren’t any funds.

英语有两个句子否定构式。要解释这种现象及每个构式的属性，就需要了解语法化引起的具体变化，也需要了解语法化时期两个构式各自的属性（更多讨论见第七章）。

111 历时分析的另一个作用是解释类型学模式（typological pattern），例如不同成分的词序相互关系，称为“词序共性（word order universals）”（Greenberg 1963，Dryer 1988）。语法化使这些模式获得直截了当的解释（Givón 1984）。例如，OV 语言的助动词（取另一动词为补语，和另一动词论元相同）出现在主动词之后，而 VO 语言的助动词出现在主动词之前。助动词由以其他动词为补语的主动词发展而来。OV 语言的这类补语位居限定动词（将变成助动词的动词）之前。相形之下，VO 语言的这类补语位居限定动词之后。由此可见，V-AUX 顺序是 OV 语言的特征，与之相反的顺序则是 VO 语言的特征。此外，如果这些助动词成为词缀，那么就会是 OV 语言的后缀和 VO 语言的前缀。任何共时原则，如跨范畴和谐原则（Cross-Category Harmony）（Hawkins 1983），对于这种情形都是冗余的。语法化可免费告知什么是正确的顺序。试看以下几组实例（Givón 1984：231）：

斯瓦希里语（Swahili）：VO 词序

(5) a-li-soma kitabu　　li "be" > PAST
he-PAST-read book
"he read a book"

(6) a-ta-soma kitabu　　taka "want" > FUTURE
he-FUT-read book
"he will read a book"

(7) a-me-soma kitabu　　*mála "finish" > ANTERIOR
he-ANT-read book
"he has read a book"

尤特语（Ute）：OV 词序

(8) wų́ųka-xa　　have / be > ANTERIOR
work-ANT
"he has worked"

(9) wų́ųka -vaa(ni)　　*páa "go/pass" > FUTURE
work-FUT
"he will work"

通常排序的相互关系也有例外，这一点对上述解释可提供支持。例如，在斯瓦希里语和其他语言中，完成体或完成式源于表示"完成（finish）"意义的动词（此处指源自原始班图语（Proto-Bantu）的 *gid，意为"完成"）。即便班图语（Bantu）被归为 VO 语言，其完成体也变成后缀。其原因是，当语法化动词序列涉及“to finish”这一动词时，该动词往往以象似性顺序（iconic order）出现，也就是出现在描述所完成之事
112 的动词之后。试看来自尤语（Ewe）的例子（Heine and Reh 1984：127）。

(10) é-du nu vɔ　　vɔ “finish” >ANTERIOR
he-eat thing finish
“he has eaten”

就语序相互关系而言，对于同位语、所有格和其他构式的排序，也有类似的解释。因此，语法化可为语言特有的事实和跨语言性质的概括提供有力解释。

6.5 语法化批评：单向性与语法化理论

观察了语法化过程及其驱动机制，也观察了语法构式的渐变性和变异性，我对语法本质的看法发生了变化，与先前学到的完全不同。结构主义和生成主义认为，语法是离散的、抽象的结构和规则，这一观点与语法化的动态性和变异性事实大相径庭。相比之下，基于构式的语法理论以及基于使用对构式实例变异性的思考（如本文和拜比（Bybee 2006a）的主张），非常适合对持续不断的语法化进行表征。

对于语法化的许多批评来自生成语法学家。他们看到了上述不相容之处，并推断认为，语法化的描述一定存在问题，而不是语法的结构或生成理论有问题。上个世纪 80 到 90 年代，研究语法化的大多数学者都是功能语言学家，它们不接受生成语法提出的假设，这一现象并非偶然。因此，本研究与生成理论难以协调一致。以下是批评人士针对语法化的一些批评意见。

（1）语法化是一种副现象（epiphenomenal），涉及的各种类型的变化，既可共现，也可独立出现，如语音缩减、推理和语义淡化（Campbell 2001，Newmeyer 1998）。毫无疑问，这种说法是正确的。事实上，功能特色鲜明

的语法化研究专家霍珀1991年就明确提出这一观点。据他证明，所有著名的语法化原则在必须称之为词汇变化的研究领域也起作用。的确，如果语法是一个复杂的适应性系统，同时衍生自领域普遍性过程，那么就意味着语法本身是一种副现象。然而，产生语法的所有过程经常共现，这一现象亟待解释，对此给予关注颇为重要。前面的描述隐约提到这样一个解释：由于所有过程以这样或那样的方式依赖重复，因此频度不断增强就会触发 113
过程运行，同时这些过程的输出结果（语义上更泛化的意义或由于推理而具有更广泛的适用范围）反过来也会进一步增强频度（Bybee 2009a）。鉴于此，本书作者认为，语法化是一组过程，而不是单一的整体过程。

（2）还有一种更为根本性的批评认为，压根儿就没有什么历时过程。这一点也反映生成语法学家和基于使用的语言学家在理论上的分歧（Newmeyer 1998：238）：

> 但是我觉得，“过程（process）”这个术语，用于表示一系列历时变化状况，是极不稳妥的。其原因在于，这个术语会让人想到，如此变化状况受一套独特的法则制约，而且还是独立于语言使用者个体的思想和行为的一套法则。然而，跨代的一切都不可能存现于人类的任何官能之中。例如，儿童的种族记忆充满所听到形式的历史细节，但这种记忆却不是与生俱来。

这么说来，生成语法学家的问题就在于对过程如何在个人和代际之间同向而行的理解。如果有人假定语言演变只会在语言习得过程中发生（对照第6.6节），那么这的确是个问题。然而，各代的所有说话人使用语言时，都会有机制呈现，使历时过程得以持续推进。果真如此的话，那么把机制的反复应用纳入“过程”范畴，就不存在任何风险。如果坚持探寻过程背后的机制，就会颇有启发。

功能主义语法化研究学者从不认为所涉及的过程“独立于语言使用者个体的思想和行为”，注意到这一点也十分重要。特劳戈特的许多推理研究直接指涉语言使用者及其认知框架。同样，海因及其同事针对隐喻和转喻在语义变化中的作用，提出了一些主张，认为隐喻和转喻也是实时认知过程。拜比、珀金斯和帕柳卡（Bybee，Perkins and Pagliuca 1994）的合著最后一章也专门讨论了语法化过程出现的变化机制，也就是语言使用过程运行的所有机制。

（3）单向性（unidirectionality）概念也引发了类似的批评（Janda 2001）。语法化引人入胜之处在于，过程一旦开始，常常就会沿着同一方向继续前行：改变形式，使之更趋于语法化。反向变化十分鲜见，往往只后移一步，不会出现系统性回移（Norde 2001）。最常见的一类是词汇化情形（Brinton and Traugott 2005），介词或副词当作动词使用，便是例证，
114 如 to up the ante。不仅如此，还有其他颇为有趣的情形。然而，类似变化只是语法变化的很小一部分。相形之下，绝大多数变化更趋于语法化。由此可见，这些变化并不是随机的。让达（Janda）提出这样一个假设：变化仅发生于习得过程。他援引其他作者的类似假设来支持自己的假设，但没有提供任何实证予以佐证。基于这一假设，他指出，儿童不可能知道语言演变的行进方向。

这种说法当然存在问题。语言只在习得过程中变化的假设并不正确。值得注意的是，经常提出这种主张的研究者，做的是实证研究，但实际上不解决问题（Janda，Newmeyer）。下一节将直接讨论儿童的语言演变问题。当下，要注意的是，生成语言学家认为成人的语法是离散的、不变的，正是这一主张才使得上述假设成为必要，也因此否认语法化的显著单向性。相反，如果使用是语法和语法变化的基础，那么就没有可解释成人一生不经历语言演变的先验理由。考虑到语法化之变的驱动机制世代运行，那么就没有理由怀疑变化的单向性。

（4）最后一种批评认为，根本没有语法化这样的理论（Newmeyer 1998：240）。这里的问题同样在于生成语法学家提出的假设。如前所述，语法化要求放弃生成语法的许多假设，以其他假设取而代之。例如，语法在个体身上是抽象的、离散的和不变的，所有变异和递差都是对语法的附

加，或者说是语言表现的结果，这样的观念由于语法化的研究而遭到抛弃。更确切地说，语法化直接导向基于使用的理论。“语法化理论”这一术语，既指共时维度，也指历时维度。在这个理论中，两种维度并不对立；相反，在力求理解语言之时，必须将两者兼顾起来才行。正如本书所表明的一样，这一理论不仅可做出有力的历时预测，而且还对共时分析和描述有着深远的影响，从而使其成为一种理论。

6.6　变化的来源：语言习得抑或语言使用？

实证研究清楚地表明，变化逐渐发生。随着长期变异，统计趋势日益显著，间或产生近乎范畴的分布特征（Kroch 1989a and 1989b，Hook 1991，Torres-Cacoullos 2000）。对于结构理论来说，变化的渐进性始终是一个问题，理由是，如果深层结构是离散的、不变的，那么据此就可认为变化是突发的。基于使用的理论认为，变化因语言使用而发生，可通过历时分布概率的微小变化得以实现。没有必要假设，大规模重构发生在一代 115
人身上（见第七、八章中的例子）。

就结构和生成理论而言，语法结构是离散的，独立于意义和使用，鉴于此，变化一定会被视为异常现象。变化的根源不可能在于使用或语法本身，这些理论才因此一直主张，语法变化只会在跨代传播过程中发生。许多作者认为，儿童语言习得过程改变语言（Halle 1962，Kiparsky 1968，Lightfoot 1979 以及其他或早或晚的研究；更多参考书见 Janda 2001），但一直缺乏实证支撑（Croft 2000）。

事实上，将语言演变与儿童语言进行比较的为数不多的研究发现，两者的异同之处一样多。在语音方面，德拉克曼（Drachman 1978）和维赫曼（Vihman 1980）将儿童语言常见的语音变化与世界各语言的语音变化进行比较，发现两者有很大的不同。例如，辅音和谐（consonant harmony）在儿童语言中很常见（也就是说，儿童倾向于在一个单词中将相同的辅音使用两次，如以 dadi 替代 doggie），但辅音和谐在世界各（成人的）语言中并不存在。相比之下，元音和谐（vowel harmony）在多种语言中出现，但并不存在于儿童语言。胡珀（Hooper 1979）以及拜比和斯洛宾（Bybee and Slobin 1982）发现，形态习得和形态变化，既有相似，也有不同。一方面，胡珀发现儿童确实首先学会基本形式或无标记形式，然后借此产出较复杂的形式，从而反映某些类推性变化。另一方面，据拜比和斯洛宾报道，幼童产出的组构形式，未见大龄儿童和成人延续使用。

在 1977 年的研究中，娜奥米·巴伦（Naomi Baron）比较了迂回使役动词（periphrastic causative）在儿童语言中和整个英语史上的发展状况。她的研究既发现了相似性，也发现了差异性：(a) 将迂回使役动词与 make、had 和 get 进行比较之后，她发现 get 在历史上出现最晚，但在当代儿童语言中却最早出现。这一发现表明，影响历时发展的因素或许并不总是与影响儿童语言发展的因素相同。(b) 相反，“get + 名词 + 方位词”（“did you get some clay on your nose?”）在儿童语言中和整个语言史上都最早出现。和附带形容词的使役构式（“I get my boots muddy”）、附带过去分词的使役构式（“he will get hitten by a bus, won’t he?”）以及附带不定式的使役构式（“Let’s get her to send a cable”）（Baron 1977：138—147 中的例子）相比，这个构式更具体，也许可解释其在历时和个体发生层面上较早发展的缘由。(c) get 使役构式向不定式补语的扩展十分迅速，但在儿童语言中发展较晚，这也许是因为说给儿童的话语很少使用不定式；[1]（d）儿童语言将“get + 名词 +
116 方位词”这样的构式泛化到形容词，然后再到过去分词。在历史上，迂回词 get 始于方位词，扩展到不定式，然后是过去分词和形容词。这项研究表明，儿童语言和语言历时发展既有相似之处，也有不同之处，但显然佐证了这样一个观点：不是所有的语言演变都可归于习得过程。

斯洛宾（Slobin 1997b）也对意义语法化过程中发生的变化给予了思考，认为语法化过程产生的语义 / 语用意义，如认知意义，对幼童来说是不可获取的。语法化过程中发生语义变化不可或缺的推理类型，儿童在发展后期才能学会。如果说语言习得是语言演变的载体，那么该研究也未表明，儿童语言习得和语言演变之间存在着预期的紧密对应关系。

有相似点的地方，如在英语现在完成时习得顺序及其历时过程中，似乎就有这样的情形：之所以有相似点，不是因为儿童改变语言，而是因为儿童对成人有所反应的因素也在做出相同的反应。斯洛宾（Slobin 1994）的研究表明，儿童发现现在完成时功能的话语语境，与现在完成时在历时过程中获得现有功能的语境，存在某些类似之处。此外，儿童使用现在完成时的发展顺序与历时顺序相似，例如，儿童首先使用现在完成时的结果状态意义，然后才使用经验完成时和持续完成时，这种情形就是历时发展顺序的反映。然而，斯洛宾也指出，儿童讲话始于具体概念和锚定在当下的概念，因为从认知上来讲这些概念最简单、最自然、最易获取。同样，就历时分析而言，最具体的概念通常是语法化的起点，因为语法化作用的材料来自基本词汇，如身体部位的具体名词和 be、have、go 等高度泛化的动词。因此，个体发生和系统发生并行不悖，两个过程彼此对应，只不过表面相似而已。

基于使用的语法观可做出如此预测：儿童语法自然有别于成人语法，也就是说，儿童语法驻留在儿童的认知系统，区别于成人的认知。尽管如此，儿童语法的基础却是儿童通过自己有限的能力过滤的经验。因此，儿童的认知表征会反映输入语言中可见的变化。这正是当前变异和持续变化研究要揭示的事实：据基于儿童的语言演变假设预测，代际之间会有差异或突变，但我们没有这样的发现。相反，我们倒发现，甚至十分年幼的儿 117
童也会产出语言形式的变体，是成人语言变异的良好写照。

语音变异习得研究领域的学者每每取得一致的观察结果：儿童语言产生的变异形式，从概率上来看，反映了成人话语可见的变体形式，早期受制于语音约束（3 岁和 7 岁），后来受制于社会约束（Patterson 1992，J. Roberts 1997，Chevrot et al. 2000）。或许可以如此预期，如果儿童语法反映的是有别于成人语法的离散变化，那么变异习得之后就会有范畴生成，但目前尚没有这样的报道。罗伯茨（Roberts 1997）发现，就 t/d 省略而言，3 岁和 4 岁说美国英语的儿童遇到的语音约束与成人相同，遇到的形态句法约束也相似。帕特森（Patterson 1992）和罗伯茨（J. Roberts 1994）发现，3 岁和 4 岁儿童使用 -ing 变体遇到的文体和语法约束与成人相同。福克斯和多彻蒂（Foulkes and Docherty 2006）研究了纽卡斯尔（Newcastle）成人和儿童话语中爆破音的次音位变异形式，发现学龄前儿童发爆破音有送气现象，变异形式与他们的母亲相同，有些儿童的送气情形甚至多于其母亲。然而，随着儿童长大，他们的爆破音开始显示差异，女孩保持送气（年轻女士的话语特征），男孩不再送气。

谢弗罗等（Chevrot et al. 2000）提出，像成人语言一样，儿童语言特有的单词词条也存在变异。迪亚斯-坎波斯（Díaz-Campos 2004）发现，42—71 个月大小、说西班牙语的儿童（3 岁 6 个月至 5 岁 11 个月）像成人一样省略中间音 /d/，这与其说是根据可变规则，还不如说是根据特定词项：正如成人语言数据显示，高频词出现省略的几率高于低频词。因此，儿童似乎对输入材料的可能内容比较敏感，以精细方式习得特定单词和结构，折射出周边生活中的用法。

儿童语言形态句法变体研究相对较少，但混合语言皮钦语（Tok Pisin）研究却对语言变迁的连续观可提供有力支持，同时亦表明第一语言学习者不是唯一能够改变语言的群体。罗曼（Romaine 1995）开展了一项大型研究，以考察作为将来标记的词素 bai（源自英语 by and by）的使用情况，对其直接居于动词之前的情形进行了研究，认为这是该词素达到语法化高级阶段的标志。罗曼将皮钦语的一语和二语使用者数据进行比较，发现两组在动词前使用 bai 的频度相同。换言之，皮钦语的一语使用者在使用语言形式方面没有做出实质性改变。所有使用者都使皮钦语沿着同一方向发展（皮钦语其他构式的类似结果，另见 Smith 2002）。

118 上述研究对基于使用的语言变迁观可提供有力支持。儿童语言数据的变化在许多方面与成人一致。此外，语言从一代人到另一代人连续流动。事实上，一代人的概念有过于简单之嫌，因为儿童接受的输入来自各个年龄段的语言使用者。如果将语言变迁视为使用分布模式的渐变，那么任何语言使用者都能够改变语言。当然，对成人来说，语言行为作为一种日常化行为，不太可能经历重大的语音或形态句法变化。但是，如同此处所争议的一样，即使在成年期，某些变化也会发生。桑科夫和布隆多（Sankoff and Blondeau 2007）对同一批蒙特利尔法语使用者进行了历时研究，考察 /r/ 发音位置的变化，结果发现有些使用者生成舌背音 /R/ 创新变体的速率在成年期有所加快。

人们普遍认为，就成年期来说，语音模式对变化尤其抵抗，而词汇选择和形态句法模式则会相对灵活。的确，没有任何理由可以假定，成人使用构式不会发生数量上的变化。当然，成人可采用语言输入中日益频现的新形式。美式英语第二人称复数代词 you guys 的传播就是一个上佳的例证。我们这一代的许多人都经历了其频度快速增长和在方言区扩散的境况。考虑到其经验频度，不管谁多么反对（尤其女性作为受众时），我们最终还是使用了。此外，有理由假设成人可借助新词项创造性地使用构式，从而拓展构式的使用范围。的确，这在日常产出中实属正常，同时说明人具有表达新思想的能力。从上一章可知，“drive someone + 形容词”的运用在 20 世纪 60 和 70 年代与日俱增。据推测，成人不断扩展这个构式以表达夸张之意，并使用 drive someone up the wall 等类似表达以扩大其类频。下一章也将表明，疑问句和 not 否定句的迂回词 do 在 16 世纪逐渐扩展，显现于成人语言之中，而并非在代际传播过程（Warner 2004）。

当然，一代又一代的新人的确会对构式分布的变化产生影响，也可能会使某些构式消失。年轻一代可更自由地拓展构式的使用。此外，超低频语言形式或特定构式的变体可能不会进入年轻人的形式库。助词逐渐遭遇淘汰，便是例证。美式英语 shall 的使用仅限于某些类型的疑问句（“Shall I let him go?”）和固定表达（“Shall we say”）。即使在这些语境下使用，也日益鲜见。许多年轻人是否还真在使用这种形式，有人对此怀有疑虑。119

有了功能相同的替代构式，也会提高构式消失的几率。

最后，仔细考虑幼童自身所处的社会语言情境，便可发现他们会根据身边年长一点的说话人调整自己的话语，进而调整自己的认知表征，而并不像语言生成观所认为的那样，坚持使用自我创造的话语。幼童实在没有足够的社会影响力在成年人群中生发语言演变。拉波夫（Labov 1982）的研究发现，就语言习得过程而言，语言演变在青少年群体中最为显著，对于儿童来说却不尽然。其中的缘由是，年长一点的语言使用者也许每每对规范表现出某种蔑视，也每每在建构属于他们自己的圈子。

6.7 结论

理解共时分析和历时分析对于描述和理论的不同作用，当然十分必要，但同时也必须记住，语言是一种传统的文化客体，随着时间的推移而持续发生变化。任何语言理论，如果未能涵盖语言演变对理解语言结构的促进作用，那么就不会是完整的理论。

考虑到语法化的新近实证研究，可以自信地说，我们对语法起源的了解远远超过以往任何时候。我们已识别出共同创造语法的领域普遍性过程，因而也能针对语法的最初起源假设合理的场景。正如第十一章将深入讨论的那样，一旦两个词能放在一起并付诸语境，就会有语序规约化的潜势，也会有自动化、习惯化和范畴化的潜势，从而参与到语法语素和构式的生产过程。

第七章 120

再分析抑或新范畴的渐进创造?以英语助动词为例

7.1 再分析方法

语法化研究业已表明，新的语法标记和构式，经由各种缩减过程和语境推理过程的作用，随着时间的推移而逐渐形成。语言渐变创造新的语法范畴或新的范畴成员，也创造可视为语法新“规则”或新规约的东西。新语法结构的创造经常被称之为“再分析（reanalysis）”。通常认为，再分析是指语法的隐性剧变，但不会产生即时的显性效应（Langacker 1978，Lightfoot 1979，Kroch 1989a，Harris and Campbell 1995，Haspelmath 1998，Janda 2001，Roberts and Roussou 2003，Van Gelderen 2004）。正是这种观点才使语言代际传递非连续说成为必要（Andersen 1973）。儿童接触的只是语言的表层形式，而不是成人语法，因而可生成结构上有别于成人的语法。如第六章所述，让达（Janda 2001）认为，鉴于语言的代际非连续性，某些语法化特征，如单向性，就显得不尽合理，也无法解释。

语法化具有渐进性，同时剧变性质的再分析又缺乏证据。鉴于此，与其假定语法存在隐性的、固有的、不可观察的变化，倒不如修正我们对共时语法的构想，从而更符合语法变化的事实。哈斯普马特（Haspelmath 1998）指出，如果认为语法范畴和组构成分本身是流变的、渐变的和变异的，那就不必认为再分析是突如其来的。这样一来，用法、共时变异以及历时变迁的递差事实就可作为主要证据，以佐证语法本身具有数据所显现的递差性和变异性。

本章考察英语“助动词”范畴的发展。之所以选择这个样例，是因为助动词足以代表具有一系列特定形态句法属性的封闭性词类。某种语言要么有这样的范畴，要么没有，对此，大多数语法理论会有各自的主张。以
121 这样的理论为框架，就难以想象这样的范畴逐渐发展的机理。然而，已有数据显示，这一范畴的表现存在一段波动期。作为对此情形的反应，有人一直认为，这个范畴是某一剧变造就的，只是表层形式非常缓慢地变化（Lightfoot 1979，1991，Kroch 1989a，1989b，Harris and Campbell 1995）。

与之相对的一种方法或然是，修正我们对共时语法的理解，以便对范畴递差、渐变以及定量因素进行直接表征。按照此观点，语法变化，无论称之为语法化还是再分析，才有逐渐生发的可能。就此处的分析而言，助动词范畴的发展被视为某些新构式的发展和逐渐扩展，如情态动词构式和否定 not 构式，也指将某一较旧的构式局限于高频词项，如主语-动词倒装形式。如果有一种语法视构式为语音和意义匹配的基本单元，同时包含构式的范例表征和泛化构式，那么就可解释语法化的渐进过程和新范畴的创建过程，后者通常被称之为“再分析”。

围绕再分析的争论涉及的另一个重要问题关乎成分结构（constituent structure）的变化，特别是新成分的产生和语法化构式内部结构的损失。下一章将考察成分结构在基于使用的语法中的呈现方式，同时也将对上述问题予以探究。

7.2 英语中的助动词

菲舍尔（Fischer 2007）把英语助动词的发展视为形态句法变化的范例，部分原因是，助动词一直是不同视角关注的焦点所在，始于生成语

法时代莱特富特（Lightfoot 1979）一度引发热议的成果（Warner 1983，Plank 1984，Goossen 1987，Nagle 1989，Denison 1993）。助动词通过语法化得以发展，因此，语义 / 语用和形态句法领域才有变化。功能主义视角的语法化研究，包括我自己的研究在内，一直关注前几种类型的变化，但此处讨论旨在阐明形态句法范畴和相关构式的发展方式。[1] 实现这一目标不可或缺的重要证据关涉疑问句和否定句中 do 的兴起和扩展。其理由是，助动词在构式中发挥特殊作用。鉴于此，疑问构式和否定构式要适用于所有小句，就不能不用助动词 do。然而，助动词的大多数研究以情态动词为主，没有涵盖 do 的发展（Lightfoot 1979，Plank 1984，Fischer 2007）。反而言之，关于 do 的扩展研究通常也不包括与 122 情态动词语法化相关的因素（Ogura 1993，Kroch 1989a）。莱特富特（Lightfoot 1979）、罗伯茨（Roberts 1985）和克罗赫（Kroch 1989a）将英语迂回词 do 的兴起与“助动词”范畴的发展相联系，但认为 do 对此范畴的发展没有促进作用。

本章认为，do 在疑问句和否定句中兴起的理据是，情态助动词的使用频度日益增强，以至生成表达疑问和否定的竞争性构式。研究 do 在这些语境的扩展情形，便可发现旧构式与较高频主动词共现的时间往往较长，而新构式以牺牲旧构式为代价来增强其能产性。此处的核心观点是，数量分布至关重要，是语法的组成部分。有关讨论将涉及前文简述的许多变化机制和频度效应。

本文使用“助动词”这一术语以英语为参照，既包括疑问句中与主语倒装的词项，也包括主句否定形式中否定词之前的所有词项。必须注意的是，这样做之所以适当，是因为封闭词类直接由其在构式的位置定义的（Croft 2001）。本研究关涉一个形式类（formal class）及其历时演变方式。这一点十分有趣，因为该词类刚性强，规模小，参与若干构式。然而，助动词涵盖情态助动词、两个时 / 体构式（完成体和进行体）、系动词以及新出现的属有格动词 have，因而在语义上没有连贯性，注意到这一点颇为重要。进而言之，这些类项并非同步演变而来；相反，每个成员都有各自的演变轨迹和语义变化速率（Plank 1984）。

7.3　情态动词与其他助动词的语法化

助动词范畴的构式是通过一系列未必关联的语法化特征定义的。此处考察情态助动词、迂回式完成体和进行体的发展以及否定成分 not 的语法化过程。

当代英语沿用的情态助动词包括 will、would、shall、should、may、might、can、could 以及 must。此外，dare 和 need 两个动词，在整个发展历程中，既用做主动词，也用作情态助动词。情态助动词的定义特征是，在疑问句和为数不多的其他语境中可与主语倒装；后面可紧跟否定词；现在式第三人称单数没有屈折变化。关于其历史，已有大量的研究成果问世（Lightfoot 1979，Plank 1984，Denison 1993，Fischer 2007），这里只简单地做一点叙述。

123 从历史来看，上面列举的情态动词皆起源于动词，然而，及至古英语有书面记载，它们早已形成某些有别于其他动词的特性。除了 will 之外，所有动词都是过去–现在（Preterit-Present）型动词。这个术语是指过去和现在的接合模式（conjugational pattern），具体言之，现在式实际上呈现为强动词过去式（或过去时）的模式，换言之，过去式的基础是弱动词模式（涉及 -d-）。这种屈折模式或许表明，较早时期曾出现过某种语义变化，过去形式由此隐含现在意义，并成为新意义的一部分（Bybee et al. 1994：74—78）。许多过去–现在型动词的意义，通常会进入语法化路径，最终产生情态意义或将来意义：如 sceal（有义务，应给予）、mœg（有权力）、cann（知道）、dearr（敢）和 moste（能够，必须）。古英语可将它们用作小句的主限定性动词，或者与另一主动词一起使用。随着时间的推移，后一种用法越来越多，充当主动词的能力逐步丧失。然而，值得注意的是，每个情态动词发生上述变化的时间不同，与词汇意义的逐渐丧失或情态动词的语法化有关（Plank 1984）。语法化的时间差异可见于 shall 和 will，二者都表达将来意义，但 shall 的语法化远早于 will（Bybee and Pagliuca 1987）。may 和 can 也处于相同语义域（有能力和有可能），但早期现代英语的 may 取认知意义，而 can 当时还没有到达同一阶段（Bybee 1988b）。

如前所述，语法化的增强总是伴随使用频度的增强。也就是说，就上述情形而言，从古英语时期及至当代，包含情态助动词和主动词的小句使用频度持续增强。下一节将看到，及至 16 世纪中叶，大约三分之一的限定性小句都含有情态动词。

此外，源于古英语结果构式的迂回完成式（Carey 1994，Hopper and Traugott 2003），历经中古英语时期，继续进行语法化过程。在早期现代英语时期，使用迂回完成式的小句大约只有 5%，但当今依然在“助动词 + 主动词”的小句中发挥重要作用。进行体也早已开启了语法化过程，只是在引起我们关注的那个世纪，其使用频度仍然很低。因此，情态动词和完成式语法化的结果是，越来越多的小句开始附带助动词成分。

7.4　否定新构式

新近语法化的另一个构式，即动词后面附带新的否定成分 not，也开始活跃起来。在古英语和早期中古英语时期，句子否定通过动词前使用小品词 ne 或 na 达成。在中古英语时期，由 nā 或“nō + wiht（某人，某事）”组成的强化成分，变成 noht（也有其他许多变异的拼法），后来才演变为 not。起初，not 和动词前的 ne 一起出现（如例（1）），但后来这个标记消失了，not 独自成为如例（2）的否定词。由于它源于否定词加直接宾语位置的名词，所以首先跟在动词之后，作为唯一直接宾语，然后才 124

有了另一个直接宾语（Mossé 1968，Denison 1993）。

（1）he ne edstont nawt as foles doð ah...
he not stops not as fools do but...

（2）my wife rose nott

由此可见，用于否定的某一新构式源于 VO 构式的某一特例。需要注意的是，由于 not 出现在限定性动词之后，因而也可出现在发展中的情态动词和其他助动词之后。其原因是，在早期中古英语时期，它们在很大程度上仍被视为动词。以下是选自早期现代英语时期莎士比亚作品的实例：

（3）a. you lack not folly to commit them
b. I do not all believe
c. The Count Rousillon cannot be my brother
(Shakespeare, *All's Well That Ends Well*, I.3)

7.5 疑问句旧构式

本章拟讨论的最后一个构式是主谓倒装构式。疑问句和其他构式的这种排序方式源于古英语时期，可用于所有动词（Traugott 1972：73，119，160）。无论是 yes-no 疑问句还是 wh- 疑问句，动词都放在主语前面。现代英语将主语和助动词的顺序倒装，则是这一较古构式的特例。将动词放在主语前的这种语序，一直延续到现代早期英语时期，例（4）的两个例句，摘自莎士比亚的作品，其一主语前面是主动词，其二主语前面是发展中的情态助动词：

（4）a. what say you of this gentlewoman?
b. may the world know them?
(Shakespeare, *All's Well That Ends Well*, I.3)

直到早期现代英语时期，疑问句一般构式的限定性动词都在主语之前，可表征为：

（5）[（疑问词） 主动词 主语]$_{疑问句}$

表 7.1　助动词（情态动词、被动式和完成式的 be 及 完成式的 have）、限定性主动词（含或不含 do）和主动词 be 的频率比较（所有小句类型[2]） 125

时段	限定性动词	系动词 Be	助动词	迂回词 do 百分比
1460—1480	118（50%）	63（27%）	55（23%）	0
1550—1570	102（47%）	44（20%）	73（33%）	17%
1594—1602	349（36%）	263（27%）	352（37%）	54%
1630—1707	136（44%）	76（25%）	98（32%）	53%
现代英语[3]	83（41%）	39（19%）	50（25%）	100%

在情态动词发生语法化和频度增强之前，标记为主动词的构式槽位可以是任何动词，包括后来演变为情态动词或助动词的动词。这一构式将被称之为“疑问词–主动词（Q-MAIN VERB）”构式。

7.6　第二种模式出现

疑问句和否定句对待新兴助动词的方式，与 16 世纪之前的英语对待主动词完全一样。情态动词（伴随完成式或进行式）发生语法化，意味着其呈现频率一直在显著增强。表 7.1 对助动词（主要是情态动词和一些完成式实例）、系动词 be 以及限定性主动词的使用频率进行比较。

需要注意的是，及至莎士比亚时代（1594—1602），37% 的小句都含有助动词。因为如此多的小句含有系动词 be（27%），所以附带限定性主动词的小句下降至 36%。

类似情形也存现于疑问句（表 7.1 可见所有类型的小句）。表 7.2 显示的是同一时期疑问句助动词的相对频率。再者，由于系动词 be 和情态动词的出现频率，限定性主动词大约仅占形符的三分之一。

前面有关组块化的讨论已经提到，一个序列如果足够频繁，就会被确立为加工单元，这意味着该序列成为构式。will 和 shall 位居疑问句之首；考察选自《终成眷属》的 118 个疑问句样例发现，32 个含有情态动词，其中18个含有will，6个含有shall。[4]这个模式在说话人经验中显现，就会生成例（6）和（7）的疑问句构式。

（6）[（疑问词） will 主语 主动词 $X]_{疑问句}$

（7）[（疑问词） shall 主语 主动词 $X]_{疑问句}$

126 **表7.2 含有主动词（与do共现或与主语倒装）、be的各种形式、情态动词+完成式的疑问句（不含属有格动词have）**

剧作家	时间	主动词（含或不含do）	系动词be	情态动词+完成式	数量
尤德尔	1566	11（17%）	28（44%）	24（43%）	63
史蒂文森	1550	25（33%）	24（27%）	26（38%）	75
莎士比亚*	1599—1602	131（34%）	149（39%）	107（28%）	387

*样本取自《终成眷属》和《皆大欢喜》

其他情态动词，如can、must、would、should等，也经常频现，足以形成样态相似的加工组块。将这些独立的构式组合起来，用单一的抽象形式表达，将会产生如下结果：

(8) [（疑问词） { *will* / *shall* / *would* / *can* / *must* / *may* / *could* / *should* / *might* } 主语 主动词 $]_{疑问句}$

作为语言学家，我们不由得使用范畴术语来描述构式的系列元素，如"情态动词"或"语法化动词"。然而，这些词能够出现在同一构式，这本身就定义其为一个类（Croft 2001），记住这一点十分重要；因此，未必需要抽象术语对其标识，考虑到范例表征，尤其不必如此。然而，为了便于讨论，这个构式确实需要一个名称，故将其称之为“疑问词-助动词（Q-AUX）”。

这种构式衍生于所有动词倒装的早期形式，其缘由是情态动词的频度增强。之所以没有再分析，是因为有一组动词的身份没有从动词转变为助动词。相反，随着情态动词的使用越来越多，新构式逐渐从旧构式（“疑问词-主动词”）中衍生。这两种构式（“疑问词-主动词”和“疑问词-助动词”）继续在语言中同时使用；旧构式继续和某些主动词一起使用，一直延续到 17 世纪。两种构式都是词汇特定型的，尽管新构式受限程度更高。

如许多人（Kroch 1989a，Warner 2004）已关注的那样，在例（8）127
的“疑问词-助动词”构式中，主语出现在主动词之前，与其在陈述性肯定句和其他构式的位置别无二致。鉴于构式是类似词项和语序排列关联网络的组成部分，“主语-主动词”肯定句的语序对构式的这个部分会有强化作用，从而优先于使用“主动词-主语”语序的旧构式（“疑问词-主动词”）。克罗赫等（Kroch et al. 1982）和沃纳（Warner 2004）将其视为有助于理解的加工策略。他们使用的是基于短语结构规则和移动规则的模型，而不是构式，因而也只好从加工策略角度对这种相似性给予关注，而加工策略却是超越语法规则的一种手段。相比之下，在构式语法中，这种优势的表征十分简单，因为不同构式的部分可以直接相互关联。迪瑟尔和托马塞洛（Diessel and Tomasello 2005）发现，儿童在实验环境下对关系小句的反应表明，他们偏爱基于主语和主体形成的关系小句，至少部分原因是，这些关系小句维系主句的语序。鉴于此，就两种构式的竞争关系而言，例（8）这样的较新构式，因为与主句的结构相似，也许会更受青睐。

上文讨论了疑问句的两种组构方式，除此之外，还可合理地假设，由于动词 to be 高频使用，因而有自己的疑问句构式；当然，也沿用了主谓倒装的惯习：

(9) [(疑问词)　be　主语……]$_{\text{疑问句}}$

另一个高频主动词是 have；或许可为附带 have 的疑问句设定一个独立的构式。

(10) [(疑问词)　have　主语……]$_{\text{疑问句}}$

暂且把 be 和 have 搁置起来，看一看“疑问词-主动词”和“疑问词-助动词”构式的竞争关系；前者将主动词置于主语之前，后者将助动词置于主语之前，其后是主动词。需要注意的是，新的构式不能用于未经更改的限定性主动词，就无法达成完全的普适性。

7.7　附带 not 的两个否定构式

包含 not 的否定表达式有一系列类似的构式。not 出现在限定性动词之后（有时也出现在代词宾语之后），因此 not 的原始构式，如例（11）所示，可称之为“否定词-主动词（NEG-MAIN VERB）”构式：

(11) [主语　主动词　not……]$_{\text{否定句}}$

128 **表 7.3　含有 not 的否定句与主动词（含或不含 do）、be 的各种形式、情态动词 + 完成式的数量（不含属有格动词 have）**

剧作家	时间	主动词（含或不含 do）	系动词 be	情态动词 + 完成式	数量
尤德尔	1566	19（28%）	8（12%）	42（61%）	69
史蒂文森	1575	25（30%）	27（32%）	31（37%）	84
莎士比亚 **	1595—1602	58（21%）	85（30%）	137（49%）	280

** 样本源自《终成眷属》和《仲夏夜之梦》

再者，发展中的情态动词，因为频度增强，所以也产生了新构式。表 7.3 将含有 not 的否定句与含有限定性主动词的否定句和含有 be 的否定句进行比较，以揭示不同构式助动词的使用频度。

否定句的情态动词，似乎比疑问句和肯定句的情态动词，甚至更为常见。例（12）的构式列示的是出现在新构式的情态动词（按频度降序排列）。[5] 同样，will 的频度最高。需要注意的是，在当前文本中，否定句的情态动词列表不同于疑问句的情态动词列表。否定句列表，如例（12）所示，包括 dare 和 need，而省略了 might。当然，要完整地描述该构式，就应包括业已证实的所有助动词。这种构式被称之为“否定词–助动词（NEG-AUX）”。

(12) [主语 { *will* / *would* / *dare* / *could* / *must* / *shall* / *should* / *can* / *may* / *need* } not 主动词……]否定句

在早期现代英语时期，否定一个小句的方式有若干种：使用否定成分合成法的旧构式（见第四章的讨论）与含有 not 的较新构式相互竞争，这样一来，并非所有的否定小句都是迂回词 do 的候选项。

然而，“情态动词 + 完成式”的频度激增，同时 be 的频度持续增强，这样一来，使用 not 的小句仅有 20%—30% 可与未经更改的主动词一起使用，和疑问句的情形如出一辙。考虑到 do 作为助动词可与情态动词和 have 或 be 的完成式（以及后者的被动式）相提并论，因而上述构式便可 129
随着 do 的扩展而得以扩展，与所有动词一起使用。

如同疑问句的情形一样，人们或许会认为，其他助动词（完成式的 have, 被动式和进行式的 be）至少在一般情况下也适合嵌入这个构式。同样，也和疑问句的情形一样，这两个构式在语言中同时存在。它们的竞争关系将是第 7.9—7.11 节的主题。

7.8 带 to 的不定式

情态助动词的另一个定义特征是，采用主动词的不定式形式，但没有不定式标记 to。从古英语时期伊始，情态动词就和主动词补语一起使用。当时，不定式使用后缀 -an 标记。古英语使用 to 标记目的小句，但 to 也已开始向更多的不定式语境逐渐扩展（通过语法化）。与此处讨论相关联的“情态动词 + 主动词”构式已经规约化，不再带 to。由于该构式的使用频度较高，所以也从未比照更新的模式进行重构。哈斯普马特（Haspelmath 1989）的研究显示，不定式以跨语言方式从目的小句标记发展而来（英语不定式 to 见 Los 2005）。

7.9 迂回词 do

如上所述，逐步开始定义一类助动词的新构式，不能用于含有限定性主动词的小句，但可用于含有新兴助动词的小句。“疑问词–助动词”和“否定词–助动词”构式不能类推到不含助动词的语句。然而，也有一种使用 do 的迂回构式，其中 do 部分地（或整体上）丧失了早期可能具有的使役意义（causative meaning）（Ellegård 1953，Denison 1985，Kroch 1989a）。

(13) Thou dost the truth tell. (Udall，*Roister Doister* 1566)

有关助动词 do 来源的文献似乎倾向于这一观点：它起源于某一使役构式，其中 do 后面跟随不定式（Ellegård 1953，Denison 1985）。埃勒高（Ellegård）认为，这种用法在古英语中仅是个例，但具有使役意义的 do 在中古英语的东部方言中却很常见。在中古英语的某些方言中，迂回词 do（据说没有意义）和具有使役意义的 do 并存。齐格勒（Ziegeler 2004）和其他学者也注意到 do 在完成式中的用法。其原因是，do 随着扩展超越了使役意义，开始用作“无意义”的助动词。

随着疑问句和否定句开始使用 do，助动词构式类型便可向主动词扩展。在疑问句和否定句中，这种情况以不同的速率逐渐发生。迂回词 do 130
的使用对于新助动词构式的扩展具有诊断作用。鉴于此，以下各节拟对 do 的扩展进行佐证，以支持这样一种假设：现代助动词的发展是通过扩展定义这个范畴的构式逐步实现的，而不是在语言习得过程中以再分析为手段陡然实现的。

7.10　两种假设

目前的阐述依赖两个假设：其一，助动词构式扩展的主要触发因素是，情态动词的使用频度增强；其二，do 之所以在这些构式中扩展的最佳理由是，同时存在两个假定的相互竞争的构式，其中一个构式以牺牲另一构式为代价，不断增强其类频和能产性，而另一构式则主要在高频样例中继续呈现。

首先看第一个假设。如表 7.1、表 7.2 和表 7.3 所示，由于情态动词的用法不断扩大，迄今为止，相对“疑问词-主动词”和“否定词-主动词”而言，“疑问词-助动词”和“否定词-助动词”构式的使用愈加频繁。针对 16 世纪的计数显示，大约三分之一是限定性主动词，三分之一是系动词，三分之一是情态动词和其他所有助动词，并且皆可见于疑问句和否定句。因此，这个时期包含限定性主动词的小句不占多数。这么说来，便可提出这样一个假设：“疑问词-助动词”和“否定词-助动词”构式由于使用了助动词 do，所以才向含有限定性主动词的小句扩展。

针对先前有人提出的主张，埃勒高（Ellegård 1953：154—155）反驳认为，因为 do 的使用也没有扩展到肯定陈述句，所以是基于新兴助动词类推而来的（Bradley 1904，Curme 1931）。表 7.4 显示，疑问句和否定句在限定性小句中仅占一小部分。肯定陈述句高频出现，也意味着能够抵抗这些次要模式对自身的改变。再者，所讨论的两种构式具有特定的功能：在一种情况下标示疑问句，在另一种情况下标示否定句。也就是说，do面向肯定陈述句扩展，是没有任何理据的。

进而言之，如表 7.5 所示（与表 7.1 和表 7.2 相比），相对疑问句和否定句而言，肯定陈述句更倾向于使用限定性主动词（不含助动词）。因此，没有任何理由做出这样的预测：do 作为助动词会扩展到肯定陈述句的语境。

第二个（相关的）假设是，do 的扩展也就是疑问和否定助动词构式以牺牲旧构式为代价实现的扩展。这种变化背后的机制是类推，也就是说话人在构式中借以使用新词项的过程（见第四章）。随着更多词项与构式一起使用，类推的应用也会增加，在语料库中表示为“类频增加”。

131 **表 7.4　否定陈述句和疑问句与肯定陈述句使用频度比较**

剧作（家）	时间	限定性小句计数	否定句	疑问句
尤德尔	1566	128	21（16%）	17（13%）
史蒂文森	1575	122	12（10%）	12（10%）
莎士比亚	1601/1602	131	21（16%）	19（15%）
MWW*	第一幕	305	20（6%）	38（10%）
米德尔顿	1630	127	13（10%）	10（8%）

* 《温莎的风流娘儿们》（*The Merry Wives of Windsor*）

表 7.5　限定性主动词、be 的形式、“情态动词 + 完成式”在肯定陈述句中的分布

剧作家	时间	限定性主动词	系动词 be	情态动词 + 完成式	数量
尤德尔	1566	62（50%）	20（16%）	30（24%）	124
史蒂文森	1575	37（43%）	19（22%）	29（34%）	85
莎士比亚*	1601/1602	103（34%）	105（34%）	97（32%）	305

* 样本选自《温莎的风流娘儿们》第一幕

同时，高类频词项对类推引发的变化有抵抗作用。因此，我们推测，在使用的早期阶段，do 与较低类频的主动词共现。

动词频度越高，出现在旧构式的时间就越长。鉴于此，最初，限定性主动词的倒装，类符较少，但形符较多。如表 7.6 和表 7.7 所示，需要注意的是，倒装的限定性主动词的类符 / 形符比总是不及 do。也要注意的是，使用 do 的形符所占的百分比逐渐上升。

含有 not 的否定式对 do 的使用不及疑问句，然而，如表 7.6 所示，使用 do 和不使用 do 的类符 / 形符比呈现正相关关系：在每个时间段，跟随限定性主动词的 not，和跟随助动词成分的 not 相比，类符 / 形符比要低一些。据此可见，正如我们预测的一样，如果 do 的变化源于助动词构式的类推，那么动词的频度越高，维持旧模式的时间就越长。

表 7.6 和表 7.7 也显示，疑问句的 do 比否定句的 do 发展更快。时间上的这种差异，不能归因于文本中疑问句和否定句的频度差异，而十之八九与这样一个趋势有关：表达否定有若干替代方式，也就是说，在没有使用 do 的情形下，可采用否定成分合并法。

表 7.6　主动词倒装与 do 倒装的疑问句之类符 / 形符比 [6] 132

时间	主动词	类符 / 形符比	do	类符 / 形符比	do 百分比
1566—1588	31/50	0.62	24/32	0.75	39%
1599—1602	18/53	0.34	42/61	0.69	54%
1621—1649	20/32	0.63	47/53	0.89	62%
1663—1697	10/17	0.59	51/83	0.61	83%

表 7.7　含有限定性主动词后的 not 与含有 do/don't 的否定句之类符 / 形符比

时间	主动词	类符 / 形符比	do	类符 / 形符比	do 百分比
1566—1588	48/65	0.74	15/15	1.00	23%
1599—1602	56/110	0.51	20/27	0.74	20%
1621—1649	84/115	0.73	43/48	0.90	29%
1663—1697	10/31	0.32	57/80	0.71	72%

7.11 词汇扩散

表 7.6 和表 7.7 的类符 / 形符比提出这样一个问题：究竟哪些动词在旧构式中得以保留的时间更长？埃勒高（Ellegård 1953）和小仓（Ogura 1993）对迂回词 do 的词汇扩散进行了研究。据他们发现，高频动词和固定表达使用的动词在旧构式中保留时间更长。正如所料，疑问句的动词与否定陈述句的动词有所不同。

（14）For affirmative object questions, the verbs used without *do* the longest are as follows:
say, mean, do, think

（15）For negative declaratives, the verbs used without *do* the longest are as follows：
know, do, doubt, care, fear

此外，对于否定陈述句而言，list、skill、trow 和 boot 等词汇陈旧老套，因为出现于固定表达。

（16）It boots thee not to be compassionate. (*Richard II*, I.3)
It skills not much when they are delivered. (*Twelfth Night*,V.1)
I list not prophesy. (*The Winter's Tale*, IV.1)

两个构式抵抗使用 do 的动词有所不同，这一点有力表明：两个构式的发展并行不悖，同时彰显某种联系，但毕竟还是两个构式，而不是基于同一"规则"（例如 do-support）。

133 属有格动词 have 是参与否定句和疑问句构式的最低频词项，最近才开始附带助动词 do，在美式英语中尤其如此。要注意的是，完成式的 have 不附带助动词 do，表明 have 的用法出现分野。

最初我之所以研究英语助动词及其出现的构式，是因为这些词项的行为形似"规则"。然而，do 构式经历的渐进性词汇扩散却表明，这些"规则"的漏洞之多不亚于其他任何规则。属有格动词 have 最近也开始和 do

一起使用，主谓倒装等一些旧用法仍然在语言中得以保留。这一点表明，构式的扩展是渐进的，但未必达成完全一般化。旧构式得以保留的一个例证是“How goes it? ”

基于构式的分析法已解决的另一个问题是，dare 和 need 在两类构式中经常出现，表现形式自相矛盾（Traugott 2001，另见 Beths 1999 and Taeymans 2004，2006）。基于构式的语法观，允许构式赋予槽位词项以相应的成员身份，而不必决定这些词项是主动词还是助动词。这样一来，dare 和 need 在助动词位置出现，就是助动词。谢尼茨基（Sienicki 2008）的研究显示，长达数世纪之久，这两个动词既在主动词位置出现，也在助动词位置出现，如例（17）和（18）所示：

（17）主动词：

a. In two or three years a Tarpawlin shall not dare to look after being better then a Boatswain (Pepys, 1666—1667)

b. that we shall nede to be purefyed (In die Innocencium, 1497)

（18）助动词：

a. Now I dare swear he thinks you had ’em at great Command, they obey’d you so readily. (Vanbrugh, 1696)

b. If it need be, adde therto abstynence and other manere turmentynge of thy flesshe. (Malory, 1470)

也许有人会问，其他动词的自由度为何不及 dare 和 need。当然，较早时期，有些词也有类似的自由度：表达属有格意义的 have 已经逐渐从助动词构式的用法向主动词位置的用法转变。其他情态动词和助动词，由于使用频次越来越多，所以在构式中日益固化。再者，由于语义上发生了变化，所以不能再当作主动词来使用。

7.12 结论：构式和基于成人的变化

新构式基于旧构式的特定实例发展而来，语法化和渐进性再分析法应运而生。不定式如何表现，情态动词为何尤其不与 to 共现，gonna、have

134 to、want to 等发展中的较新情态动词为何必须使用 to，对于这些问题，上述观点可给予解释。在情态动词最初发展的时期，to 不是不定式标记，所以不在场；在较新的情态动词尚在发展的时期，to 是不定式标记，所以可见于这些短语。

本文在分析助动词构式扩展之时，付诸类频和形频效应。由于高类频与能产性相关，因而我们能够借助越来越多的动词类型，来追溯使用 do 的助动词构式的扩展轨迹。高形频构式特定范例可用以解释情态动词、完成式的 have 和系动词 be 抵抗变化的机制。作为语言中最频现的语言成分，助动词要么倒装，要么直接附带否定词，从而使生成疑问句和否定句的传统方法得以留存。支持这一假设的证据是，否定句和疑问句常用的主动词最不易变化，而 dare、need 以及属有格动词 have 等最低频情态动词随着主动词变化而变化。

鉴于此，本文阐明了渐进性“再分析法”的发生机制：如果以构式看待语法，进而承认构式样例呈现于认知表征，经由语言使用得以加强，那么频度分布的渐变特征就可直接在语法中得到表征。伴随时间的推移，这些因素在变化，语法也会随之渐变。

沃纳（Warner 2004）提供的进一步证据表明，“助动词”范畴生发于语言的渐变过程，甚至贯穿于成人的一生，而不是语言代际传递的产物（如 Lightfoot 1979，1991，Roberts and Roussou 2003，Van Gelderen 2004 等主张）。沃纳使用源自 16 世纪和 17 世纪一些作家的测量工具和数据，对代际变化假说进行了检验。追溯 17 世纪作家使用 do 的境况，沃纳发现塞缪尔·约翰逊（Samuel Johnson）、威廉·莎士比亚等个别作家，伴随时间的脚步，越来越多地使用 do。沃纳还根据作家的年龄追踪了 do 的使用情况，但没有发现任何隐含代际变化的模式。相反，使用模式趋于个性化，从而印证了他所谓的“集体变化（communal change）”或限于成人的用法。

最后，对于主语倒装和附带 not 的词项类，本章的分析没有给予优先地位。提出的主张是，这些词项在旧构式中十分常见，对变化一直抵抗。当然，并非所有的情态助动词都可达到极高频，因此在创建这个语法类之时，颇有必要使用类推方法。然而，本章分析也的确强调认为，无论是结构上还是语义上，该词项类皆存有异质性。正如第一章所言，即使情态助 135
动词，语义上也是相当多元的，涵盖时、体、态三个层面。完成式、进行式和系动词 be 结构上十分多样，前两者采用主动词的不同形式，而后者则以某种方式履行主动词的功能。由此可见，语言结构是语言史的结晶。由于规约化更多地依赖于重复，而不是意义或结构，因此语言也许包含一些无法找到共时解释的模式。下一章在分析成分结构外在变化的语境下，拟对渐进性“再分析法”予以探讨，并进一步阐明上述观点。

136

第八章

递差组构性和渐进性再分析

8.1 引言

前几章对认知过程进行了探讨。这些过程相互作用，生成可视为语法的语言结构。本章和下一章将从两个方面深入论证有关假设：(i) 表明领域普遍性过程如何使各个单元彼此衔接（语言学家所认为的组构成分结构），同时又如何解释渐进性再分析的动因（本章）；(ii) 表明规约化如何生成可视为“具有次级语法意义”的局部模式。局部模式将不同属性连接起来，而这些属性并非传统语法所定义的特征（第九章）。

8.2 组块化与组构性

如第三章所述，语言经验中复现的词组具有规约性和内部衔接性（语音和语义），对此，组块化的领域普遍性过程能够提供一定的解释。拜比（Bybee 2002a）研究认为，趋于共现的材料经由序列性组块化过程，衍生出组构成分结构。当然，共现的主要决定因素是意义：语义上彼此关联的单元在话语中往往毗邻（Haiman 1985）。鉴于此，指示词和限定词与名词相邻，时体标记往往贴近动词，不一而足。语义连贯的单元序列，一经重复并形成组块，即可称之为组构成分（constituent）。

组构成分结构本身不是已知项，而是从更基本的过程衍生而来。其证据是，这些过程也适用于传统组构成分没有出现的情形。拜比（Bybee 2002a）讨论了英语助动词的境况。英语助动词可与主语缩合，主语是代词的情形下尤为如此。正如克鲁格（Krug 1998）指出，I 之后的最高频成分是 am；I am 也是缩合最频繁的词对。

拜比（Bybee 2002a）考察了助动词 will 及其前后成分。作为时态助动词，如所预期的一样，will 与其后的动词衔接紧密，与小句主语的关系 137
次之。这样一来，又何以解释 will 与主语的缩合呢？基于《美国电话录音语料库》（逗号和句点号表示停顿），表 8.1（转自 Bybee 2002a，表 5）列举了 will（或缩合形式）前后 10 个最常见的词项。显而易见，相对于助动词和动词的配对形式，主语和助动词的配对形式更为常见。也就是说，据《美国电话录音语料库》显示，I will（或者 I'll）的频次几乎是“will+ 动词”组合最高频用例（即 will be）的两倍。由于主语和助动词习惯上会分配给不同的组构成分，也由于二者组合没有语义连贯性或相关性，因此唯有共现频率才是它们融合为独立语音单元的驱动力。

表 8.1　will 和 'll 前后的 10 个最频繁词项

（《美国电话录音语料库》; N = 3195）

前位		后位	
I	918	*be*	466
they	471	,	244
we	368	*have*	199
it	256	*get*	130
you	200	*go*	119
that	183	*do*	103
he	122	*probably*	90
she	53	*just*	81
,	47	*tell*	75
people	38	.	42

当然，双词词串的频度并不能说明全部问题，因为一些“代词 +will”

或“代词+’ll”组合（例如，与 she 的组合）的频度就不及某些“will/’ll + 动词”组合。据《美国电话录音语料库》显示，缩合形式仅限于代词，尽管如此，这种形式似乎已从较高频代词向较低频代词扩展，甚至可能扩展到某些完全名词短语。

如第三章提及的那样，共现频度对于I don’t know 这一短语十分重要：I 和 don’t 比 don’t 和 know 的融合度要高。don’t 是紧随 I 之后的第二个最常见词项，仅次于 am。虽然许多动词可跟在 don’t 之后，但没有一个超过 I 出现在 don’t 之前的频度。

有趣的是，某些“助动词 + 动词”组合达到极高频，在某些情况下也使融合成为可能。例如，don’t know 经常单独使用，如 dunno。此外，某些短语，如 maybe、wanna be 和 would-be 已经变成形容词或副词。

138 主语和助动词缩合的例子表明，产生组构成分结构的基本机制之一是组块化，也就是拜比（Bybee 2002a）提出的线性融合假说（Linear Fusion Hypothesis）。另一个要求是整个单元某种程度上的语义连贯性。主语–助动词缩合表明，两个要求是相互独立的，但因为二者经常重合，所以就有组构成分结构这样的副现象。

组块化是一个递差过程，因此组构成分结构也有递差，这种说法和拜比和沙伊布曼（Bybee and Scheibman 1999）的观点别无二致。事实上，语法化过程渐进发生的变化也表明，组构成分结构是一种递差现象。虽然各语言经常皆有组构成分的上佳例证，例如，名词短语，但也有数据不能有力支持离散组构成分分析的情形。

8.3 范畴化和组构性

决定组构成分结构的另一个重要因素是范畴化。如第三章所述，范畴化生成网络关系，网络关系是可分析性的基础。有关复杂介词地位的论争就是一个例证，诸如 on top of、in front of 和 in spite of。英语有相当多这样的短语，在许多方面与简单介词的功能相同。显然，它们源于双介词短语序列，但短语的第一个名词通常是一个关系名词，既不能产生屈折变化，又不能附带限定词或形容词修饰语，因此存在丧失其名词地位的倾向。例（1）是原型短语的完全组构成分分析示意图，其中一个介词短语（PP）嵌入一个名词短语（NP），名词短语本身是介词的宾语。

(1) [in [spite [of [the king] NP]PP]NP]PP

正如贝克纳和拜比（Beckner and Bybee 2009）认为的那样，上述结构分析要求对词库其他地方出现的短语成分进行识别，也就是说，需要范畴化。根据前面讨论的网络模型，这意味着运用短语特定介词和名词的样例以形成关联关系。重复也可使短语本身成为一个样例（因为是组块），同时有可能直接赋予短语以意义、推论和语境因素。

图 8.1 显示 in spite of 这个短语的网络关系。这个短语的每个单词都与词库其他语境的“同一”单词相关。然而，正如下文可见，相关度存在递差。短语中的 spite 一词与有其自身意义的名词 spite 相关，接着又与动词 spite 相关。可以认为，两个介词与它们的其他实例是一致的。如图 8.1 所示，这两个非常普通的介词并没有被赋予任何含义。相反，我们倒认为，每一介词都处于使用语境的大网络，既包含特定意义，也包含一般化意义。139

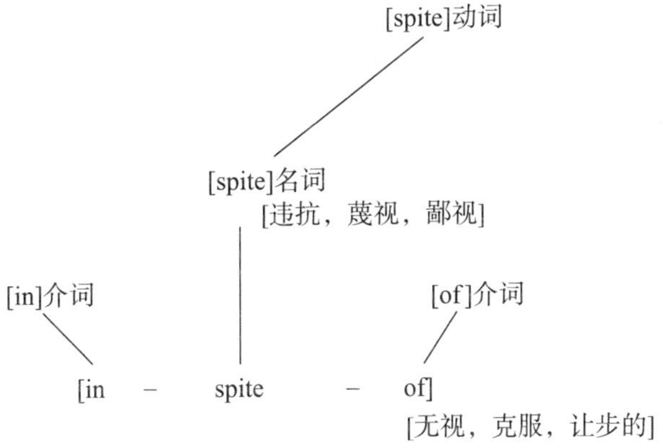

图 8.1　in spite of 及其组件的关系网络

正如上文提及的那样，作为一个经常一起出现的词串，in spite of 拥有自己的样例表征，包括使用语境、意义和推论等有关信息。in spite of 这个短语不仅自治，而且也可分析，其程度取决于整体对所使用组件的激活强度。图 8.1 的表征显示，由于这个短语被整体提取的频次日益增多，因此连接短语组件和组件其他样例的线条逐渐变弱。从这个意义上说，内部组构成分结构弱化，可分析性也随之弱化（见 Hay 2001 和第三章的讨论）。就构式而言，“in spite of + 名词短语”历经重复已成为一种构式。在当前语境下，重点讨论固定序列何以演变并获得自治性。

8.4 复杂介词的组构成分结构

复杂介词的组构性问题有两个方面：第一，假设例（1）这样的起点首先存在。具体而言，“in spite”和“of 名词短语”之间存在组构成分边界，在边界的某一处，第一个名词失去自治性和范畴性；第二，那么 in spite of 这个短语是否成为以名词短语为宾语的单一组构成分？在这种情形下，of 在这个短语中不再是一个介词？将这样的短语视为组构成分或复杂介词，而不是两个介词的序列，对此，有人支持，也有人反对。事实
140 上，支持也罢，反对也罢，取决于各个成分（介词和名词）能够被识别的程度，换句话说，也就是它们的可分析性。

现在看一下夸克等（Quirk et al. 1985）列举的“句法分离指标（indicators of syntactic separateness）”，其中四个指标都与名词的可分析性有关：如例（2）所示，名词能否附带一系列限定词？如例（3）所示，名词能否附加前置修饰的形容词？如例（4）所示，名词能否被另一个名词所替代？他们的例子 on the shelf by (the door) 可与 in spite of 相提并论，前者符合两个介词短语的条件，后者符合复杂介词的标准：

(2) on a shelf by (the door)　　*in a/the spite of

(3) on the low shelf by…　　*in evident spite of

(4) on the ledge by…　　*in malice of

夸克等也将复杂介词中的名词是否可复数化作为一个标准。由于 spite 是一个质量名词，而不是可数名词，因此需要借助一个不同的实例。我们发现，例（5）的复数名词与单数名词有不同的含义：

(5) a. in the neighborhood of Boston

b. in the neighborhoods of Boston

这些标准取决于能否将短语的核心单词（shelf 或 spite）分析为名词，而且具备一整套名词属性。如果有关短语在某种程度上变得不可分析，那么其之前的名词识别起来就趋弱，从而使上述的更改和替换操作不再适用。

另一套标准是，在不完全改变含义的前提下，第二个介词及其宾语是否可省略（见例（6）），或者被所有格代词代替（见例（7））：

(6) on the shelf　　　　*in spite

(7) on its shelf　　　　*in its spite

这些指标还取决于短语中的名词仍可识别为名词的程度。

最后一组指标与介词及其变异性有关。这个标准表明：介词如何可分析为介词，名词如何可分析为名词。

(8) on the shelf at (the door)　　　　*in spite for

(9) under the shelf by...　　　　*for spite of

这么说来，夸克等提出的组构性标准似乎与短语组件仍可被分析为介词和名词的程度有关，也就是说，与这些介词和名词的其他样例的关联程度有关。当然，这是一个程度问题。就同一短语而言，可能有的部分不易识别（例如 by dint of 中的 dint），而有的部分却不难识别（例如 by dint of 中的 by）。

当然，我们此时正在见证的是，介词短语序列逐渐经由语法化变成复杂介词，从而最终会变成简单介词（Hoffman 2005，Hopper and Traugott 141
2003）。before、behind、inside 等介词的来源亦如此。由于这一过程是渐进的，可分析性的损失也是渐进的。每个短语都在沿着自己的轨迹发展，因此没有必要指望所有候选的复杂介词都经历同一过程。共时情境的递差，给语法学人留下争论的空间，以确定是否有必要识别一个范畴的复杂介词。一方面，夸克等明确主张递差分析以及可能的多级重叠分析，另一方面，一些更具生成语法意识的研究者却力图维护这样一个立场：复杂介词并非英语语法的一个范畴（Seppänen et al. 1994，Huddleston and Pullum 2002）。

塞佩宁等（Seppänen et al. 1994）提出确定复杂介词组构成分结构的另外四个标准：前置（Fronting）、协调（Coordination）、省略（Ellipsis）和插补（Interpolation）。他们关心的一个主要问题是，如何确定短语末尾介词的身份，如 in front of、inside of 和 in spite of 中的 of。以下是他们运用这些标准对 in spite of 进行测试的实例：

（10）前置

**Of* what obstacles did he say he would do it *in spite*?

（11）协调

In spite of your objections and *of* the point raised by Dr Andersson, we feel confident that we can proceed with the project.

（12）省略

Speaker A: He did it *in spite of* John and the auditor.

Speaker B: *Of* what auditor? I didn't know they had one in this firm.

（13）插补

The morning air was clear and clean, *in spite,* one might add, *of* the traffic and crowds.

尽管 in spite of 没有通过其中一个测试（前置测试），但通过了基于虚构语句的其他几项测试，足以佐证塞佩宁等所提出的 of 在短语中的介词身份。他们由于运用组构成分结构这样的离散概念，因此无法解释三项测试成功一项测试失败的原因。

现在看一看塞佩宁等所使用数据的性质。这些虚构的语句听起来有文学味，但不够自然。当然，我们可以创造这样的语句，但是大家真会使用这些语句隐现的协调、省略和插补吗？贝克纳和拜比的报告指出，对 3.85 亿字的《美国当代英语语料库》进行搜索，结果仅发现 7 个协调的可比例子，而且都来自书面表达形式。以下是三个例子：

(14) Last July after she beat out a field of 67 applicants in a nationwide search, President Anderson feels that she was chosen for the job, not *because* or *in spite of* the fact that she is Black and a woman, but simply because she was the most qualified applicant.（1992） 142

(15) The prime minister remains unable to reap the credit for economic success, which is perceived to have occurred *in spite*, not *because*, *of* his policies; he is unable to unify his party or even his cabinet because he does not have the authority.（1995）

(16) a lesson in how Congress makes politically expedient decisions *at the expense* (or *in spite*) *of* the constitutional implications of their actions（2002）

然而，在 in spite of 与另一个类似表达式协调的情形中，我们发现更多 of 重复的例证，从而提出这个短语具有稳定性。基于《美国当代英语语料库》，贝克纳和拜比找到 35 个这样的实例。以下是其中两个：

(17) the dogma of self-expression says that the gifted child can flower *in the absence of* or *in spite of* art education.（1995）

(18) in this allegedly anti-American country Sarkozy would be elected (as early as the spring of 2007) either *because of* or *in spite of* the public perception that he is somehow "American".（2005）

多个 in spite of 实例并置的使用模式，也能对这个短语的稳定性给予佐证。说英语的人十分喜欢多次重复 in spite of，生成一个连续不断的序列，例（19）就是一个典型例证：

(19) *In spite of* motorbikes, *in spite of* karaoke music, *in spite of* the stink of gasoline fumes that seeps into each kitchen.（2005）

《美国当代英语语料库》有 43 个这种类型的样例，没有发现 in spite of 的子部分并置使用的反例。

此外，in spite of 可与例（20）和（21）的简单介词并置，这一事实表明它作为一个单元在发挥作用。

(20) Scorsese's strongest works are fictions of formation, in which a religious conviction comes *with* or *in spite of* a vocation.（1991）

(21) Commitment is healthiest when it is not *without* doubt, but *in spite of* doubt.（1991）

塞佩宁等（Seppänen et al. 1994）进一步认为，in spite of 保留一种内部组构成分结构，因为在话语中可插入其他成分，如他们虚构的例（13）
143 一样。贝克纳和拜比搜索了《时代杂志》语料库和《当代美国英语语料库》，仅找到 1 个这样的例子（1999，引用 Robert Ingersoll 1877）：

(22) The religionists of our time are occupying about the same ground occupied by heretics and infidels of one hundred years ago. The church has advanced *in spite*, as it were, *of* itself.

在例（22）中，英格索尔的明显意图是恢复 spite 的原始语义，因此他将 in spite of 分离，以引起大家对序列成分词语的注意。塞佩宁等基于很不现实的虚构对话提出的“省略”标准，似乎在自然语料库数据中找不到任何证据支持。

证据表明，复杂介词 in spite of 的多重递差分析是可能的。图 8.1 与语料库的数据是一致的。短语的组构成分和其他语境对应样例的连线在不断虚化，尽管如此，在某种程度上它们仍可独立发展，从而赋予说话人一定的自由度，对短语的组构成分进行操控，写作时尤为如此。

8.5 语义变化：in spite of

与夸克等有所不同，塞佩宁等（Seppänen et al. 1994）以及赫德尔斯顿和普鲁姆（Huddleston and Pullum 2002）的句法分析，在确定组构成分结构的过程中，将使用语义学的可能性排除在外。他们认为，以语义学为指导研究句法结构是不靠谱的。鉴于此，夸克等提出的复杂介词和简单介词功能相同的观点，尚无法佐证生成论者对组构成分身份所做的分析。相反，基于使用的语法观认为，在确定说话人可能呈现的分析结果时，意义至少和句法标准一样重要。从语义角度来看，on top of 的功能和 under（较简单的介词）相反，in spite of 可由 despite 所阐释，这些指标表明，原本复杂的表达式已经具备独立身份。

in spite of 整体取让步之意，内部成分几乎不产生什么影响，在当代英语的惯常用法中尤为如此。回溯其最早的用法（肇始于 15 世纪），就这个短语的使用情形而言，名词 spite 听起来跟 scorn（鄙视）、contempt（蔑视）或 defiance（违抗）的名词意义一样真实可靠，介词宾语为“被蔑视的敌人或权威”（西班牙语 a pesar de 的演变相类似，见 Torres Cacoullos and Schwenter 2005，Torres Cacoullos 2006）。

(23) The Erle þen, with his pepill, drove ouer þe havon of Gravenyng thaire pray of bestes, att lowe water, *in spite of* al þe Flemmynges, and brought hem with al thaire prisoners to Caleis, and lost neuer a man; thonket be God! (*The Brut*,1400—1482) 144

“Then the Earl, with his people, drove over their herd of animals, the inlet at Gravening at low water, in spite of the Flemish, and brought them with all their prisoners to Calais, and never lost a man; thanks be to God!”

后来的例子（从 16 世纪到 19 世纪）将 in spite of 的宾语泛化为“必须战胜的某种因素或障碍”。现在，spite 在这个短语的意义不再指向其作为名词的意义。

(24) The benefits of innoculation have established the practice *in spight of* all opposition. (*Gentl. Mag.*, 1762. XXXII. 217/2)

(25) The tears, *in spite of* her, forced their way between her fingers. (SCOTT *Br. Lamm*. 1818, xx)

这个短语进一步的语义变化经由推理而发生（Traugott 1989，Traugott and Dasher 2002，Hoffmann 2005）。即便有对立的因素或障碍，也能达成某种境况，于是就可得出如此推论：在已知条件下达成某种境况是超预期的。今天常见的“让步”意义表明，达成之事与预期相反。现代语料库既有对逆因素和逆预期的解读含糊不清的实例，参见例（26），也有仅表示逆预期解读的实例，参见例（27）。

(26) *In spite of* the rough conditions, travel advisories and the war on terrorism, scores of older Americans are uprooting their lives to help needy nations improve their living conditions. (*Time Magazine* 2003)

(27) Yet *in spite of* music's remarkable influence on the human psyche, scientists have spent little time attempting to understand why it possesses such potency. (*Time Magazine* 2000)

例（27）这样的例子今天较为常见，由此可见，使用这个表达式之时，并需要无法对组件的意义进行内部分析。从组件意义，尤其是 spite 原初意义，到让步意义的解读，根本不存在直接的路径。以笔者之见，正如我们所期待的一样，这正是组构成分身份的显著标志。

8.6 可分析性损失与去范畴化

构式名词或动词的语法化有一个重要指标就是去范畴化。基于霍珀和汤普森（Hopper and Thompson 1984）所描述的词汇范畴这一相对概念，霍珀（Hopper 1991）对这一现象进行了探讨。例如，一个名词在多大程度上能被有代表性的类名词属性（如数、格屈折、限定词和其他修饰成分）所“修饰”，只是一个程度问题，关键取决于它在话语中的使用状
145 况。像复杂介词这样的语法化短语，其中的名词如果不履行名词特有的指称功能，那么就会由此丧失所具有的类名词属性。

使用本书考察过的样例暨网络模型等过程，我们就能对去范畴化的历时过程做出形式化的描述。如图 8.1 所示，这种分析是内在的，以示意图标示这个表征随着 in spite of 表达式的使用而经历的变化过程。现在回顾第三章，反观海（Hay 2001）提出的主张，我们便可阐明使用如何影响这种表征，使用又如何使表征从可分析性和组合性向自治性转移（见 Torres Cacoullos 2006 对西班牙语 a pesar de(尽管) 语法化的类似处理手法）。

一个单词序列在实践中几经重复，大脑就会为其建立一个表征（或样例），形成提取捷径。起初，序列中的单词仍可极大地激活同一单词的其他样例。海（Hay 2001）提供的证据以及源于语法化过程的证据表明，随

后这个序列通过捷径提取，只是组件词被激活的程度不同。整个单元每提取一次，都会进一步增强整个单元。激活组件词，每提取一次，又会强化整个单元与组件词的关系。

语境使短语组件词的意义得以突显，短语的语境化使用首先可使其组合性得以保持。然而，spite 在不采取字面意思的语境下使用，意义就会弱化，in spite of 与名词 spite 的关系也会继续弱化，从而短语中的 spite 便失去名词属性。

还有一些实例可以佐证。在莎士比亚的喜剧中，spite 这个名词出现了 20 次，但只有 6 次出现在 in spite of 这个短语中。有趣的是，在其中两例中，in spite of 与名词 spite 的关系相当透明。如例（28）所示，spite 被 very 所修饰。此用法使用 very 修饰名词，其意义是“真正的”。如例（29）所示，比特丽斯（Beatrice）进而把 spite 当作动词使用，由此呈现其全部的词汇意义。

（28）《特洛伊罗斯与克瑞西达》(*Troilus and Cressida*)

Ajax hath lost a friend
And foams at mouth, and he is arm'd and at it,
Roaring for Troilus, who hath done to-day
Mad and fantastic execution,
Engaging and redeeming of himself
With such a careless force and forceless care
As if that luck, *in* very *spite of* cunning,
Bade him win all.

（29）《无事生非》（*Much Ado About Nothing*） 146

BENEDICK Suffer love! a good epithet! I do suffer love
indeed, for I love thee against my will.
BEATRICE *In spite of* your heart, I think; alas, poor heart!
If you *spite* it for my sake, I will *spite* it for
yours; for I will never love that which my friend hates.

源自 17 世纪的其他例子，相对于今天而言，可分析性更强，如例（30）所示，spite 附带定冠词，例（31）则替换了第一个介词。

(30) *In the spight of* so many enemies. (SANDERSON, *Serm*. 546,1632)

(31) *For spight of* his Tarbox he died of the Scab. (OSBORN, *King James* Wks. 1658 [1673])

由于 in spite of 和 spite 的关系在语义上已越来越远，当前者取让步含义时尤其如此，所以这样的实例，现在要有的话，也十分少见。据海（Hay 2001）预测，假如基础词（此处为 spite）的出现频度不及派生形式（此处为 in spite of），那么随时就会丧失其分析性和组合性。如上所述，莎士比亚的喜剧有 spite 的 20 个形符，只有 6 个出现在这个短语中。然而，就当代英语而言，spite 的 90% 形符可见于 in spite of。托里斯·卡库洛斯（Torres Cacoullos 2006）发现，与 a pesar de（尽管）相比，西班牙语 pesar 的频度有类似的降低。

鉴于此，语法化短语的名词，由于被短语锁定，与其他实例的关系渐行渐远，同时，短语名词丧失与独立名词相关联的早期含义，这样一来，名词的范畴性随之消失。范畴性消失的一个结果是，短语的某些内部结构消失。基于两个介词短语，我们获得一个多词介词。语法化的结果似乎总是内部组构成分结构的丧失。复杂性如此得以消解，是对霍金斯（Hawkins 2004）“频度降低复杂性”原理的佐证。

8.7 渐进性再分析

一些语法化著作者似乎将复杂性消减过程等同于再分析，因而声称语法化是词项被再分析为语法语素的过程（Lord 1976，Marches 1986，Harris and Campbell 1995，Roberts and Roussou 2003）。然而，通常不清楚的是，这种观点究竟是在描述过程之结果（X 项在语法化前是词汇词项，
147 而现在是语法词素），还是在描述实际的变化机制（由此，说话人 / 学习者可采取与以往不同的方法对字符串进行分析）。就后一种解读而言，任何一个关乎离散组构成分和范畴结构的理论，都难以对语法化渐进生发这

个事实做出解释（见第七章的讨论）。

据我们所见，生成组构性的网络表征会逐渐发生变化，从而使语法化构式的可分析性和组合性产生渐变。可以认为，再分析的渐进性表现在两个方面；对此，下文将分别予以讨论。[1]

首先，就处于语法化过程的词项类而言，并非所有成员都以相同的速率变化。关于这一点，第七章提到情态助动词：shall 比 will 更早成为将来时标记；may 在 can 之前就获得了根可能性（root possibility）的地位，并且已经迁移到认知可能性（Bybee and Pagliuca 1987，Bybee 1988b）。还有其他许多例证。例如，利希滕贝克（Lichtenberk 1991）提到，托阿巴以塔语（To'aba'ita）的不同动词演变为介词的速率不同，从而丧失动词属性的时间也不尽相同。他指出，变化速率的一个重要预测指标是介词的形频。关于英语的复杂介词，也有类似观点。夸克等（Quirk et al. 1985）、塞佩宁等（Seppänen et al. 1994）以及赫德尔斯顿和普鲁姆（Huddleston and Pullum 2002）的测试结果表明，英语的复杂介词丧失可分析性的速率有所不同。

第二，语法化构式的某些样例先于其他样例丧失可分析性（即经历再分析）。下一节将讨论拜比和托里斯·卡库洛斯（Bybee and Torres Cacoullos 2009）有关西班牙语进行体发展的数据。其中，我们发现，根据不同的句法和语义标准，伴有不同动词的同一构式，其实例的表现有所不同。英语将来时的表达也存在同样现象。有关具体例证，参见托里斯·卡库洛斯和沃克（Torres Cacoullos and Walker 2009）。

8.8　西班牙语进行体：预制形式的高级语法化

拜比和托里斯·卡库洛斯（Bybee and Torres Cacoullos 2009）的研究探讨了构式的高频预制化使用对一般化构式语法化进程的影响。所做的案例研究关乎西班牙语的进行式。西班牙语进行式由方位动词发展而来，如 estar（位于）；或者由运动动词发展而来，如 andar（四处走动）和 ir（去），加上动名词（后缀是 -ndo）。例（32）至（34）（来自 13 世纪的实例）表明，限定性动词起初是一个独立词项，具有完整的空间意义。之所以说这些例子具有方位意义，是因为它们包含方位短语（以下画线标出）。语法化短语以小型大写字母表示。

148 (32) Et alli ESTAUA el puerco en aquella llaguna BOLCANDO se (XIII, GE.II)
"And there was the pig in that pond TURNING itself"

(33) YUASSE ANDANDO por la carrera que ua al pozo (XIII, GE.I)
"He went walking along the road that goes to the well"

(34) Et ANDANDO BUSCANDO los. encontrosse con un omne quel pregunto como andaua o que buscaua. (XIII, GE.I)
"And GOING AROUND LOOKING for them he met a man who asked him how he was going or what he was looking for"

虽然方位意义在这些实例中清晰可辨，但现代西班牙语使用 estar 例（35）、andar 例（36）以及 ir 例（37）加动名词通常表示进行式的体态意义，参见托里斯·卡库洛斯（Torres Cacoullos 1999，2001）研究的实例：

(35) Pero ESTÁS HABLANDO de una forma de vida, Gordo.
"But you ARE Talking about a way of life, Gordo."

(36) ANDO BUSCANDO unas tijeras, porque se me rompió una uña.
"I am looking for some scissors, because I broke a nail."

(37) Pero ya VA SALIENDO la cosecha así, por partes.
"But the harvest now is coming out this way, bit by bit."

然而，正如语法化过程常见的那样，这些构式的使用存在大量重叠；有的体态实例很早就有，而一些较新的用法仍然可见其方位源点（locative source）。

这些构式的语法化所涉及的再分析，采用主动词加动名词补语的形式，将该序列转换成迂回或复合动词形式，其中限定性动词充当助动词，动名词形式的动词被用作主动词。

(38) $[\text{estar}]_{\text{动词}}\ [\text{动词} + \text{ndo}]_{\text{补语}} \rightarrow [\text{estar} + \text{动词} + \text{ndo}]_{\text{动词进行体}}$

组构性变化的诊断方法包括：（i）插入新兴助动词和动名词之间的成分逐

渐减少，如例（39）；（ii）针对同一新兴助动词配置一个以上动名词的能力丧失，如例（40）；（iii）将宾语附着代词（object clitic pronoun）放在整个复合体之首，而不是附加于动名词，如例（41）。

(39) ESTÁ Melibea muy affligida HABLANDO con Lucrecia sobre la tardança de Calisto
“[Stage instructions] Is Melibea, deeply distressed, TALKING to Lucrecia about the tardiness of Calisto”

(40) le YVAN MENGUANDO los bastimentos e CRECIENDO las necesidades
“Supplies were [lit: went] shrinking and needs growing”

(41) ESTÁ DIZIÉNDO la allá su corazón
“His heart there IS TELLING her”

表 8.2　预制词（助动词和动名词的百分比；所有时段合计） 149

		助动词百分比	动名词的百分比
ESTAR	*aguardando* “waiting”	2%（14/672）	93%（14/15）
	diciendo “saying”	3%（22/672）	44%（22/50）
	durmiendo “sleeping”	2%（14/672）	93%（14/15）
	escuchando “listening”	3%（23/672）	96%（23/24）
	esperando “waiting”	7%（48/672）	89%（48/54）
	hablando “talking”	5%（32/672）	71%（32/45）
	mirando “looking”	7%（49/672）	84%（49/58）
	oyendo “hearing”	2%（15/672）	94%（15/16）
	pensando “thinking”	2%（13/672）	62%（13/21）

随着类似的例子开始消失，我们便可标示进行式新构式的单元性。有关这些类型样例的定量研究表明，从 13 世纪到 19 世纪，语法化或单元性不断增强（Bybee and Torres Cacoullos 2009）。

这些新兴的进行式构式生成了许多预制词。在此，我们定义预制词的依据是，助动词和动名词组合相对于助动词和动名词形符总数的频率。

如果某一组合，如 estar aguardando（在等待），占助动词数量（estar 的使用总量）的 2%，或占动名词数量的至少 50%（也就是说，aguardando 和 estar 的共现频率超过与其他任何助动词的组合），那么就可视之为预制词。表 8.2 是识别出的助动词 estar 类预制词。

实证结果表明，其中有两个预制词，历史最为久远，一个是 estar hablando（在说话），另一个是 estar esperando（在等待）。其他的预制词形成于 17 世纪到 19 世纪。运用上述诊断组构性或单元性的三种方法，我们发现这些预制词先于一般构式获得单元性身份。也就是说，助动词和动名词之间可插入的成分较少；并列的动名词较少；就所考察的每个世纪而言，整个复合体之首使用的附着词较多。

这些预制词比起构式的其他实例，使用频率更高，因而作为独立单元被提取的概率也高于其他实例，从而导致上述可分析性的丧失。预制式的助动
150 词与其他构式方位词 estar 实例之间的关系不断疏远，因此较之于进行式构式的其他实例，更早丧失方位意义。拜比和托里斯·卡库洛斯认为，预制式显现的意义淡化可能会影响一般构式的意义，从而进一步推动其语法化。

再分析的渐进性还体现在另一方面：同一构式某些实例的再分析要早于其他实例。需要注意的是，这也为样例模型提供了进一步的证据，构式的单个实例可发展各自的属性。在这种情形下，构式的较高频样例的属性可能会对一般构式的发展产生影响。有关预制式的意义对语法化构式的影响，参见第十章。

8.9 结论

本章呈现的证据表明，组构成分结构是运用组块化和范畴化等领域普遍性过程的产物。这两个过程，依托特定样例在实时语言使用中的加工机制，皆可生成递差表征；因此，组构成分结构在若干维度上也有递差。本章的基本观点是，序列词的可分析度，或者该词与其他语境的相应样例的关联度，都可能发生变异，这取决于二者的联结在语言使用过程中被激活的程度。这种变异的结果是：（i）同一类型的构式（如复杂介词）以不同的速率语法化；（ii）同一语法化构式与某些词项的发展较之其他词项更为超前。

第九章 151

规约化及局部与一般之对比：以现代英语 can 为例

9.1　引言

即便是低水平重复，组块化也会出现；因此，单词组合就有规约化、整体提取、累积特殊用法或功能的潜势。本章研究 can 和 can't 与动词及其补语的组合。这些组合已经规约化，有些具有特殊的意义或话语功能，有些则没有。基于大型美式英语口语语料库（《美国电话录音语料库》），我们发现语法学家尚未注意到的、事实上有悖于许多语法一般原则的某些使用规律。这些具有“次级语法意义”的事实，对规约化作为领域普遍性因素的独立性给予支持，这一点对于语法的产生至关重要。

令人颇感兴趣的情形是，规约化似乎不仅仅是单词序列，还有意义。在下述三种情形下，意义的作用彰显无遗：否定有可选形式；can 可由 be able to 所替代；时间短语理应出现的要求由另一小句的短语所满足。所谓意义的规约化，是指特定的语言有其所关注的特定概念。斯洛宾（Slobin 1996，2003）把这种现象称之为“说话思维（thinking for speaking）”。斯洛宾（Slobin 1997a）指出，“说话思维”对语言的影响显而易见，可见于词汇化模式，也见于语法化的分层过程。就后者而言，某一语言可在同一领域发展出多重语法化的表达形式，例如，时态系统的强制性或疏离度（remoteness）。

如第七章所论，英语助动词伴随疑问构式和否定构式的出现而得以发展。我们从中看到，随着时间的推移，包括 can 在内的情态助动词的使用情形，自古英语以来与日俱增。实际上，将 can 用作助动词的情形，真正肇始于中古英语时期，与可共现动词的巨大扩张相伴相随（Bybee 2003b）。如今，can 的使用十分高频，与能力或根可能性这样的意义相配置（见 Coates 1983）。本章拟考察 can 在高频环境下的特殊用法，以探究其特定功能和较一般功能之间的关系。

152 本研究首先探究情态助动词 can 的当代用法，接着从历时角度研究共现主动词以及 can 的语义逐渐向早期现代英语扩展的轨迹（Bybee 2003b）。先前的研究已经表明，及至早期现代英语时期，can 可分别与被动、静态和动态动词一起使用，而且没有明显的限制。笔者对 can 的进一步发展颇感兴趣，尤其对 can 与 can't 的对立关系兴趣更浓，于是便选择《美国电话录音语料库》，以考察与 can 共现的最高频动词（Godfrey et al. 1992）。意料之中的是，研究频繁使用的单词组合，就会发现许多程式性的序列。

9.2 一般模式与局部模式：否定

英语生成句子否定的构式，如第七章所述，遵循例（1）所示的模式：

（1）创建动词短语的一般构式：

[…助动词 + 否定词 + 主动词…]

许多更具体的构式都从上述的一般构式发展而来，以便有两种方式达成相同的单词序列。例如，如果 can't 不总是 can 的直接否定形式，那么我们就会试图运用特定主动词为 can't 假设更具体的构式。美式英语口语语料的证据表明，一些认知和交际动词有十分具体的构式，将 can 和 can't 区分得一清二楚。其中一个指标是肯定形式和否定形式的相对频率。一般而言，我们的预期是，肯定用法比否定用法更为常见，因为根据跨语言研究的发现，所有语言都有显著的否定“标记”，但没有哪种语言只标记肯定，而不标记否定。由于标记关系与相对频率高度相关（Greenberg 1963），所以我们在所考察的任何一批数据中都可望发现，肯定形式多于否定形式。

正如所预测的那样，can 的频次总体上是 can’t 的三倍，但观察《美国电话录音语料库》发现，分别位居 can 和 can’t 之后的前 21 个动词当中，参与 can’t 序列的动词共有 6 个，频次相对较多。表 9.1 列示这 6 个动词和一组代表性高频动词。和所预测的一样，这些高频动词的肯定形式比否定形式更为频现。

否定比肯定更为频现的所有情形皆为程式表达或预制表达。事实上，在肯定较为频现的某些情形中，其否定构式也是预制表达。大多数含有 can’t 的表达式都涉及认知或认识动词，也就是说话人可对部分话语进行主观评价的一类动词。因为这些“局部标记（local markedness）”情形（Tiersma 1982）皆缘于预制表达或局部概括，所以“can’t + 某些动词”序列并不真是对 can 的否定，而只是参与完全不同的构式。

表 9.1　“can+ 动词”与“can’t + 动词”的频度对比 153

否定比肯定频现 *			
	Can	*Can’t*	肯定 / 百分比
seem	2	19	11%
believe	20	73	22%
think	49	115	30%
remember	113	172	40%
say	56	83	40%
afford	73	93	43%
肯定比否定频现 *			
go	125	20	86%
understand	36	11	80%
put	39	13	75%
get	98	51	66%
imagine	36	22	62%

*　取自《美国电话录音语料库》规模各异的语料集的原始数据

9.3 认知 / 认识动词的构式

9.3.1 can't seem

can't seem 比 can seem 更为频现。否定式取“无法做到（can't manage）”之意，是程式性的，但不够透明，也许归结于从具有主观意义的“不能够看起来（not able to appear to）”到“看起来不能够（appear not to be able to）”这一推断过程。

(2) I *can't seem* to find the middle.

(3) They *can't seem* to read properly.

语料库显示的 19 例当中，18 例有“无法做到”之意。表中列示的两个 can seem 实例，其中一例也是否定意义：

(4) A mess that nobody *can* seem to get out of.

例（4）表明，这个实例表达程式性意义，并不需要 can't 在场；任何类型的否定都可能达成。因此，与其说 can't seem 这个表达式规约化，倒不如说以特定方式表达的意义或描述的情境规约化。

154 **表 9.2 can think 和 can't think 的语境**

	Can	*Can't*
of	84%（41）	90%（90）
关系小句	78%（32/41）	0
of any, anything	0	22%（22）

提请注意例（5）的肯定表达，其意义是高度组合性的，而非程式性的。

(5) The violence *can seem* very realistic.

实例中的 can 取“根可能性”意义（一般的使能条件存在），修饰 seem 以赋予“暴力看起来非常现实是可能的”这一组合性意义。需要注意的是，例（2）却没有类似的解释：“it is not possible for me to appear to find the middle...”。因此，can't seem 不能被准确地描述为是 can seem 对应的否定形式；相反，它是一个独立的构式。

9.3.2 can't think、can't believe、can't say：在构式中的不对称分布

有关 can think/can't think、can believe/can't believe 和 can say/can't say 分布状况的量化分析表明，肯定表达和否定表达显现于不同构式。表 9.2 显示 can think 所有实例在不同语境下出现的频次（N = 49）以及 can't think 的 100 个实例（语料库共有 115 个）。所有 can't think 实例都是第一人称单数（在主语被缩减的情形下，第一人称单数仍显而易见）。can think 的形例也主要是第一人称单数，尽管第一人称复数出现 1 次，第二人称 you 出现 6 次。can think/can't think 两种表达式有其后附带 of 的共同倾向，其中 can think 占 84%，can't think 占 90%，参见例（6）至（9）。

虽然与“of + 名词短语”合用既有肯定情形，也有否定情形，但含有 of 的肯定形式最频现的语境是关系小句，如例（6）和（7）。这些关系小句的先行词是非限定词或 the only thing、the best thing 以及 the other thing 之类的短语。当然，当情态动词是否定时，any 和 anything 等非限定词才会作为 of 的宾语出现。

(6) That's about all I can think of to talk about right now.

(7) whatever ethnic background you can think of

表 9.3　跟随 can believe 和 can't believe 的词项 155

	Can（20）	*Can't*（73）
that- 小句	1	9
小句	0	26
that（指示代词）	13	9
this（指示代词）	0	5
it	3	6
名词短语	1	5
how- 小句	0	3
话轮终结或起始	0	8

(8) I can't think of the guy's name.

(9) I can't think of which one it was.

I can't think of 的宾语，无论是一个名称，还是如 many alternatives 这样的

短语，在语义上都是自然的。

这种构式出现的一些否定用法，从未（或很少）出现在肯定构式；由此可见，can't 似乎并不是以组合方式对 can 的否定衍生而来。相反，它本身就是一种构式，可在不必激活 can 的情形下予以提取（见第八章的讨论）。

can believe 和 can't believe 的分布也不对称。语料库显示，can't believe 出现 83 次，can believe 出现 20 次。如表 9.3 所示，与其对应的肯定形式相比，can't believe 出现的构式范围更广。

当然，众所周知，I can't believe 是说话人表达惊讶的一种常见形式。纵观显现的 73 个实例，you 为主语的有 3 例，they 为主语的 2 例，其他采用第一人称单数形式。需要注意的是，I can believe 附带限定性小句（以 that 引导）的实例仅有 1 个；相形之下，I can't believe 附带限定性小句（9 个以 that 引导，26 个没有）的实例有 35 个。例（10）和（11）均是典型实例。

(10) I can't believe the lady gave it to her.

(11) my husband said I can't believe that you made 500 dollars doing that

颇为有趣的是，虽然 it 和 that 可用于 believe 的肯定和否定结构，以宾语形式出现，但要说 this 只出现于语料库的否定文本，似乎有武断之嫌。

最后观察 I can believe 附带 that- 小句的一个实例：

(12) that kind of a guy I can believe like that Bill Clinton would…

156 **表 9.4 can say 和 can't say 的语境**

		Can	*Can't*
that- 小句		3	23
小句		11	27
well- 小句		4	3
okay ***you know*** ***all right*** ***yes***	小句	10	0
关系小句		10	0
其他		17	25

这或许也是一种典型的程式性构式“I can believe that that kind of X would”。缺乏其他例证，就说明“I can believe that + 从句”不是一种能产性构式。

can say 在语料库中出现 53 次，can't say 出现 83 次。can say 与第一人称单数共现 20 次，与 you 共现 15 次，与 they 共现 8 次，分别与 we 和其他名词短语共现各 6 次。can't say 也主要与 I 一起使用（61 次），与 you 共现 10 次，与 we 共现 4 次，分别与 he 和一个完整名词短语共现各 1 次，省略 2 次（据推测应是主语 I）。

最常见的肯定和否定用法可视之为认知用法：这些用法反映 can 从 know 演变而来的旧式意义。在古英语中，当有人说 can say 时，就意味着有知识能够如实地说话。这仍然是当今的常见用法，多见于否定，少见于肯定。例（13）和（14）是否定的实例。

(13) I can't say that I would vote for him.

(14) I can't say I really enjoyed it.

语料库的会话可见 can say 的另一用法：can say 用于构建一个论元。有趣的是，此处有若干新兴的补语化成分（complementizer）可选用，比如 okay、you know、all right 和 yes。这似乎表明 can say 的用法从“可以肯定地说（can truthfully say）”向“可以有理由说（can justifiably say）”转变。

(15) her opponent can say well, look, they did it to us

(16) Then everybody can say okay nobody gets to do it.

与 can think 的一个构式相类似，can say 可用于以 the only thing、about all、what else 和 what more 等为先行词的关系小句。此类构式不使用否定形式。

表 9.5　伴随 can afford 和 can't afford 的范畴 157

	Can	*Can't*
名词短语–宾语	60.3%（44）	54.8%（51）
不定式	34.2%（25）	39.8%（37）

关于含有 can 的短语，亟待注意的重点是，其程式性、主观性用法对于肯定和否定表达来说不尽相同。这类短语尽管遵守情态动词和否定词的一般句法规则，但对它们的解读却是在话语中形成；它们反映说话人需要的常见话语策略和主观评价。

9.4 趋于均等的分布：can afford 和 can't afford

还有另一个动词，多见于否定，少见于肯定，在否定表达中没有特殊意义。can afford 和 can't afford 因为规约化，所以是预制表达。afford 的旧式意义“管理或实现（计划的某事或想要的某物）”已经过时（顺便说一下，过去经常和 may 一起使用），现在主要和 can 一起使用，意思是“有资源去做某事或拥有某物”。对于肯定和否定形式而言，所搭配的名词短语类宾语和不定式的分布大致相同，从而再次佐证它们具有的平行意义（见表 9.5）。

这些短语规约化的进一步证据是，afford 表达上述意义，没有与其他任何情态助动词一起使用。相反，afford 与其他情态动词并用，则表达“提供”意义，如下例所示：

(17) Said the President: “It is not a cure for business depression but will afford better organization for relief in future depressions.” (*Time Magazine* 1931)

如果需要一个情态动词或其他助动词来表达 can afford 的意思，can 就必须被解读为 be able to，如下述各例所示：

(18) Ultimately no business house will be *able to afford* any mail but air mail. (*Time Magazine* 1923)

(19) I haven't been *able to afford* a TV ad since last Aug. 20, so help me God. (*Time Magazine* 1968)

can /can't afford 的实例使前文提到的重要问题得以突显：规约化的不仅仅是表达形式，而且更是意义。情态动词的释义也能派上用场这一事实便是明证。

在前文讨论的认知实例中，这一点并不明显，因为用来管理话语的表达形式比命题性较强的 can/can't afford 更为固定。然而，也有一些实例与上文讨论的实例相类似，其中必须使用 be able to 来代替 can。例（20）的意思和“I can't think of any”（以现在完成式表达）相同，例（21）的意思和“you can't believe it”（附带将来标记）一致。然而，例（22）的现在完成式，再加上副词 honestly，比“I can't believe it”的常用用法，更富于命题意义。 158

(20) There must be some worth mentioning. I just haven't been *able to think* of any. (*Time Magazine* 1966)

(21) “Good God,” says Bush, “it is so powerful, you won't be *able to believe it*.” (*Time Magazine* 1990)

(22) “I just haven't honestly been *able to believe* that he is presidential timber.” (*Time Magazine* 1962)

有些表达式，尤其是呈现说话人主观评价这类话语功能的表达式，如果已经高度语用化，那么赋予其不同的时态或情态，似乎就可能会丧失某些语用特质（Company Company 2006）。相形之下，由于从概念视角审视所描述的情境大概就是“说话思维”一般的规约化过程，因此保持命题性较强功能的表达式便可予以阐释（Slobin 1996，1997a，2003）。

9.5　肯定较之否定更频现

当然，由于认知动词的频度取决于所演化的预制形式或话语标记，因此并非所有的认知动词与 can't 共现的频度会更高。对于 imagine 和 understand 来说，最常见的程式性表达以肯定形式呈现，即“I can understand that”和“I can imagine”。

为了进一步审视认知 / 认识动词，我们不妨考察 go、get 和 put 三个高频物质过程动词。对于这些动词来说，can 比 can't 更为频现，同时如表 9.6 所示，所有否定语境都与一个肯定语境相对应。对于这些物质过程动词来说，语料库的程式性表达总是与小品词和介词共现（即 P- 词），而不是与 can 共现，例如，go to、go back、go out、get rid of、get enough、put in、put up 以及 put on trial。

只有少数程式性表达需要和 can 或 can't 一起使用，所发现的实例包括：一个否定程式性表达 can't go wrong 和一个肯定程式性表达 can go ahead and V。

159 **表 9.6　和 can 与 can't 共现的物质过程动词**

		Can	*Can't*
go	P-词	56%（70）	40%（8）
	动词	8%（10）	10%（2）
	不及物	6%（8）	15%（3）
	名词短语 / 处所	13%（16）	15%（3）
	其他	17%（21）	20%（4）
get	P-词	28%（27）	41%（21）
	名词短语	49%（48）	24%（12）
	形容词 / 小品词	8%（8）	8%（4）
	使役式	8%（8）	4%（2）
	被动式	1%（1）	6%（3）
	其他	25%（25）	31%（16）
put	名词短语 / 介词短语	51%（20）	54%（7）
	名词短语 / 介词	18%（17）	39%（5）
	介词 / 名词短语	13%（5）	8%（1）

9.6　文中小结

程式性表达式助推形频或串频（string frequency），后者反过来会使这些程式性表达更易于提取，也就是说，它们更有可能被再次使用。如同语法化过程一样，表达式频度达到充足水平，其意义就更会由于推论而发生改变；同样的推论几经重复，就会在意义和语境的样例表征中得以强化，最终推论便成为意义的组成部分。

我们也还注意到，语符串的功能决定其中的哪些成分可规约化。含有 can 和 can't 的认知动词往往向预制形式发展，伴有话语 / 语用意义。物质过程动词与方向副词（或其他类型的副词）、名词宾语以及介词相结合，形成一套各自独立的预制表达。

9.7　can 和 can't remember

现在，我们考察不含情态动词的 remember 较之含有 can 和 / 或 can't 的 remember 的相对分布状况，由此更详尽地探讨 can 和 can' t 对于含有认知动词的表达式所产生的作用。[1] 有关语料库检索结果，参见表 9.7 列示的数据。

表 9.7　四个表达式在《美国电话录音语料库》的频次 160

I remember	396
I don't remember	120
I can remember	111
I can't remember	172

表 9.8　语用决定的四个短语附带项在《美国电话录音语料库》的分布状况（约 100 形符 / 项）

	I remember	*Don't remember*	*Can remember*	*Can't remember*
时间短语 + 小句	15	0	19	2*
when 小句	14	0	17	0
特殊疑问词	0	37	0	46
名称	0	14	0	23

上述四种表达式在语料库中经常出现。但颇为有趣的是，remember（记

住）和 can remember（能记住）在语义上似乎没有多少区分度，其对应的否定形式之间亦如此。如果说我记住某事，那就意味着我能记住。如果我能记住，那我就记住了。其相应的否定表达也是如此。这些表达尽管意义十分相似，但句法分布有所不同。如果没有基于语料库的研究，这一事实就可能会被忽视。表 9.8 和表 9.9 呈现每个表达式所在的构式类型。表格以每个表达式 100 个形例为基数，但每列加起来不到 100，因为言语碎片、说话人变更、非流畅特征等因素被排除在外。“名称”代表一组名词，如 guy’s name、his name、title、size、design，等等。表 9.8 所示的非对称分布缘于肯定和否定语境相关的语用因素。

时间短语 + 小句和 when 小句，由于语用原因，不会用于否定表达。如果说话人不记得或记不得某个情形，那么这个情形就不能用时间或 when 小句来描述。以下实例可阐明前两种类型。

(23) Time: I can remember once in high school I wanted some extra money.
I remember as a kid my parents watching the Ed Sullivan show.

(24) *When*: I can remember when I bought my house I needed help.
I remember when I was real little, I, we all went to some kind of scary movie.

表中星号标注的部分，代表两个例外情形，是含有“非限定时间成分 + 否定小句”这样一个构式的具体表现。

161 (25) I can’t remember a year when we didn’t have one of some kind (a garden)

(26) I can’t remember you know a day that I walked out and the wind wasn’t blowing

同样由于语用原因，特殊疑问词和名称充当宾语的情形，未见于语料库的肯定表达形式。

（27）特殊疑问词：I can’t remember where I read that.
I don’t remember what it’s called

（28）名称：I can’t remember that guy’s name.
I don’t remember the name of it

因此，表 9.8 的非对称性分布缘于肯定和否定之间的普遍差异。颇为有趣的是，remember/don't remember 和 can remember/can't remember 的实例分别出现于相同构式（例（25）和（26）除外）。remember 与 can 一起使用也罢，不一起使用也罢，意义上几乎没有什么不同。直觉告诉我，使用 can't，意味着说话人已试图记起某事，但却没有成功，不带情态动词的 remember 则没有这样的含义。

表 9.9　四个短语附带项在《美国电话录音语料库》的分布状况

	I remember	*Don't remember*	*Can remember*	*Can't remember*
动名词	21	14	21	0
时间短语 + 小句	15	0	19	2
小句	23	0	2	0

相形之下，表 9.9 所示的分布状况似乎较为随机。表 9.9 包括“时间短语 + 小句”一行，表 9.8 也有。此处，我们将其与表达式之后的简单小句比较。但首先考虑动名词小句（动词 +ing）的分布状况。

动名词不与 can't remember 一起出现，似乎是任意的，因为它与 don't remember 和 can remember 分别共现，参见例（29）。

（29）动名词：I can remember being in those earthquakes.
　　　　　　　I don't remember doing all that stuff.

同样的构式，如果使用 can't remember，似乎也不是不合乎语法，只是在语料库中没有显现罢了（# 表示话语类型未见于语料库）：

(30) #I can't remember doing all that stuff.

也许，例（30）更有种组合性的感觉，仿佛有人说罢“I can remember doing X（我能记得做了某事）”，就有人回答说：“I can't remember doing X（我不能记得做了某事）”。如果这么说正确的话，那就意味着“don't remember + 动名词”是预制表达。

另一种不对称分布与伴有时间短语 + 小句的情形有关。虽然 I remember 可附带任何类型的小句，也可附带“时间短语 + 小句”，但在绝大多数情形下“I can remember”附带的是“时间短语 + 小句（时间小 162

句）”，参见例（31）和（32）。

（31）小句：　　I remember I saw him in a concert.

（32）时间短语：I can remember in the late sixties early seventies you couldn’t even hardly find a Japanese car around.

除了以下两个例子之外，含有 can remember 的补语小句总是以时间短语起始。如例（33）所示，I can remember 的补语虽然不是以时间短语起始，但前面的话语之中出现了 many years ago。这或许是因为 I can remember 之后的限定性小句需要以过去的某个特定时间为基础。

(33) you know I–I my I remember my my grandmother many years ago when she was in a nursing home before she died … I can–*I can remember she had several strokes* and the nursing home …

另一方面，例（34）则没有类似的基础，虽然它的确有 uh 这样一个停顿或不流畅标记。但即使是这样的例子，I can remember 的小句补语仍有以时间短语起始的倾向。

(34) I can remember uh the entire office got new electric typewriters because we hadn’t spent all the budget money in December.

这意味着 I can remember 附带限定性小句的构式会如例（35）所示：

(35) [I can remember + 时间短语 + 小句]

根据上述构式预测，例（36）会发生，而例（37）则不会发生：

(36) I can remember years ago I saw him in a concert.

(37) #I can remember I saw him in a concert.

例（35）作为一个构式有三个十分怪异的特性。首先，补语类型通常由主动词选择，但此处却是情态动词和主动词共同影响补语类型。换言之，情态动词的存在不仅仅是另一种构式的结果，而是 can remember 这个表达式本身必须选择补语类型。其次，补语应以时间短语起始，如此要求通常并不属于语法范畴。时间短语通常被认为是选择性的，在小句层级尤其如此，影响所嵌入小句的系列因素通常包括：动词是否为限定性动词，动词的论元如何标记。嵌入小句的属性是选择性的，如果由主动词来选择嵌入
163 小句的属性，就极不正常。第三，虽然时间短语在 90% 的情形下引导补

语小句，但例（33）的时间短语却看似在前面的小句中呈现。因此，共现要求也许是语义性的，而不是结构性的。然而，即便是语义性的，我还认为它是任意性的，因为 I remember 和 I can remember 的意义非常相似，根本没有体现这个要求。

9.8　英语为何要区分 remember 和 can remember？

与 can /can't 一起使用的前 21 个动词，包括认知动词 remember、understand、imagine、think、believe 以及交流动词 tell 和 say。颇为有趣的是，从最早的文献记载可知，cunnan（古英语，意为“知道”），即 can 的词源，与以上语义类型的动词和表示技能的动词一起使用（Goossens 1990）。

例（38）是 cunnan 作为主动词的用法，与直接宾语一起出现，取“知道”之义。

(38) Ge dweliað and ne cunnan halige gewritu (Ags. Gospel of Matthew xxii.29)

"You are led into error and do not know the holy writing"

拜比（Bybee 2003b）认为，对于认知动词来说，与其说 cunnan 和词汇意义较为饱满的认知动词一起使用，倒不如说词汇动词用来强化和充实 cunnan 的认知意义。也就是说，cunnan 和其他意义相似的动词和谐使用，也许标志着 cunnan 意义淡化的肇始。

(39) Nu cunne ge tocnawan heofenes hiw (Ags. Gospel of Matthew xvi.3)

"Now you can distinguish heaven's hue"

对于交流动词来说，cunnan 附加“能够如实说”的意思，也就是说，“有知识可以说”。

(40) Weras Þa me soðlice secgan cunnon. (c. 1000 Elena 317)

"Then men can truly say to me"

及至现代时期，cunnan 作为主动词的用法已经消失，但仍有 can 与认知动词和交流动词共用情形的连续记载（Bybee 2003b）。前文讨论 can say 时曾提到，这个短语依旧负载早期“有知识可以说”的某些语义。论及认知动词，我们一如既往地维持情态动词和主动词和谐共现的情形；这样一来，“can + 认知动词”与认知动词本身在意义上便不会有多大区别。上述例子清楚地表
164 明，预制序列高度规约化，可在语言中长久留存。进而言之，预制组块可使较旧的意义得以保持（Hopper 1987，Bybee and Torres Cacoullos 2009）。

9.9 结论

这项小型研究考察了 can 和 can’t 在高频组合中的使用状况，所揭示的不少事实似乎与关涉句法结构的许多假设不大一致。首先，我们的预期是，作为一个有标记的范畴，否定式的频次不及肯定式。然而，研究反而发现，就某些高频动词而言，否定式 can’t 的频次却高于肯定式 can。当然，研究结果表明，上述情形之所以出现，是因为否定情态动词与认知动词或交流动词合成为具有特殊话语功能的预制序列。我们还发现 go、get 和 put 等物质过程动词的否定式分布更为常见，并以此凸显本研究的结论。

接着，我们更仔细地考察了（don’t）remember 和 can/can’t remember 的异同，揭示了特殊构式 can remember 的若干有趣特性。首先，助动词的在场对主动词附带何种类型的补语有决定性影响，这一点有别于基于显著性较强的跨语言构式所产生的预期。通常，主动词决定补语类型，例如 that-小句对 -ing 补语，所以 remember 和 can remember 的补语类型有所不同，这一点令人十分讶异。第二，由“can + remember”制约的成分是嵌入小句的可选部分，也就是前面的时间短语。这个例子告诉我们，频繁重复的结构可以规约化，从而也会成为语法的一部分。即使规约化的成分在较常见的语法构式类符中不是通常相互依赖的成分，也会出现同样的结果。

最后，这项研究的另一个发现是：一方面，话语标记具有语用和主观功能，不易被时态、人称或修饰语所改变（Scheibman 2000，Traugott and Dasher 2002；Company 2006）；另一方面，程式性表达通常用来描述以不同形式呈现的同一情境。两者之间形成一种反差，前者构成形式固定的预制表达，后者构成某些意义可由话语其他部分表达的构式。

第十章 165

样例与语法意义：具体与一般

10.1 引言

如前文多处所述，形态句法形式往往受到意义的影响。因此，以基于使用的理论为背景，具体探讨意义问题，颇为重要。迄今为止，本书的讨论多次谈到意义，在述及历时变化、渐进性再分析、预制表达和组合性表达的意义差异以及构式槽位范畴成员的意义之时，尤其关涉意义。以使用为视域研究语法化和样例模型可对语法意义的本质做出预测；对此，从共时结构的角度研究意义的学人尚未给予必要的关注。鉴于此，本章专门探讨语法意义这一论题。

样例模型对于处理语音和音系问题已取得成效；因此，前几章已将样例建模（exemplar modelling）运用于构式。就基于经验的丰富记忆表征而言，本章拟揭示分析语法意义可望产生的影响。笔者认为，语法构式和词素的语义范畴不是由必要和充分条件定义的；相反，它们具有经由其他语法范畴所证明的属性。语法语义范畴（正如词汇范畴一样）因为具有丰富的范畴结构，而且使用频繁，所以自然而然地可分解为两个或更多范畴，从而使语法形式出现一词多义的现象。样例范畴化，既可以预测这些变化，也可针对这些变化建模。丰富记忆表征也要求将语境要素和语境推理纳入样例表征。由此可见，重复和规约化的推理，不必每次计算，也会成为表征的组成部分。

意义的结构观有两个基本原则，即语法意义的抽象性和二元对立的运用。审视这些原则，就会发现它们并没过错之处，但也只是更加饱满
166 的研究图景的一部分。这幅图景还包括具体的一词多义范畴以及层级性的或交叉重叠的意义，而不仅仅是严格的二元对立要素。我们谈论什么，又如何谈论，往往呈现为一个丰富多样的话语景观；因此，我们需要使用的意义不能面向一维或二维空间分配，而必须与人类经验的轨迹和形态相适配。

本章首先深入讨论语法化过程的语义变化机制；然后，比照语法意义结构理论的抽象和对立原则，探讨这些变化过程对语法意义本质的揭示性作用。具体内容包括：第 10.2 节讨论语法意义和词汇意义的衍生关系；第 10.3 节讨论变化机制及其影响，重点关注意义泛化；第 10.4 节讨论语用增强问题；第 10.5 节讨论词汇意义保留问题；第 10.6 节讨论语境意义吸取问题；第 10.7 节讨论后一种机制对于零词素（zero morpheme）发展的作用；第 10.8 节和第 10.9 节对比新兴的语法意义观和抽象常体意义观；第 10.10 节对比语法意义观和二元对立观；第 10.11 讨论人类经验与语法意义的互动关系。

10.2　从词汇意义衍生而出的语法意义

此处拟讨论的许多观点，准确地讲，不是源于样例理论，而是来自对语法意义产生和历时变化方式的实证考察。历时分析维度之所以重要，不是因为说话人知道语言形式的源头和历史，而是因为历时分析在很大程度上决定形式的共时分布和意义。历时分析也是关乎认知范畴化的重要证据来源，因为认知范畴化对可能的变化有预测功能。意义特征的任何共时描写都必须与意义的过往和未来变化相协调。最后，如果试图理解语法意义之所以是语法意义，那么就必须考察其产生机理和缘起。为此，本章相较第六章将更为详尽地考察语法化过程的意义演变机制。

语法化研究丰富而清晰地阐明，几乎在所有情形下，语法意义皆源于词汇意义（有一类例外十分重要，见第 10.7 节关于零词素的讨论）。由此可见，实在的语义内容是存在的，借以语法词素能够世代相传，与词汇词素的作用别无二致。这样的语义内容，透过使用构式语法词素的语境，既可辨识，也可获取。在比较衍生于不同源构式的两个相似语法词素的情形 167
下，语法词素的语义内容尤为显现，但同时也能看出语法词素在语境中保持的旧式意义和 / 或分布特征。

关于词汇意义向语法意义的转变，本章将提及语义变化的三个机制，包括意义淡化或泛化、以推理为驱动的语用增强以及基于语言和非语言语境的意义吸取。上述机制对于语法化过程至关重要。

10.3　意义泛化：以英语 can 为例

10.3.1 概述

如第六章所述，意义泛化作为一种构式出现，逐渐扩展分布范围，与新词项和新语境共现。这种变化是日常语言使用过程的一部分；说话人需要有能力将构式扩展为新用，以便表达新思想。本节以情态助动词 can 从古英语及至当下的发展历程为例，以阐明这个过程。首先，对 can 的含义泛化状况进行概述；然后，以意义的样例表征为取向，更加详尽地对变化特征予以描述。

意义泛化意味着词项早期特定含义的部分损失。就本文关涉的情态动词 can 而言，古英语的 cunnan 有“知道”的含义。当 cunnan 与别的动词合用，尤其是表示“技能”的动词，其含义就是“知道如何……”，同时表示心智能力。后来，到了中古英语时期，它既表示主体的心智能力，也表示主体的身体能力。由此，它进一步泛化为根可能性，表示“普遍的使能条件”。这些条件独立于主体而存在，包括物理条件和社会条件（Goossens 1990，Bybee 2003b），如下是当代英语的两个实例：

(1) "Why don't we just go for the biggest star we *can get*? Why don't we call Jack Nicholson?" (*Time Magzine* 2000)

(2) You *can read* all the profiles and other features at our two environmental websites. (*Time Magazine* 2000)

如上例所示，can 并不表示主体（we 和 you 为泛指）的具体能力，而是外部环境。如此泛化的意义也比“能力”或“知识”更为抽象；在上述情形下，can 可阐释为“it is possible for X to Y”，即“对 X 来说做 Y 是可能的”。

然而，与此同时，can 的某些用法还保留较旧式的意义。can 仍然可表示如例（3）的心智能力或如例（4）的身体能力。

168 (3) But could any ritual prepare the six shamans – so removed from modernity that Don Nicolas *can read* the Incan code of knotted cords but speaks no Spanish – for the big city? (*Time* 2000)

(4) A sea lion *can swim* up to 25 m.p.h. for short bursts, enabling it to nab an underwater foe by snaring it in a clamp placed in its mouth. (*Time* 2003)

不仅如此，如第九章所述，can 还与认知动词和交流动词一起使用，和古英语时期的用法如出一辙。尽管 can 的含义在某些语境下有所泛化，但在特定语境下仍可激活其某些较古老、较具体的含义，注意这一点颇为重要。

说话人累积特定形符的使用经验，就会增进 can 激发的不同感官的复杂互动。说话人将这些形符存储于样例表征，根据语境解释将其分成不同群组。下文将以某一阶段的旧式英语为例，评述其变化特征在当代英语中的表征方式，以此阐明一组样例的形态。其间，可以更加具体地看到泛化（即淡化）如何在历时使用过程中得以达成。

10.3.2 中古英语的 can

本节以《坎特伯雷故事集》（*The Canterbury Tales*）的文本为例，来分析 can 在中古英语时期的使用情形（Goossens 1990，Bybee 2003b）。延续古英语的用法，can 的前身 cunnan，可以用作主动词，与三类补语动词一起使用。首先，就主动词的用法而言，乔叟（Chaucer）所使用的 can（拼为 kan）附带一个直接宾语，意思是“知道”。

(5) In alle the ordres foure is noon that *kan*
So muchel of daliaunce and fair langage. (Prologue, 210)
“In all four orders there is none that knows so much of dalliance and fair language.”

接下来是 can 与三类补语动词共用的情形。第一，can（kan）和表示技能的动词共现，取原初含义“知道如何”，基本上等同于“能力”的含义，如例（6）：

(6) Ther seen men who *kan* juste, and who *kan* ryde,
“Now see men who can joust and who can ride!” (The Knight’s Tale, 1746)

第二，和交流动词一起使用，沿用源自古英语的一种不同解释：如例（7）所示，交流动词的含义是“真实地言说或告诉的知识”。

(7) As I cam nevere, I *kan* nat tellen wher (A. Kn. 2810)
“As I was never there, I cannot say where”

然而，中古英语时期出现了一种变化，can say 和 can tell 产生了某些预制 169
的用法，成为用于叙事的修辞手段（Bybee and Torres Cacoullos 2009）。如例（8）至（13）的预制表达所示，can 不可再解读为“知识”，取而代之的是指示“能力”。例（8）的 kan sey 看起来是个预制表达，因为在仅有的 300 个形符中就出现了三次。例（9）至（11）是例（8）的变异形式，可见讲述人正在完成一个描述，然后会接着往下说。他不能再说了，不是因为他的知识已经耗尽，而是因为他想继续讲故事（实例选自乔叟的作品）。

(8) I kan sey yow namoore (B. ML. 175; B. NP. 4159; G. CY. 651)
“I can tell you no more”

(9) I kan no more seye (TC. 1. 1051)

(10) I kan sey yow no ferre (A. Kn. 2060)

(11) I kan no moore expound in this manner (B. Pri. 1725)

can 表达的“能力”含义在例（12）（出现 4 次）和例（13）中尤为明显，

其中“bettre（更好地）”表示所修饰的特性不是真实性，而是能力。

(12) I kan no bettre sayn (B. ML. 42; B. ML. 874; E. Mch. 1874; I. Pars. 54)
“I cannot say it better”

(13) I kan telle it no bettre (B. ML. 881)

第三，最后，认知动词在古英语中与 cunnan 一起使用，构成一种和谐的表达式，其中特定的词汇动词，如 discern、know、remember、distinguish 和 understand 等，使 cunnan 的“知道”含义更加明晰。如例（14）所示，这种用法在中古英语时期继续沿用；而在当代英语中，can remember 的语义和第九章的 remember 差不多一样。

(14) To mannes wit, that for oure ignorance
Ne *konne* noght knowe his prudent purveiance. (*The Man of Law's Tale*, 483)
“For man's wit, which in its ignorance
Cannot conceive His careful purveyance.”

中古英语时期可见 can（kan）表示“能力”方面的创新用法。除了和上述动词一起使用之外，它还和“技能”、“交流”或“认知”类动词一起使用。以下是 can（kan）表示“知道如何”或“能够”意义的用例。

(15) He that me kepte fro the false blame,
While I was on the lond amonges yow,
He *kan* me kepe from harm and eek fro shame (*The Man of Law's Tale*, 29)
“He that kept me from false blame while I lived among you, He can still keep me from harm and also from shame” (*He* = God)

170 (16) Thus *kan* oure Lady bryngen out of wo Woful Custance, and many another mo. (*The Man of Law's Tale*, 977)
“Thus can Our Lady bring from deepest woe Woeful Constance, and many another.”

(17) Now han ye lost myn herte and al my love! I *kan* nat love a coward, by my feith (B. NP. 4100–4101)
“Now have you lost my heart and all my love; I cannot love a coward, by my faith.”

(18) But I wol passe as lightly as I *kan*. (B. NP. 4129)

"But I'll pass on as lightly as I can."

由于包含 can 的组合在文本实例中似乎仍可分析，因此我们便可把 can 的语义特征定义为一组重叠意义，在某些情形下受制于语境，尤其是词汇动词。图 10.1 说明构式对 can 的不同解释进行组织的方式，在中古英语时期尤其如此。各列显示意义变迁的类似阶段性的推进模式。[1] 顶端是水平线，表示中古英语前（古英语）后（当代英语）分别使用何种构式。

因为"能力"是 can 的最一般意义，几乎可以和任何动词一起使用，生成连贯意义，所以这一阐释最有可能日益频现。在现代早期英语和当代英语时期，can 越来越多地被解读为"能力"。相形之下，其他用法的频度却相对较低。当然，can 作为主动词的用法已经完全消失。[2]

如图 10.1 显示，can 的含义在中古英语时期十分复杂。需要注意的是，它既包括词汇倾向较强的含义，也包括较为泛化的意义，而且某些语境对某些意义有所偏好。"当代英语"一栏这样显示，就略去第一阶段"can + 名词短语"，不显示"can + 认知动词"构式添加的任何额外意义，也极少有以"具有言说的知识"解读"can + 交流动词"的样例。当代英语有一个庞大的"can + 其他动词"表示"能力"的群组；此外，"根可能性"含义也占据较大语义空间。第 10.11 节将回到这个话题，对"根可能性"在当代英语中的演变方式给予述评。

我想再次强调的是，古英语和中古英语之间的变化之所以引人注目，只是因为我们在跨越几个世纪，在考察"之前"和"之后"两个阶段。实际的变化却是说话人根据以往使用这些构式的经验在个别言语事件中做出的小小选择。因此，在本节中我们才会看到，古英语 cunnan 始于少数非常具体的用法，逐步扩展为一系列用法，从而使其含义得以泛化。

171 古英语

中古英语

当代英语

[can + 名词短语] > [can + 认知动词…]

“知道” “知道”

[can + 交流动词…]

“知道” > “能力”

（预制表达式）

[can + 技能动词…]

“知道如何” > “能力”

[can + 其他动词…]

“能力”

图 10.1 中古英语时期 can 的不同意义的样例表征和从古到今的意义沿用

10.4 语用增强

伊丽莎白·特劳戈特（Elizabeth Traugott）主张，语用增强是语法化过程的一种语义变化（Traugott 1989，Traugott and Dasher 2002，但另见 Dahl 1985，Bybee 1988b，Bybee et al. 1994）。这一重要的变化机制使语境推理和意义成为语法词素或构式意义的组成部分。相对于泛化而言，语用推理有可能使新意义和构式相关联。新意义源于语境，无法将词汇意义和语法意义直接相连。然而，有趣的是，推理变化具有极为显著的跨语言相似性，和基于单向性原则（unidirectionality principle）的预测相一致。这一事实表明，基于语境的推理偏好在不同文化中往往十分相似（更多讨论见第十一章）。

推理论证是交流过程既重要但又常规的组成部分。我们需要传达的一切，都以显性的语言形式表达，将会十分麻烦，因而在很大程度上有赖于听话人的语境知识和推理能力。由此可见，最终导致我们所认为的意义演变的各种阐释始终贯穿于日常的语言使用过程。只有当一个构式与同一个推理紧密关联时，说话人在前期意义缺失的前提下才会使用这个构式来表达推理。至此，我们才会承认意义的确发生了变化，但事实上有许多新的使用事件（usage-events）为意义演变创造了条件，而这些事件本身也应被视为“变化”。

推理引发的意义演变（含义的规约化）不产生平滑语义递差，这一点 172
与泛化引发的意义演变有所不同。例如，常见的推理之所以关涉意图或动因等概念，是因为存在意图或动因原本就没有表达的情形。因此，先在意义和推断意义可能会产生歧义。然而，鉴于存在许多重叠或模棱两可的情形，这种变化的实施过程是渐进的。以下各小节将讨论与语用推理相关的两个语义变化实例。对此，本书前文已有所涉及，一个是语法化将来式的情形，一个是复杂介词 in spite of。

10.4.1 将来式

拜比等（Bybee et al. 1994）认为，将来时态标记的发展通常涉及标记表达主语意图这一个阶段。这种意图意义无法通过语义泛化得以实现，而必须归因于经常所做的推理。这一假设经常得到有关跨语言研究报告的佐证，具体而言，以将来式表达意图的用法由各种源点演化而来，如朝向目标、意志或义务等移动，甚至还有时间副词的影响。例如，在早期现代英语时期，英语的 be going to 短语用以表达词汇意义，但往往隐含意图，主语是第一人称单数时尤为如此。因此，在莎士比亚的英语中，对于“Where are you going?”这个问题，“I am going to deliver some letters”这样的回答，即便没有给出“where”所要求的处所，也是合适的。这一回答反而用以表达说话人的意图，而且从问话人的角度来看，显然也令人满意。由此可见，“意图”含义始于第一人称逐渐向目标移动，进而日益走向规约化。

将来式标记源于意志（如英语 will）和义务（如英语 shall），在产生将来用法之前，也有表达意图的用法。下面是选自《高文爵士与绿衣骑士》(*Sir Gawain and the Green Knight*）的中古英语实例。其中，shall 和 will 尽管在很大程度上仍然分别表达早期的“义务”和“意愿”含义，但也表达“意图”含义。从笔者的翻译可见一斑。

(19) And I *schal* erly ryse, on hunting *wyl* I wende. (Gawain, 1101—1102)

"And I have to get up early, because I want to go hunting."

从跨语言角度来看，将来式很少从时间副词发展而来。即便如此，也有表达“意图”用法的证据。罗曼（Romaine 1995）的研究显示，就皮钦语这一混合语而言，将来式标记 bai 由 by and by 或 bai m bai 演变而来，如例（20）所示，也用于表达意图：

(20) Ating bai mi go long maket nau.

"I think I will go to the market now." (Romaine 1995：413)

173 因此，根据第一人称意志（I want to）、义务（I have to）、向目标移动（I'm going to）和后续时间（I do it by and by）的表达形式，听话人可推断出其中的意图，除非推理被明确地取消或在语境中取消。因为说话人和听话人对彼此的意图都感兴趣，所以经常会有这样的具体推理，也因此成为构式意义的一部分。

10.4.2 in spite of

由频繁推理生发的另一个意义演变的典型例证是 in spite of 向让步意义的转移。如第八章所述，这个短语的早期含义是“违抗（in defiance of）”，后来逐渐泛化，以至于宾语可以是任何对立的因素或障碍。这一推理性的意义演变，幅度较大，导向让步含义，主要源于这样一个推理过程：如果某一局面是在面临障碍的情形下达成的，那么鉴于这些障碍，这样的局面在预期中是不会形成的。推断的意义相对比较主观，具体而言，它反映的是说话人对所描述情形不可预测性的评价。现在回顾第八章提到的两个例子。例（21）是涉及反对因素或障碍的一个实例，但也暗示主句所描述的事件在已知条件下是不可预期的。例（22）仅取 in spite of 的逆（反）预期含义，因为所引导的从句对主句描述的情形不构成任何障碍。以上两个例子的主观性有所增强，是作者选择的结果。作者平行使用两个小句，旨在表达自己的惊讶。

(21) *In spite of* the rough conditions, travel advisories and the war on terrorism, scores of older Americans are uprooting their lives to help needy nations improve their living conditions. (*Time Magazine* 2003)

(22) Yet *in spite of* music's remarkable influence on the human psyche, scientists have spent little time attempting to understand why it possesses such potency. (*Time Magazine* 2000)

如意义泛化一样，语用推理引起的变化也会产生比较抽象的意义。in spite of 表达让步关系，可增强其使用频度，因为它超越"障碍"含义，可用于更多语境。如例（22）所示，该短语就没有"障碍"含义。

如前文所论，语用推理一经规约化，就会成为表达式意义的一部分；对此，丰富记忆表征可提供很好的解释，具体而言，基于每个样例的推理和所用构式一同被记录在记忆之中。正如图 10.1 的表征十分复杂一样，
包含更早、更具体意义及其推理的表征也一定很复杂，其原因是，即便推 174
理趋于稳定以至脱离具体含义而独立使用，具体含义也不会立即消失。

10.5 词汇意义的保留

因为意义的演变是递增性的，也因为说话人能够形成许多局部抽象形式（如样例模型所预测的），所以具体意义的许多样例会伴随语法化过程得以保留，以 will 标记英语将来式就是一个例证。上一节对 will 的历时发展进行了评述。如上所述，will 源于表示"想要（want）"意义的动词，经由推理获得表达"意图"的用法。基于表达"意图"的某些实例做出进一步推理就是预测。也就是说，主语打算做什么，就可预测他或她会做什么。预测是对将来时间的断言；因此，当说话人断言某人有某种意图时，

听话人就可推断（当然，并不总是正确）说话人也在预测主语会做什么。以下实例选自早期现代英语时期。可以说这个例子既传达意图，也传达预测：

(23) Madam, my lord *will* go away to-night; A very serious business calls on him. (*All's Well That Ends Well*, II.4)

还有表达意图和预测双重含义的例证，如例（24）。

(24) The procedure is on the appeal and I *will* fight until the last drop of my blood to demonstrate my innocence. (COCA 1990)

此外，例（25）有两种解读，主动词既可解读为动态，也可解读为静态。

(25) I *will* remember to my grave the response we got. The response was, "You have to do what you have to do." (COCA 1990)

既然把预测视为将来式的核心含义，那么就可以这么说，will 是当代英语的将来式标记，并且表达此功能的样例很常见。试看下面的例子：

(26) if she's not defeated in this current round, I suspect that she *will* be retiring within the next few months. (COCA 1990)

(27) Off of public lands in Nevada alone over the next five years, more than $10 billion worth of gold is going to be removed. And you and I *will* not get a penny for that. (COCA 1990)

然而，这绝不是 will 的所有含义。语料库有大量的实例情形，其中 will 以表示"意愿"为手段反映"意志"这一词汇源意义（Coates 1983，Bybee and Pagliuca 1987）。其一语境是作为条件句一部分的 if- 小句。

175 (28) This hacker is offering me $1,000 if I *will* give him a declined credit card that has a mother's maiden name. (COCA Spoken 2005)

(29) If they *will* just give me three weeks, this area will knock their eyes out.（第二个 will 表示预测）

另一语境是使用"find/get someone who will …"的构式，其中 will 表示"意愿"，如例（30）所示：

(30) and now he got someone who *will* stand up and say, 'Well, this jury did a terrible job, because I know the case better, but gee, no one in law enforcement will listen to me.' (COCA 1990)

我们发现，否定式或许是 will 保留较完整词汇意义的最常见语境，其中 will not 或 won’t 通常表示“拒绝”或“不愿意”，如例（31）所示（参见例（30）的第二个 will)：

(31) All right, Raymond, I guess the best question … since she *will* not be specific, I’ll follow up. (COCA 1990)

(32) she does not want to communicate. It’s not that she can’t, but she *will* not answer you. I tried – (COCA 1994)

除了“预测”这一最为常见的用法之外，will 在当代英语中也表示“意图”和“意愿”，还在否定语境下表示“拒绝”或“不愿意”。将来标记的早期含义以及推断引起的较新变化，造成一词多义这种情形，没有什么不正常；拜比等（Bybee et al.1994）的跨语言调查表明，在相当多的情形下，之前表示“将来”的情态意义，如“意志”或“义务”，仍然可见于某些语境。有趣的是，表示将来的词汇源对情态动词可能存在的细微差别有预测作用。需要注意的是，如果有人试图使用不同的将来式标记取而代之，如例（28）至（32）的 be going to 或 shall，那么其含义就会发生改变，甚至会出现不恰当的解读。

早期的某些意义在特定语境中得以保留，是构式及其意义样例存储的自然结果。此处讨论的特定构式，不适合于预测推理，因此也不适合赋予其以预测意义。假设性的 if- 小句不包含断言，因此也不包含预测，尽管可能指涉将来时间。一个假设指涉将来时间，在 if- 小句中以一般现在式表示。[3] 另外，关系小句构式 someone who will 可包含将来时间的指涉，但不能包含预测性的断言。

然而，正如上述例子所示，表示“意图”和“意愿”或“不愿意”，不需要特殊构式。例（24）和（25）是包含“意图”和“预测”双重含义的实例，但也有仅表达“意图”的例子： 176

(33) And in a controversial compromise with the Sandinistas, Mrs. Chamorro announced she *will* keep Daniel Ortega’s brother, Humberto, as commander of the 70,000 man Sandinista army. (COCA 1990)

此处的解读只能是“意图”或“意愿”意义，因为查莫罗夫人（Mrs. Chamorro）不会对她本人做出这种性质的预测。这种情形以及 will 与具体构式共现的情形都有力证明，语法意义存在一词多义现象。虽然我们看到的所有例子都有诸如“after the moment of speech（讲话结束之后）”这样的标志，但这绝不足以描述 will 的特征。尽管语境至关重要，但语境单独无法供给“意图”和“意愿”含义；它们必须是 will 语义表征的有机组成部分。由此可见，will 的含义一定包括“预测”、“意图”和“意愿”；过往的推断意义当下是整个意义的一部分。

10.6 从语境中汲取意义

语法词素总是构式的组成部分，其意义只能理解为由整个构式的意义衍生而来。看似单一的语法词素，可以参与到含义各异的不同构式。语法化阶段不同，语法词素对构式的贡献也有差异。在早期阶段，语法词素本身具有意义，也为构式提供部分意义；然而，后来随着含义越来越淡化，语法词素习惯上也只能是构式的一部分，而且事实上可从整体构式中获得含义，其本身不再对构式有所贡献。拜比等（Bybee et al. 1994）将这种情形描述为“从语境中汲取意义”。

以法语的句子否定式“ne ... pas”为例。这个构式的第一部分是从拉丁文继承而来的否定词，出现在限定性动词之前；第二部分来自名词，意为 step（脚步）。第二部分大概是作为强调词添加的，取“不靠近动词一步（to VERB not a step）”之意。起初，其他许多名词出现在 pas 这个位置，包括古法语 mie（碎屑）、gote（跌落）、amende（扁桃仁）以及偶尔出现的 point（点）（Hopper 1991）。由此可见，pas 最初并没有否定的意思，只是今天单独用来表示否定，如表达式 pas beaucoup（不多），还有在非正式讲话中省略否定小品词 ne 的情形，如 je sais pas（我不知道）。显而易见，pas 的
177 否定含义取自所在的构式，并且能够将否定意义迁移到其他构式。[4]

10.7　零词素

零词素可以表达意义，但没有明显的标记。英语可数名词的单数形式就是一例。单数名词缺乏后缀，标明该名词是唯一指涉对象，如 the horse。零词素一直是语法范畴的唯一无标记成员；其他成员必须有明显的标记。英语的名词单数之所以可以通过零后缀来表示，是因为其复数是通过后缀来表示的。零词素仅限于强制性语法范畴。也就是说，零词素只能表示可数名词的单数，因为对于英语的可数名词来说，数是强制性表达。在名词没有强制性数标记的语言中，例如日语，没有数字标记不一定表示单数；因此，它不是零词素。

因为零语法词素的含义没有词汇来源，所以其演变方式有别于显性词素的含义。相反，零词素之所以发展，似乎是因为有一个对立的词素已经语法化，从而留下零词素以示对立（García and van Putte 1989，Bybee 1994）。本节将考察“零”意义的发展轨迹。

众所周知，零词素在语法范畴的成员中不是随机分布，而是具有跨语言的可预测性（Greenberg 1966，Bybee 1985）。例如，在不同语言中，单数名词据发现都有零标记，但双数或复数的标记情形却各有不同；现在式一样，但过去式或将来式不同；屈折完成式一样，但通常非完成式不同；指示式相同，但通常虚拟式不同，等等。格林伯格（Greenberg 1966）的研究还显示，范畴的零词素或无标记成员在话语中也最为频现。

拜比（Bybee 1994）参照语法化对上述对应关系给予了解释。显性标记的语法化之所以发生，是因为使用了额外词汇以转移听话人对最常见意义的注意力。例如，指称名词在话语中个性化频率最高，并以单数形式指涉（Hopper and Thompson 1984）。因此，如果不打算使用单数，那么就需要添加额外的语言材料以表示复数。附加材料持续使用之后，便会进入语法化过程，从而产生复数标记。这种情形不会衍生任何显性的单数标记，因为单数意义在多数情况下皆可正确推断。[5]

同一研究也讨论了时/体系统的零词素发展。拜比等（Bybee et al.1994）的研究使用了76种语言的样本，获得的数据分布显示，零词素在时体系统的比例实际上并不大：只有17个编码标记是零词素；相比之
178 下，显性表达的标记超过200个。在常见的屈折时体形式中，现在惯常式和一般现在式可能有零表达，但现在进行式却没有；在过去，仅仅完成式有零表达。下文将对会话中英语零词素的使用情况予以解释。

如经常指出的那样，现在式的结构与过去式的结构非常不同（Binnick 1991，Bybee et al. 1994，Bybee 1994，Dahl 1995，Michaelis 2006。）过去式表示小句描述的情形发生在讲话之前。就时间线而言，过去涵盖的区间很广。鉴于此，就过去范畴而言，一种语言可以，但未必需要，区分一般（叙事性的）过去式或完成体，从而与过去进行式和/或过去惯常式形成对比。现在式更成问题，因为对现在特征的描述与说话时刻平行出现，但说话时刻是一个点而不是一个区间，所以只有静态式和进行式能够与言语事件共现。惯常意义和一般意义描述的是某一时间段之内出现的情形，包括说话时间，但这种情形也许在说话时实际上不再持续。[6]

如例（34）所示，英语的零动词标记表示现在惯常式。现在进行式用"be + 动词 + ing"表示，如例（35）所示，表示说话时正在持续的一种情境。[7]

(34) He still *takes* the horses nobody else wants, older horses, horses with foals, with ears frozen off or otherwise less beautiful than those in cigarette ads. (COCA 1990)

(35) I'm *taking* a huge chance just talking to you now because it's not going to be liked. (COCA 1990)

需要注意的是，例（34）没有使用进行式，只能解释为惯常式。一般现在式可进一步用于叙事，有时被称之为"历史性现在时（historic present）"。这种用法在新闻语篇中十分常见，《美国当代英语语料库》就有这样一些实例。

(36) The guy's standing there, this little photographer, and Tommy just comes running across the street, slams into him, knocks him down, breaks his pelvis. (COCA 1998)

过去式的体与现在式的体不同。过去式有叙事体（完成体）、惯常体和进行体。就例（37）的典型叙事序列而言，英语使用一般过去式，但一般过去式也可用于惯常性情境，如例（38）。表达过去惯常式的其他方式包括 used to 和 would，分别参见例（39）和（40）。

(37) I noticed a woman who *came* up and she kind of *brushed* me aside and 179
she *headed* right for one of the local photographers, one of the commercial photographers. (COCA 1990)

(38) The same local commercial photographers who *took* photos and then *sold* them back to the party goers night after night were also supplying the newspaper which, at the time, had only a small staff of its own. (COCA 1990)

(39) They *used to* stand in the back of the room and laugh for me. (COCA 1990)

(40) He kept asking me, "Well, could it have happened like this?" and I *would* say yeah and he *would* tell me to repeat it in my own words and the other officer *would* write it down. (COCA 1990)

然而，英语的一般过去式不用于过去的持续性情境，也就是发生在过去某个参考点的情境。对于后者而言，一般使用过去进行式，见例（41）。

(41) As he *was taking* me home, we were stopped by police and it turned out that he was wanted for about seven counts of rape in another state. (COCA 1990)

现在式和过去式的体标记的区别在于，零词素标记的现在式最常见的解读是惯常性，而一般过去式（有显性表达式）则被解读为叙事性，除非有明显迹象表明，它应该被解读为惯常性（见例（38）的 night after night）。现在式和过去式为何有此不同？没有明显标示的意义又从何而来？

需要重点注意的是，在人类的过往经验中，在人类有望交流的话语中，现在式和过去式不可相提并论，这不只是因为准确的讲话时刻是一个点，不是一个区间，故不能作为上佳的时间参考，而是人们使用现在式说话时，谈论更多的是眼下之事，不外乎当下的状态和惯常的情境，而不大谈及过去的事（Thompson and Hopper 2001，Scheibman 2002）。因此，拜比（Bybee 1994）认为，现在式的默认含义更可能是惯常性的，而过去式的默认解释是完成性的。

再次讨论英语动词使用零词素表示惯常意义的起源问题，可进一步丰富上述主张的内涵。古英语有过去式和零标记的现在式，与动态动词一起表达惯常、进行和将来意义，当然也与静态动词一起表达现在意义。前文已经提到各种将来标记的发展特征；此外，进行体构式“be + 动词 + ing”
180 在过去几个世纪得以发展，使用日益频繁。这些发展使现在式的领地逐渐削减。如果语境清楚表明意指将来，那么现在式仍可用于表示将来，但是不能用于表示进行。鉴于此，含有动态动词的现在式通常可解释为惯常性。

上文已经提到，较常见的解释通常是零标记，语法化之所以发生是为了表示不太常见或更具体的意义。这样的话，我们可以认为，就动态动词的现在式而言，其默认的解释是现在惯常性。那又如何证明呢？如果默认的解释最为常见，那么在语言使用中现在惯常式比现在进行式应该更为频现。英语的进行体具有显著标记，因此可以统计其形式以确定频率关系。我们的假设是，在中古英语这样的语言中，现在进行式和现在惯常式没有显著区别，二者出现的比例和在当代英语的情形是一样的；前者只是没有显著标记而已。

沙伊布曼（Scheibman 2002）的研究以《美国英语口语语料库》的会话数据作为支撑。基于这些数据，表 10.1 表明，78% 的动态动词出现在一般现在式，而只有 22% 用于现在进行式。一般现在式表示惯常意义，但也有例外情况，有一小部分用例为叙事现在式，数量仅为 11 例，不到会话交流中一般现在式用例总数的 1%。鉴于现在式惯常用法的数量优势，我们有理由提出惯常意义优先于进行意义的假设，只要会话习惯与当代英语相类似，即使在二者均无标记的语言中，这种假设也照样成立。

现在惯常式不是来自词汇源点，而是来自现在时的最常见解释。拜比（Bybee 1994）的研究认为，语境富含意义，如上文所述，听话人和说话人都非常清楚，双方基于话语和丰富语境都可做出可能的推理。随着进行体的使用越来越频繁，听话人可以推断，如果不使用进行体，那么就没有进行的含义。因此，如果没有出现进行体，那么就一定是惯常意义。加西亚和范普特（García and van Putte 1989）认为，经过重复，诸如“说话人没有说 X，她 / 他一定是指 Y”这样的推理联想便可自动生成；大脑构建一条捷径，通过这条捷径，从而使标记的缺席也有了意义，其意义来自我们赖以交流的丰富语境。这样一来，我们便可得出如此结论：零词素的意义不是源自词汇意义，这一点有别于显性词素，但零词素仍有源自共同使用语境的成熟意义。

表 10.1　非情态动词谓语的一般现在式和现在进行式标记[8] 181

	现在进行式	一般现在式	合计
动态动词类型：			
物质	67	140	207
感知	0	15	15
身体	13	24	37
感觉	1	27	28
言语	14	134	148
动态动词类型总数	95（22%）	340（78%）	435
静态动词类型：			
认知	7	236	243
存在	5	53	58
关系	5	565	570
静态动词类型总数	17（2%）	854（98%）	871
合计	112	1194	1306

10.8　语法形式语义范畴的性质

历时证据表明，语法形式和构式富于意义，有些源于其词汇来源，另一些是常见话语推理规约化的产物。语法形式和构式的意义在局部语境中各不相同，同时有赖于由听话人根据交际情境做出的丰富推理，对此情境，样例模型可提供描写手段。然而，即使没有历时证据，也没有理由认为语法意义是完全抽象的，由必要和充分条件组成，因为语言意义的其他任何方面都没有这些属性。罗施（Rosch）及其同事的研究表明，单词意义的语义范畴显示原型效应，而不是必要和充分条件（见第 5.3 节的讨论）。拉科夫（Lakoff 1987）提出辐射范畴（radial categories）这个观念，以解释各类范畴存有的一词多义现象。因此，有充分的理由认为，语法意义具有相似结构。

然而，令人惊讶的是，有许多语言学家，包括支持构式语法的学者，认为每个语法词素或构式一定有一个而且只有一个常体意义，偏离意义来自词汇语境。这一观点在动词体的研究领域尤其盛行（Contini-Morava
182 1989，Smith 1997, Michaelis 2006），其事实依据是，不同词汇范畴的动词要求对体标记赋予不同的解释（Vendler 1967）。因此，分析人士表明，系统成员的单个抽象意义能够在语境中得以形塑，从而给出所有的表层解释，以期达成简化体系统的目的。

如前文所见，语法意义是抽象的，语法化使语法意义日益抽象。然而，我们同时也已看到，语法化无法彻底消除具体意义；通常，较为具体的含义会保留很长一段时间，我们讨论过的英语助动词 shall、will 和 can 便是例证。由此可见，以语法为离散结构的语言学家经常犯的一个错误是，将一种倾向上升到绝对约束或原则层次。本章回顾的证据表明，语法意义的有趣特征体现为抽象或一般与相对的具体之间的交互作用（Bybee and Torres Cacoullos 2009）。

鉴于此，此处呈现的观点与常见的语法意义观形成对比，后者可追溯至罗曼·雅各布森的巨大影响。许多美国结构主义和生成主义学者自以为知道词素或小句的含义，但却有信心不足之嫌；相形之下，雅各布森根据他自己所认定的语言结构一般原则，阐明并运用了一套新的语法意义理论。最核心的原则是基于其语音研究著作中的二元对立而提出的语义对立原则。

对立概念是经典结构主义概念，其假设前提是：语言中有意义的成分都是彼此相对定义的。因此，语法词素被认为没有固有意义，而是通过参与对比项系统累积产生意义。根据这一语法意义观，某一语言有过去时和将来时的语法表达式，而另一语言只表达过去时，而不表达将来时，那么两种语言分别表达的现在时就会有所不同。雅各布森进一步提出，这些对立项可分解成若干系列的二元特征，其中负值为无标记值（如 Jakobson 1957，1966 定义的无标记）。从这一观点还可以看出，系统的每个成员都有一个抽象的常体意义，显现于所有的使用语境。解读上的差异归因于语境中的共文词项或其他因素。

并非这一理论的方方面面都延续到当下的研究实践之中，但为每个语法形式或构式找到一个抽象的常体意义这一目标依旧构成语言分析的基础。接下来的几节将论证这样一个观点：虽然语法意义通常是抽象的，但将特定语境的所有意义及其细微差别简化为一个抽象特征是行不通的。

10.9　不变的抽象意义？ 183

本节将考察常体意义假说（invariant meaning hypothesis），认为它与基于使用的理论、样例建模（exemplar modelling）以及语法化的事实是不相容的，进而指出基于这个假说的许多具体分析是行不通的。姑且不论，笔者倒主张，我们应当承认一般意义和与特定语境关联意义之间颇为有趣的张力。我们知道，语法化标记具有十分普遍的意义；然而，我们还知道，它们也有与某些构式或某些交互情境关联的特殊意义。正如达尔（Dahl 1985）一样，本节拟提出的结论是，语法词素所指的概念空间不是一维的，我们所谈论的事物在概念空间也不是均匀分布。

现在以米凯利斯（Michaelis 2006）的英语时态分析为例。米凯利斯认同英语过去时是对说话时刻之前所达成境况的特征描写。[9] 然而，如上所述，说话时间是一个点，大多数情境随着时间而展开，从而使其与说话时间的关系愈发复杂；因此，对现在时进行特征描写更加不易。据米凯利斯观察，状态在一段时间保持稳定，因而唯有状态才与说话时刻真正同步。[10] 基于上述观察，她进而提出现在时是一种“状态选择器（state selector）”的观点，具体而言，现在时“对与之相结合的任何动态动词施以静态释义，从而解决动词和屈折附加成分之间的语义冲突”（2006：223）。她认为，如此唯一的释义是英语现在式所有用法的典型特征。

第 10.7 节讨论了零标记英语现在时的含义。笔者注意到，动态动词的最常见意义是现在惯常性或一般性意义，而新闻语篇也经常使用现在式进行叙事。[11] 上文没有提及现在式表示将来的用法，尽管这一点也很重要。[12] 比如，从例（42）可见其一般属性，具体言之，要把零词素解释为将来，就需要标示将来时间。

(42) And this meeting *takes* place next Thursday, so we’ll keep you informed. (COCA 1990)

米凯利斯提出，现在式所有用法的特征可描写为给情境施以静态释义，并由此产生对其惯常性和未来性的解读。如果屈折成分（现在时零词素）与动词类型冲突，也就是说，如果动词不是静态的，那么屈折成分就会对动词强行施以静态释义。

184 运用上述分析方法描述以现在式表示惯常和将来的语句，需要对诸多概念有相当的把控能力。关于现在惯常式，前文已有例证；此处再看一例。

(43) He still *takes* the horses nobody else wants, older horses, horses with foals, with ears frozen off or otherwise less beautiful than those in cigarette ads. (COCA 1990)

和所有的惯常性语句一样，可以认为，例（43）是对一段时间重复的许多同类活动的描述，并且该时间包括现在时刻。笔者发现此例没有任何静态可言。米凯利斯声称，所有事件都有不同的阶段，都包括一个“休息”阶段；现在式选择包括参考时间在内的“休息”时段。假设果真如此，那么我们如何从句中获得这样的信息：他已经在多个场合收容马匹并且会继续这样做呢？句中 takes 的“休息”时段，此处意味着“收容，拥有（至少一段时间）”和“照看”，应该是“拥有”部分，然而，这句话又不是这个意思。如果一个人想表达这种更为静态的想法，他就会说“he keeps horses no one else wants（他有几匹别人都不要的马）”。

从现在式语句中解读将来意义，类似的复杂操控必不可少。关于“The flight arrives at noon（航班将于中午抵达）”这个实例，米凯利斯如是解释：

> 由于“到达”有一个扩展的时间轮廓，不能嵌入当前时刻，为了解决时态屈折和动词之间的语义冲突，该事件必须“翻转”到当前分区的一侧或另一侧。（2006：234）

鉴于类似的语句总是有明确的时间背景，我们不妨设想，与其把表示将来的现在式语句视为静态并必须给予解释，倒不如满足于这样一种分析：把伴有将来副词的现在式解释为将来式。事实上，许多作者已注意到，这种解释是“计划性的将来（scheduled future）”，而不是一般性的将来（Comrie 1985：47）。米凯利斯指出，这是英语规约化的一种解释，其他语言的解释可能有所不同。就样例模型而言，这种约定性意义实际上是语义表征的一部分。如果现在的唯一意义是“状态选择器”，那么说话人使用语言时，这种解读又是如何达成的，对此，米凯利斯的模型尚未解释清楚。

米凯利斯试图证明，面对现在进行式和现在完成式迂回语词的使用问题，现在式也发挥着状态选择器的作用，这一点也引发进一步的问题。她提出的假设是，包括 now 和 at this moment 在内的“现在时间状语”只和静态预测兼容，因为“现在被认为是一个时刻，唯有状态基于单一的瞬时 185
‘样本’才可验证”（2006：239）。在这个基础上，她进一步提出，表示将来的 will 往往对状态做出预测。参见她提供的例（39），此处为例（44）：

(44) My daughter will now play the clarinet for you.

在相似基础上，米凯利斯认为，现在进行式和现在完成式因为经常与 now 共现，所以也可表示状态。

(45) She is playing the clarinet now.

(46) She has played the clarinet now.

然而，now 实际上还是现在时，尤其是例（44），在我看来，它表示的并不是与说话时刻相对应的一个点，而是包括说话时刻在内的一个时间区间。当使用 now 时，似乎时间区间相当短，比过去对未来的投射更多，但它仍然是一个区间，而不是一个点。

事实上，我的观点是，仅仅为了找到英语现在式的单一常体意义，静态述谓（stative predication）这一概念已经被延伸到了无意义的程度。试比较科姆里（Comrie 1976）对静态性的更具体定义：

> 对于状态来说，除非有什么事情发生予以改变，否则这个状态将会持续……另一方面，对于动态情境来说，如果连续受新能量输入的影响，那么这种情境就只能持续下去（1976：49）。

米凯利斯（2004）认同以上对状态特征的描述，并认为：

> 然而，状态阶段与活动不同，不需要能量输入。例如，你可以试着睡觉或者躺在地板上，但是你不能试着生病三天，或者试着像小孩一样矮小（2004：11）。

正如米凯利斯所声称的那样，这个特征描述并不适用于现在式的所有谓词。特别需要强调的是，如例（45）所示，现在进行式的谓词描述需要持续输入能量的情境。与一般现在式相比，现在进行式活动性更强，主体参与度更高，事实上，这是关于英语现在进行式大多数分析的重点所在（Hatcher 1951，Goldsmith and Woisetschlaeger 1982)。哈彻（Hatcher 1951）对英语现在进行式进行了深入细致的研究。他表示，进行体描述显性活动，如例（47），也描述隐性活动，如例（48），但后一种情形的解读是不同程度的发展：

(47) She is washing dishes, sweeping the floor, tending the furnace … I'm slipping. I'm losing hold. It's falling to pieces. It's boiling over. It's spilling. Your teeth are chattering. Your nose is running.

(48) I'm getting hot. One of my headaches is coming on. He is learning 186
his lesson. It is getting late. This is driving me nuts. This is getting us nowhere.

哈彻把上述例子的典型特征归结为表达或暗含如下三个概念之一：（i）主语受其活动的影响；（ii）主语忙于或全神贯注于该活动；或者（iii）主语正在通过其活动完成某事。因此，尽管 now 可与大部分例子一起使用，但却没有静态述谓常见的语义属性。

最后，如果现在进行式是静态的，那么我们又如何解释现在进行式"胁迫"静态谓词进入动态释义呢？参见例 (49)。

(49) He's being very obstinate. I'm remembering it better now.

因此，米凯利斯将英语现在式的意义简化为"状态选择器"这样单一的常体意义。他的这种尝试最终会扭曲"状态"或"静态"意义，以至于"状态"不再是一个连贯的概念。虽然本节在重点关注米凯利斯新近的分析成果，但也只能视其为雅各布森传统的一种分析方法，试图为每个语法词素识别单一的抽象意义（其他分析方法见 Diver 1964，Waugh 1975，Reid 1991 等）。除了上述反对将现在式分析为状态选择器的观点之外，本章前七节在概述语法意义演变机制之时提出的许多论据也不支持这一理论立场。语法化过程产生越来越多的抽象意义，这一事实为单一抽象意义观提供支持依据，但也有证据表明，与某一形式的早期词汇意义相关的旧式意义仍可保留；寻求常体意义，也不能否认这些更丰富、抽象度较低的意义。

如第六章和第八章所论，语法化过程引发的变化特征表明，推理对于意义演变十分重要。米凯利斯的理论使用一个类似概念，即胁迫（coercion），来描述词汇和语法意义不相容产生新意义的方式。胁迫理论似乎假设，需要胁迫的使用实例对某一范畴的意义没有影响。然而，基于使用的语言观则主张，语言的使用实例会对更持久的意义表征产生影响。

举一个经常引用的例子，如果将不定冠词与物质名词一起使用，那么被胁迫的结果就是可数名词的意义：因此 a beer 表示一个单位的啤酒（杯、瓶或罐）。这种胁迫不必随着每个使用实例而再次发生，但 a beer 的意义可
187 以在记忆中保存下来。同样，和进行体一起使用的静态动词的胁迫意义，如 being stubborn，也可以保存在记忆中。通过这样的使用实例，进行体本身最终会改变它的意义。如果推理和胁迫没有引起意义表征的增量变化，那么语法意义就不会改变，也就不会有语法化过程。事实上，正是这些意义的局部变化才促成语法化过程的整体意义演变。[13]

10.10　对立关系的重要性

罗曼·雅各布森意义观的另一遗产是对语法体系内部对比或对立关系的关注。某些语法词素与其他语法词素相对照获得意义，这一观点是结构主义观念的经典例证。如前文所述，以上观点意味着语法词素本身没有固有意义，但这一命题已遭到语法化研究的摒除。语法化研究认为，语法意义是作用于词汇意义的各种过程的直接产物，词汇意义的许多特征保留完好并进入语法化过程。然而，我们也看到，在某些情形下，系统范畴的其他成员的确对意义有影响。零词素从语境中汲取意义，但也受系统其他强制性标记的意义限制。由此可见，因为进行体迂回表达式的发展，所以当代英语的一般现在式读起来没有了进行体的感觉（如早期英语一样）。

如上所述，对立关系中的某一成员由另一成员的缺席所定义，这个现象令人关注。加西亚和范普特（García and van Putte 1989）将这一发展描述为频繁推理的产物，因为频繁推理创建了一条从形式到推理的认知“捷径”。就零词素的发展情形而言，所采用的推理是“说话人没有说 X，因此她 / 他一定是指 Y”。然而，这种方法的应用范围相当有限。事实上，由于显性标记有固有意义，所以只适用于零词素正在发展的情形，也就是标记的词汇意义高度淡化的情形或其他特殊情形。

毫无疑问，完成体 / 非完成体、过去式 / 现在式、单数 / 复数等广义区别特征已得到跨语言证据的充分证明，并成为形态学领域的主要分界线。然而，笔者此处的观点是，如果假设一种语言做出的每一个语法区分都有更广泛的认知重要性，那么对此我们必须予以警惕。例如，戈德史密斯和沃伊塞特莱格（Goldsmith and Woisetschlaeger 1982）对英语现在式和进行体的区别进行了分析，认为二者的语义区别在于，进行体表达“世界上发生了什么”，而现在式表达“世界何以如此才发生了什么”（1982：80）。对此描述，我没有异议。事实上，我觉得挺贴切，因为它 188
适用于现在式的惯常用法和静态用法。然而，阅读他们的进一步主张也很有趣：[14]

> 事实上，正是这种特定的语义区别特征的高度抽象性令我们颇感兴趣，因为如果此处提出的分析正确的话，那么我们就已经对概念区别特征有了直接的了解，讲英语的人在所说的每句话中都使用这些区别特征（1982：79）。

此处的假设似乎是，语法所表达的概念区别特征必须是至关重要的。事实上，他们进而考察了这种区别特征可能产生的跨语言影响，并指出西班牙语体现不同的区别特征。他们说这种区别特征非常基础，也十分重要，因此应纳入更为广义的语义对比理论，以便预测一种语言可以选择哪些语义域并将其归并于某一单一的句法范畴（1982：89）。

我推测许多语言学家会同意这一观点：以语法表达的语义区别特征具有基本的认知重要性。然而，语言变迁的各种事实让我们有理由质疑这一观点是否具有普适性。例如，英语的进行体新近才发展起来，我们在最近一到两个世纪才看到这一区别特征；还有一例，构式可能会持续改变其意义，不断泛化以至表达惯常意义，最终取代一般现在式，这种现象在许多语言中已有所发生（Bybee et al.1994）。那么基本的认知区别特征又是什么呢？英语的一般现在式和现在进行式的区别特征显然是人类认知机制可以处理的一种区别特征，但某一语言存在这种区别特征并不一定构成其普遍重要性的证据。

现在从另一个角度考虑这个问题。构式随着语法化，就会经历许多产生语义区别特征的阶段。在每个阶段，人们都可能会认为这些区别特征在认知上十分重要，但它们没有被保留下来；语义演化继续发生，并消解这些区别特征。例如，法语 passé composé 从现在完成式开始语法化，在 17 世纪经历了一个阶段，表示“今天的过去”，即同一天的过去，而更古老的 passé simple 则表示“过去几天的境况”（Lancelot and Arnaud 1660：104）。许多语言也有这种区别，可见对人类来说十分重要，但随着 passé composé 在口语中取代 passé simple，法语就不再有这种区别。此外，西班牙某些方言中的现在完成式已有表达“现在的过去”的功能，但大家预计这也不过是个过渡阶段而已（Schwenter 1994）。

在语法化语境下识别的另一个现象是分层叠加（layering）（Hopper
189 1991），即通过语法化特征序列在同一语义域累积多重构式。例如，英语的“义务”表达式可使用 must、shall、should 和 ought to 等传统情态动词（已经四个了！），但除此之外，还有 be to、have to 和 have got to（>got to）。就此情形而言，所有这七种表达式能给我们提供某种重要且非常基本的语义区别特征吗？有些语言只有一种表示“义务”的词汇表达式又如何呢？如此过度分层背后的认知过程显然与重要且主导的语义区别特征没有多大关系，而是与丹·斯洛宾（Dan Slobin）所说的“说话思维”（Slobin 1996）有关。一旦说英语的人习惯于表达“义务”（即使在其他语言中，这种“义务”会通过推理来表达），那么就会出现多个几乎同义的表达式，并找到相应的使用场合。因此，语法区别特征并不总是具有重大和普遍的认知重要性。

我的观点是，语言高度根植于文化之中，有可能使许多局部抽象走向规约化。第九章讨论过的 remember/can remember、imagine/can imagine、believe/can believe 等组对便是例证。如果说这些组对表达什么的话，那么它们所表达的也是次级语义区别特征，可是这些规约化的表达式（和 can 一起使用）在特定的语言使用环境中得以延续。重复使用强化某些表达，样例存储允许小规模抽象，使具体使用模式规约化，这些假设皆说明语言为何不全是关乎主要的概念性区别特征。

10.11 意义演变是经验的反映

根据常体意义假设，概念空间（例如，以时和体对时间进行的语法表达）被分成抽象和假定意义上的统一区域。时体的抽象意义与词汇意义相互作用，产生各种不同的解释。然而，时体研究者必须承认，过去、现在和将来等语法化概念在自然语言中的功能并非并行不悖。我们知道，英语过去式是指在说话之前发生的情形，附带条件是过去的状态也许会持续到现在，这么说差不多也是精确的。如上所述，现在式不易定义，因为说话时刻这个参考点和同时发生的情形之间的关系也许相当复杂。再者，大多数语言的将来式表达意图、预测以及其他含义，因此并不像过去式一样是一个简单时态。显而易见，我们人类不以完全线性的方式体验时间，也不倾向于以同样的方式谈论时间。相反，混杂的时体 190
已演变为世界各种语言的语法表达，足以反映人类对于情境及其不同时间向度的体验，但这种体验在时间域既不统一，也不对称（Bybee et al. 1994）。

当我们思考语言有何用之时，当我们思考语言必须有能力描述人类所见的情境之时，似乎不足为奇的是，我们会发现语法标记和构式或许有非常局部的意义，而没有抽象的整体意义。举例来说，以上观点意味着我们不必找寻现在状态和现在惯常情境的共同特征，也没必要对过去惯常性和现在惯常性的异同表示惊讶。

考察英语现在式的历时发展，也同样具有启发。在古英语和中古英语时期，现在式可表达现在惯常意义、进行意义、静态意义乃至将来意义。其意义特征可非常概括地被定义为描述发生在说话时间区间的一个情形（尚没有全面的研究，也不清楚如何定义现在式的将来用法）。现在式没有特殊的屈折前缀，所以可以认为它是无标记或零表达。在过去几个世纪，随着进行体的发展，表示动态动词进行性 / 惯常性区别的强制性标记得以产生，古老的现在式领域被分割成静态动词的现在状态和动态动词的现在惯常状态。对于常体意义理论的支持者来说，以离析的方式对现在式的特征进行描写似乎有粗俗之嫌（见 Michaelis 2006：232）。然而，历时事实又不容忽视。假如语法意义必须是抽象的和一般的，而不是离析的，那么为什么更具体的进行体会发展并打破连贯的一般现在式呢?

事实上，语法化的发生不是为了让意义趋向一般化（尽管淡化通常是一种副产品）；语法化之所以发生，是因为相对具体的意义非常有用。正是具体意义的过度使用才促成意义淡化，而并非寻求一般意义的目标所致。显然，进行体之所以发展，是因为非常适用于表达某一动态情境正在持续这一观念，从而抵消了动态情境惯常性的假设。

另一个有趣的情形涉及使用 can 和 may 表示“许可”。第 10.3 节追溯了 can 从心智能力到一般能力及至根可能性的语义抽象过程。根可能性断定一般的赋能条件是有效的；这些条件可能包括主体的内部能力、外部物理条件和社会赋能条件。根可能性包含的社会赋能条件等同于“许可”。may 作为“许可”之用的演变过程如下所述。

191 如典型的语法化路径一样，may 经历了与 can 相同序列的演变历程，但 may 的演变要更早一些，其含义始于身体能力（比较 might（力量）），然后泛化为各种类型的能力。在中古英语时期，may 可用于表示“能力”和“根可能性”。以下是根可能性的实例，选自《高文爵士与绿衣骑士》

（*Sir Gawain and Green Knight*）：

(50) Make we mery quyl we *may* and mynne vpon joye (line 1681)

"Let us make merry while we can and think of joyful things."

这种用法可归为根可能性，因为允许我们"make merry"的条件对于主体来说大多是外部的。

根可能性包含的外部条件包括表示许可的社会条件。拜比等（Bybee et al. 1994）认为，能力标记通过"根可能性"标示"许可"。我们的跨语言调查发现，"许可"的大多数标记也用于表达更为一般的"根可能性"意义（Bybee et al. 1994：193）。因此，may 和 can 达到根可能性的一般性层次之时，便是其许可意义的肇始。

许可的给与、接受和认可，是人类社会定义非常完好的一个互动域。在如此社会语境下使用的语法元素将具有语境赋予的所有含义，而不是保持更一般的"根可能性"含义。鉴于此，当 may 经过演变可以表达"认知可能性"之时，尽管表示可能性的其他用法越来越少，但 may 表示"许可"的用法却一如既往。科茨（Coates 1983）考察了 may 在当代英国的用法，发现如下用法分布：[15]

（51）may 的用法（N = 200)（Coates 1983：132)

认知可能性	147
根可能性	7
许可	32
不确定性	13
祝愿	1

需要注意的是，may 的"根可能性"用法，除了标示"许可"的情形之外，已经越来越少见。如拜比（Bybee 1988b）认为，may 表示"认知"的用法是由表示"根可能性"的用法演变而来的。然而，现在的数据却显示出一种间隙或断裂："认知可能性"和"许可"不是一种连续的范畴。没有"根可能性"的联结，它们只是 may 的两种截然不同的用法。事实上，"根可能性"的其他用法越来越少，而 may 表示"许可"的用法仍在持

续，这一事实表明，may 已独立于其他用法而占据这个重要的社交域。

can 的演变路径也类似。根据《牛津英语词典》的条目，can 在早期现代英语时期已经达到“根可能性”阶段，19 世纪后期才开始专门
192 用于表示“许可”。20 世纪中期的许多学童发现，使用 can 表示“许可”数十年都算不上标准，而 can 有可能正在取代表示“许可”的助动词 may。

许可是语法标记特殊交际域的一个上佳的例证。许可是一种重要的、规约化的社会功能，涉及一定系列的参与者和条件。语境的这些方方面面，样例模型会以语境所用的构式进行记录，赋予这个构式以具体意义，从而以根可能性意义为起点逐渐走向自治。

我的主张是，其他领域的语法意义，也是以同样的方式组构的：语法意义与特定的使用环境相关联，被吸引到某些重要的社会和交际域（Dahl 1985, Bybee and Dahl 1989, Bybee et al. 1994）。某些域相当普遍，全部都要经常使用，否则就不会有语法化。在时体域框架下，我们可以命名叙事功能，通常由过去式或完成体实现，但有时也由现在式实现。我们也可以命名描写事物何以成为事物的背景化功能，这一方面要求使用现在式或非完成体（经常与静态谓词一起使用），另一方面与动态谓词并用又可表达惯常意义。[16] 我认为，语法意义不是宽泛的对立项，如 [+/– 状态] 或 [+/– 将来]，而是填补随着语言的语境使用而产生的某些社会认知域。

在这个方面，跨语言研究在功能域或焦点范畴层次上取得的成就值得注意。比照伯林和凯（Berlin and Kay 1969）对颜色词的研究，达尔（Dahl 1985）基于具体范畴对时体进行了研究，依据的范畴不是相对抽象的特征，而是原型用法。语言差异体现在两个方面：一是使用的跨语言集合的范畴不同，二是这些范畴的二次或非焦点用法不同。达尔运用此类方法分析了大量的语言样本，因而才建立了清晰可辨、广为应用的跨语言时体范畴。假如独立分析每种语言以获取抽象的常体意义，那么达尔是不可

能完成这一任务的。如果从这个较为抽象的层次分析语言，同时考虑到二次使用的范围和意义，那么每种语言就会显得非常不同。

使用颜色词类推是恰当的。据伯林和凯发现，尽管色谱看似客观连续，但如人类感知的一样，某些区域突出，也因此由基本颜色词命名。实验表明，无论在文化内，还是在文化间，这些颜色词的含义具有显著一致性。对于时间脉络、情态或已有语法表达的其他域，人类的经验可同样被分析为具有多变的拓扑结构，而不是一维或二维、结构统一的整体。显然，人类比其他主体更注意和关心谈论时间域的某些部分。当然，时间体 193
应用并适应于交流必须有一定频度，这样一来，语法化才可进行。因此，对于已有语法表达的特定时 / 体 / 态范畴来说，其解释空间就在什么重要到需要交流和什么宽泛到需要语法化的交互界面（Bybee 1985，Talmy 1985）。因此，我们的结论是，人类语言的演变旨在适合人类经验及其传播方式；我们的经验不是线性的、二元的或抽象的。这并不是说没有抽象的范畴。抽象范畴当然有，但不是某一范畴的每个实例都一定具有相同的内在含义。

10.12　结论

本章借鉴了语法化的研究成果，试图识别语法意义的属性及其在语言历史和使用上的渊源。我们仔细研究了每日作用于语言使用过程的语义变化机制，也研究了这些机制对于我们理解语法形式意义的认知表征提供的启示。我们发现，语境对意义具有重大影响，语境的各个方面以及基于语境的推理可成为语法意义规约化的组成部分。有些推理确实生发于话语解码之时，尽管如此，我们需要对瞬时而逝的推理和通过重复成为意义组成部分的推理加以区分。丰富的记忆表征使推理的重要性与时渐增，最终促使意义演变。

语言使用的诸多因素显示，语言是一种自然的、有机的社会工具，而不是一种抽象的逻辑工具。以语法表达的语言结构和意义与我们的经验和我们使用的语言形式密切相关。正如我们经常注意到的那样，自然范畴化不是根据必要和充分特征完成的，而是参照样例的相似性和频度实现的。我们对语法形式的理解，不是基于将意义简化为完全抽象的偏好，而是具体基于语言形式出现的系列语境。鉴于此，由于特定情境是以特定方式编码的，因此就有可能产生词汇和语法的多义性。

第十一章 194

作为复杂适应性系统的语言：认知、文化和使用的互动

11.1 类型结构与普遍特征

语言理论必须力求适用于所有的人类语言，也因此必须承认所有语言在某个层次上的共性。例如，生成理论一直在寻求短语结构规则和移位规则制约条件层次上以语法普遍特征为形式的共性。从跨语言视角来看，目前的确存在许多倾向性特征和重复性模式，但迄今还没有对这些普遍特征进行卓有成效的陈述，尚不足以对已有的实证数据做出解释（见 Newmeyer 2005）。本章追溯不同语言的倾向和模式，将其归结为前几章所述的认知过程的相互作用。这一方法有可能使共时模式与语言演变模式有机结合，进而为构建相对综合的语言理论提供一个框架，以解释世界不同语言的各种结构。然而，除了解释不同语言的相似点之外，解释不同语言存在的主要类型学差异亦十分重要。针对这一目标，同时基于其他研究（Perkins 1992，Wray and Grace 2007），可以认为，文化因素也在发挥作用。事实上，前文讨论的社会和文化因素一直处于幕后。如果要全面描述语言的产生过程，显然这些因素不容忽视。

菲尔莫尔及其同事研究的构式语法强调语法的惯用性。前文提到的有关预制表达和程式性语言的新兴研究（Wray 2002 及其他）也强调，语

言知识在很大程度上是特定单词、短语乃至语言所特有的。激进构式语法（Radical Construction Grammar）（Croft 2001）虽然是类型学取向，但强调语言内部和不同语言特定构式的具体特征，而对静态的普遍特征持有异议，例如，“被动构式”层面的研究就是如此。这一方法承继格林伯格的研究传统，认为随着构式的历时发展，共性特征就会显现。前几
195 章提到的研究儿童语言习得的新方法也强调，儿童在早期阶段使用构式实例，进而才逐渐学会较为一般的构式（Lieven et al. 1997，Tomasello 2003，Dbrowska and Lieven 2005）。这些研究者尽管强调语言特有的局部抽象特征，但没有谁会否认所有的人类语言十分相似这一事实；这不仅是语言学人共有的坚定直觉，而且也为彼此无关的各语言所显现的相似特征所佐证。

基于使用的理论直接由美国功能主义发展而来，在某种意义上也不过是历经数十年实践的美国功能主义的一个新名称（Noonan 1998）。20 世纪首位基于使用的语言学家是约瑟夫·格林伯格（Joseph Greenberg）。虽然他的类型学和普遍特征研究更为大家所熟知，但他对有助于解释跨语言模式的频度效应也饶有兴趣（Greenberg 1966）。其他基于使用的语言学家也是类型学家，包括塔尔米·吉冯（Talmy Givón 1975，1979），桑德拉·汤普森（Sandra Thompson 1988，1998），霍珀和汤普森（Hopper and Thompson 1980，1984），约翰·海曼（John Haiman 1985），以及威廉·克罗夫特（William Croft 2003）。以上学者将各自对使用模式和类型学的双重兴趣与有关理论命题联系在一起。其理论命题是，频现的使用模式体现为跨语言的常见语法模式。需要注意的是，这一方法由格林伯格在 20 世纪 60 年代首创，其中包含复杂适应性系统观的核心属性：假定存在为数不多的因素在局部相互发生作用，由此产生动态的、显然又是整体性的结构。具体来说，复杂性理论的一些概念适用于从基于使用的视角研究最广泛意义上的语言；也就是说，适用于涵盖所有已知类型并可视之为世界普遍现象的语言。鉴于此，第六章间接提到的重复性的语法化路径可被认为

是“奇怪的吸引者”；具体而言，某些循环似乎在不同语言和不同时间重复，但从来不会完全相同。

本章的目标是借助若干实例呈现上述观点，以表明不同语言的共性特征可参照加工机制过滤的语言使用过程（如前几章所述）得以解释。然而，我们首先探讨的话题较为宽泛，关乎跨语言相似特征融入语言理论的途径。

11.2　语言理论的跨语言相似特征

任何语言理论拟解决的一个基本问题，是人类遗传天赋使语言成为可能的性质。最根本性的问题也许是，语言相似特征应归因于领域普遍性过程，还是应归因于领域特殊性过程和能力。正如前几章指出，“领域普遍性”能力指语言之外或使用一般认知过程的能力，包括组块化、范畴化、 196
符号使用、推理能力，等等。“领域特殊性”能力指语言特有的、在其他领域未见使用的能力。例如，以听觉加工言语的能力，其各个方面都可能是语言特有的，而这一过程其他领域并不使用。

就已提出的领域特殊性能力而言，或许有必要对结构知识和加工倾向加以区分。生成语法的固有参数是结构知识，也就是关于语言何以结构化的特定知识。霍金斯（Hawkins 2009）讨论的解析制约（parsing constraint）就是固有加工制约的一个例证。结构知识显现于儿童语言习得过程，加工制约条件影响结构选择，并因此通过使用对语法产生影响。

前面几章已对结构知识的固有性提出质疑。第六章对儿童在改变语言方面的作用比成人更显著的观点进行了反驳。如果认为语言的结构属性是固有的，那么就要求这些属性显现于习得过程，同时要求结构的任何变化生发于这个过程。如果发现儿童实际上不是语言演变的重要发起者，那么就无法在固有的普遍特征和语言结构之间建立主要的联系。此外，本书的若干章节已表明，语法范畴和组构成分的属性呈现递差，并随着语言使用不断演变。认为这些属性是固有的观点与业已证明的递差性是相悖的。最后，所有范畴和结构从其他范畴和结构逐渐演变而来这一事实也说明，静态的、固有的语言普遍特征是不存在的（Bybee 2009a and 2009b）。

事实上，一方面接受从非语言或领域普遍性原则中衍生语言这一挑战，另一方面将语言视为一种复杂的适应性系统，倒是更为审慎的做法。首先，如果我们坚持认为语言背后的过程是语言特有的，那么将永远不会发现它们是否在语言之外同样适用。相反，如果我们首先考察领域普遍性过程是否有可能运行，那么最终便能分辨领域普遍性过程和领域特殊性过程。第二，就复杂性系统观而言，跨语言的“普遍特征”或相似特征，是自然生发的，也是动态的，而不是静态的和既定的。这一观点更符合事实：绝对的普遍特征极少；相反，每个层级都有许多可能的类型学模式，但几乎没有纯粹的类型。这些事实与多种因素造就语言的假设是一致的。

197 11.3 共时观察、历时分析路径和领域普遍性过程

美国结构主义学者，以高度实证性为取向，强调语言之间的差异，竭力不把所有语言简化为本杰明·李·沃夫（Benjamin Lee Whorf）所谓的“均质欧洲语（Standard Average European）”（Whorf 1941；另见 Sapir 1921）模式。相反，20 世纪中叶，诺姆·乔姆斯基和约瑟夫·格林伯格开始强调不同语言的诸多共性特征。然而，他们的研究观却大不相同：乔姆斯基以假设固有“普遍语法（Universal Grammar）”为起点，仅仅研究某一种语言，便能发现“普遍特征”（Chomsky 1965）。相反，约瑟夫·格林伯格研究了数百种语言，以确定其异同之处（Greenberg 1963，1966，1978a，1978b）。格林伯格的理论基于对语言多样性和相似性的理解，其微妙细致之处是乔姆斯基的理论难以企及的。格林伯格发现语言属性之间的关系。这些关系可用蕴含层级予以表达，所有的蕴含层级最终以历时变化为依据得以建立。此外，格林伯格试图不断寻求对于相似性的解

释；相形之下，生成主义学者似乎满足于存在固有语言普遍特征的先验假设。乔姆斯基的理论认为，普遍特征是无法从经验中学习的属性；格林伯格的理论或其他基于使用的理论却认为，具有跨语言相似性的模式确实是从经验中学习而来的。

生成主义的普遍特征观念在最优性理论（Optimality Theory）中沉淀出符合逻辑的结论：语言形式是运用普遍制约条件（universal constraints）的产物。由于制约条件可能相互覆盖，因此任何一个普遍特征的应用都不是绝对的。这与几乎没有绝对普遍特征的事实相符，但也使该理论不可检验。这一理论的实践者把实证数据当成儿戏，居然基于极少数据，通常是个别相关语言复现的模式，就做出“普遍制约条件”的假设（见 Bybee 2005）。

普遍语法的另一常见属性可见于生成理论和最优性理论的研究成果，认为语言的结构属性是普遍的和与生俱来的。也就是说，有关语法的观察性概括，如辅音和元音的分布或主语、动词和宾语的排序，被认为是语言能力的一部分，而不必进一步寻找观察性概括背后的基本原则。这也是格林伯格的方法更精密、更如人意的另一个原因。按照格林伯格的方法，人们不会停留在观察阶段，继而将产生语言异同的一系列历时演变特征拼接在一起（Greenberg 1969，1978a and 1978b，Croft 2001，Bybee 2006b）。198
这样做的最终目标是，识别已知规律背后的发展路径及其临时生成机制。

例如，格林伯格（Greenberg 1978b）讨论了不同语言（甚至一些彼此不相关的语言）从指示词到名词类标记的历时连续体。鉴于某些语言的指示词演变为名词类别标记（例如，班图语支的各语言），这个连续体就是一条语法化路径。许多这样的路径可见于为数不少的语法化研究文献。它们是语义演变的路径（与形式演变的路径并行），在不同时期的相关或不相关的语言中也可找到相似的路径（Givón 1979，Bybee and Dahl 1989，Bybee et al. 1994，Heine et al. 1991，Heine and Kuteva 2002）。举一个实证数据十分清晰的例子。许多语言的将来式都源于意为“向目标移动”的动词或构式。拜比等（Bybee et al. 1994）研究了76种没有演变关系的语言样本，发现将来标记由移动动词建构的语言有：玛尔吉语（乍得语族）、图加诺语（安第斯-赤道语系）、圭米语（奇布查语系）、丹麦语（印欧语系）、克隆戈语（科尔多凡语族）、姆韦拉语（贝努埃-刚果语支）、泰姆语（古尔语支）、马诺语（曼德语族）、托霍拉瓦尔语（玛雅语系）、粤语（汉藏语系）、科卡莫语（图皮语系）、茂语（澳大利亚）、阿奇语（大洋洲）、阿比庞语（佳庞诺加勒比语）、巴里语（东苏丹）、祖尼语（美洲土著）以及侬语（藏缅语族）。[1]

下一节将详细描述一般的历时分析和具体的语法化如何为追溯语言之间的异同提供研究框架。

11.4 作为“奇怪的吸引者”的语法化路径

复杂适应性系统的研究文献显示，“吸引者”是一个动态系统路径的名称。一个封闭的系统，如果没有新的能量输入，那么任何一个固定点都可能成为吸引者。例如，摆锤在弦上摇摆，最终会停在某一固定点（吸引者）上。据观察，在复杂的非线性系统中，没有一个循环采取完全相同的路径，例如，通过语言使用获得新能量输入的语言系统就是如此。因此，各个循环看起来非常相似，生成一种整体模式，但其细微之处总是有些不同（Larsen-Freeman 1997）。这种情形可见于语言演变过程，尤其是语法化过程，其间可识别的演变路径具有较强的跨语言相似性，从而生成一种整体性的模式，尽管细微之处显现差异。本节将从跨语言角度考察将来标记的演变路径，以明示其相似和相异之处。如上所述，将跨语言模式视为演变模式，而不是固定状态的模式，是我们进行跨语言比较的基础，以期获得更多洞见。

199 第十章讨论了英语将来标记 will 的多义现象，表明 will 可表示意图、预测和意愿。有关讨论清楚地表明，其中的一些意义由 will 表达，而不由其他英语将来标记表达。再者，如果这些意义出现于具体的构式，那么就说明它们是英语特有的。这一点似乎表明，对“将来式”这样的语法范畴进行跨语言比较并非易事。然而，如果考虑一下语法语素历时发展的方式，就会发现其演变路径及其机制是十分相似的，可为我们进行跨语言比较提供一种手段。基于业已证明的变化特征以及一词多义的跨语言共时模式，将来式的跨语言相似性可概括为如下一组语法化路径（Bybee, Pagliuca and Perkins 1991，Bybee et al. 1994）：

（1）产生将来标记的常见演变路径
“向目标移动”
“愿望，意愿”　＞意图　＞预测　＞认知或附属情态
“义务”

将来标记被定义为表示说话人所做预测的任何语法标记（Bybee and Pagliuca 1987，Bybee，Pagliuca and Perkins 1991）。此处引用的跨语言调查兼顾预测标记的其他所有用法。

左侧的意义是表达将来的构式所显示的词汇源意义。基于众多语言的调查显示，表达意图的阶段十分常见。表示“意图”的用法通过第一人称语境使用的原始词汇含义的蕴含而生发。此种语境出现的 I want to、I have to、和 I’m going to 等表达，可顺理成章地引发有关说话人打算做某事的推断，也为面向将来移动（预测）打下基础。

由于新的意义源于具体语境，因此不会立即取代旧的意义；相反，在新旧意义并存的情形下，可能长时间会出现重叠或多义现象。这一事实是解释常被引将来标记情态意义的一个主要因素。换言之，表示“意志”或“意愿”的将来意义（例如，可见于丹麦语、宁巴兰语、邦古语、达科他语和皮钦语（Bybee et al. 1994：254））或许是从经历了语法化以生成将来式的词项和构式的原始意义中留存下来的。将来式也有表示“义务”的

用法（例如，可见于因纽特语、巴斯克语、丹麦语和斯拉夫语（Bybee et al. 1994：258）），上述说法对其同样适用。源于表示“向目标移动”构式的将来式，除了表达意图，通常没有表达情态的用法。因此，基于语法
200 化路径的比较是解释将来标记相似性和差异性的一种手段。

表示“意图”的用法一旦常见于某一语言，就会为进一步推断“预测”打下基础，可视之为将来标记的主要诊断方法。下面的例子来自第十章，其中 will 和 be going to 可解释为表达语句主语的意图、说话人的预测或者也可能同时表达两种意义。

(2) Madam, my lord *will* go away to-night; A very serious business calls on him. (*All's Well That Ends Well*, II. 4)

(3) She's *going to* take a poll in 1991 to find out what her chances are. (COCA 1990)

迄今已提到词源构式、意图和预测三个阶段。在每个阶段，新的意义适用于较为广泛的语境，使用频度也随之提升；意义的一般性也不断增强，而且持续下去。后来的发展表明，意义逐步适用于不同语境。事实上，路径的预测力在后期阶段有所减弱，跨语言多样性有所增强，因为沿着这条路径一直走到当下的将来式，据发现也可表达“祈使”以及或然性或可能性等认知情态，并出现在条件小句、时间小句等从属小句（没有词汇意义）和某些动词的补语之中（Bybee et al. 1994）。

这样一来，例（1）的语法化路径在复杂适应性系统中充当“奇怪的吸引者”。据我们观察，这种路径显现于不同语言和不同时段，但其显示方式在细节上有所不同。跨语言差异的一个来源是林林总总的词汇源差异。此处，还应提及的是，将来式另有几个已被证实但不大常见的词汇源，即具有 then、afterwards 和 soon 等含义的时间副词，以及表示“能力”和“试图”的情态动词。有趣的是，以上词汇很可能经历过的不同阶段，与例（1）所示的较为常见的发展路线十分类似，二者均始于“意图”。

将来式路径表现形式的跨语言差异，还有另一个来源：同一语言的同一功能域中存在其他构式。例如，shall 是较早时期的将来标记，对 will 的扩展有所制约，以至于 will 最近才和第一人称一起使用（Coates

1983）。此外，如第八章所述，构式的特定实例可以规约化，对构式的扩展有促进或抑制作用，从而创造出语言专有的特征（Poplack，即出）。

生发于语法化过程的内在演变机制在所有语言中是相同的，从而也使路径或吸引者趋同。只要这些机制嵌入跨文化共同话语需求和交际语境之 201
中，上述效应就会尤其显著。如第六章所述，这些机制包括意义泛化、习惯化和语用推理。有趣的是，甚至促进演变的推理在不同语言和文化中似乎也非常相似（见第 11.6 节）。然而，每种语言的语法化语境也许略有不同；文化语境也会有所不同（见第 11.7 节）。鉴于此，尽管在世界各语言中非常相似的路径会反复出现，但绝对没有两条完全相同的发展路径。

因此，熟知历时分析方法，便可对不同语言的将来式之用法进行比较，继而对其未来的演变走向进行预测。以复杂的适应性系统框架审视这些演变特征，有助于我们对发展路径的相似性和差异性做出评价。

需要注意的是，有关语言相似性的事实无法列入固有的普遍语法之中。更确切地说，这些事实表明，语法的诸多发展路径是互为相似的，如沙丘与沙丘或海浪与海浪彼此相似一样：二者的促成因素是相同的，并且随着时间的推移，彼此动态交互，从而产生互为相似但并非同一的新结构。

搜索“语言普遍特征”之时，我们一定着重于创造和维持语言结构的过程，而非语言结构本身，对此，认知语言学界和功能语言学界的认同度越来越高（见 Givón 2002 and Verhagen 2002）。鉴于这一原因，本书一直关注创造语言结构的过程。回溯前文所述，我们一直对序列加工的组块化效应颇为关注，因为组块化使语素和词语得以组合，为构式和组构成分奠定基础。范畴化作为最基本的认知过程，不仅创建语言单元，而且还确立语言单元的意义和形式。毗连定律（the Law of Contiguity）或跨模态关联定律（James 1950，Ellis 1996）使符号化或意义–形式关联成为可能。上述过程，加之重复对记忆和提取的影响，可对语言形式的诸多属性提供解释。如果认为语言处理的内容（即人们选择谈论什么以及如何谈论）和社会互动情境通常互为相似，那么就有了理解语言何以相似和为何相似的现实基础。此外，如下一节所述，上述语法观可为我们合理审视语言起源问题提供一个框架。

11.5　领域普遍性能力与语言起源

推断语言起源这一论题搁置已久，当今再次成为人们认可的流行话题。鉴于我们对语言变迁的理解，尤其是对语法化的理解，我们完全有理
202 由假设，最早的语法构式，与新近史上所观察的构式相比较，它们的产生方式是相同的（Bybee 1998a，Li 2002，Heine and Kuteva 2007）。语法何以生发于重复的单词序列；对此，语法化可提供有理有据的解释。此外，领域普遍性能力不但见于人类，而且不同程度地也见于其他灵长目动物。鉴于此，将语法构式的产生和领域普遍性能力相联系，也就意味着基于使用的理论不必假设这样一个进化事件（无论是适应，还是变异）：大脑戏剧性地被重新连接，以至于包含了普遍语法的本质。事实上，平克、布卢姆（Pinker and Bloom 1990）、杰肯多夫（Jackendoff 2002）、平克（Pinker 2003）和乔姆斯基（Chomsky 2006）的理论都认为，这一本质是不可或缺的。相形之下，基于领域普遍性认知能力的任何理论皆以认知过程不断增强为假设前提，其中包括：记忆及其提取能力增强、运动和感知技能愈发精致、模仿和序列加工能力提升，范畴化越来越趋于抽象，等等。所有这些能力伴随某一语言形式的使用过程得以渐进发展（Bybee 1998a，Li 2002）。

进一步探讨语言的生物学基础不是本节的目标所在。与此不同的是，本节将重点讨论语法自身的演化理论。本节的要旨是，阐明语法演化理论必须以理解语言演变及其发生机制为坚实基础。

语言演变的首要场域，不是第一语言习得过程，而是语言使用过程；对此，第六章已有详述。然而，遗憾的是，许多研究人员居然开启了语言演变方面的研究，认同这样一个错误的假设：语言演变主要发生于语言的

代际传递过程（例子见 Briscoe 2003，Kirby and Christiansen 2003）。他们将达尔文的模型用于如下观点：复制伴随每一个体的语法习得过程而发生。有缺陷的复制会产生与成人模型相异的语法，并由此引发语言演变。相形之下，克罗夫特（Croft 2000）提出的基于使用的语法观则认为，复制因子是语言元素，一个社区的人说出的每个话语都会被复制。如前几章所述，由于神经运动调节，或由于构式扩展到相关的新语境，话语创新经常涉及一些小的发音调整。如果这些变化特征复现于多重语言事件，那么累积起来就会产生显著的语音和语法结构变化。

因此，从基于使用的角度来看，语法演化的前提条件是，跨模态关联已经成为可能；也就是说，语言使用者已经开始将声音与意义联系起来。这么说来，如果两个音义结合的符号（或单词）循序产生，那么就为阐述语法创造了条件，首先是组块化，然后是语法化过程。重复一个双词序 203
列，词库就会通过复合法得以扩展，含有重复成分的复合词（man-like、god-like、friend-like）就会产生派生词缀（manly、godly、friendly）。此外，高频语词组合会产生多词构式；多词构式实例会伴随重复而语法化。需要强调的是，无论词库创新，还是语法化产生新的语法成分和构式，都不会出现在第一语言习得过程，而只会逐渐发生在语言使用过程。

需要注意的是，就这个观点来看，可以认为，最早的一个或多个语言和今天的语言不大相同。早期的语言有词项，但没有语法项或构式。随着语言的使用，随着人类及其先祖的能力足以适应大量的词汇、更抽象的范畴以及自动化的序列，语法才得以渐进发展。海涅和库特瓦（Heine and Kuteva 2007）基于丰富多样的语法化研究文献，提出一套显性假设。这些假设表明，正如名词和动词经历了众所周知的语法化路径一样，现代语法范畴可能也是一层接一层地逐步建立的。鉴于此，我们不应采用均一性假说（uniformitarian hypothesis）的这一说法：最早的语言和有据可考的各种语言具有基本相同的属性；相反，我们倒应采用这样一种说法：演变过程对于过去和现在来说都是相同的（Heine and Kuteva 2007）。

雷和柯比（Wray 2000，Kirby 2000，Wray and Grace 2007）持有的观点有所不同，但又和上述观点互不排斥。他们不认可组合性的基础性地位。雷认为，复杂结构源于整体结构的分析，而非源于简单结构的组合。他（Wray 2000）注意到，现代语言大量使用整体性的程式表达。据他和格蕾丝（Wray and Grace 2007）的进一步推测，在主要与有相似背景的人交互的社会环境中，未经分析的表达可能更为常见（进一步的讨论见下一节）。柯比（Kirby 2000）通过一系列实验证明，当人工语言的语词传递给新的学习者时，他们会对这些语词施以某种秩序并加以改变，以创造出与语素相对应的复现部分。因此，这些学者对许多语言学家的假设提出质疑，否认组合性，也就是语素和语词的透明和有序组合对于语法的基础性作用。

认为整体表达式也是自然的，这一观点值得称道。对于形态具有规则性和组合性就最自然这一假设，拜比（Bybee 1985）的研究曾经予以驳斥。她指出，形式的不规则性在高频词项中最为常见，以此表明可分析性
204 较小和融合度较低的形式在语法中自然享有某种地位。关于这一论题，她在本研究中也有所论述。前几章已经表明，可分析性和组合性丧失，以及自治性增强，是语言加工方式的自然结果，也的确是语法的源头所在。然而，有的学者主张给整体表达式的分析赋予一定的地位，但不应忽视许多世纪和多种语言业已佐证的语言变迁的本质。虽然这些记录确实含有民间造词和逆向造词的情形，表明整体单元被分析过，但造就语法的绝大多数演变特征皆始于两个或多个元素，然后才融合为一个元素。因此，对于民间造词的每一情形而言，如果不能说成千上万的话，那么起码有数百个记录清晰的实例。它们都沿着从可分析的复杂组构形式到不可分析的组构形式这一相反方向演变。例如，hamburger（火腿堡 / 汉堡包）由表示某一肉品或其他食材的名词和表示“面包夹心”的另一元素构成；据此分析，我们可类推出 fishburger（鲜鱼堡）和 veggie-burger（素食堡）这样的新词。因此，我认为，在语法演变过程中，整体表达式的分析起次要作用，语法化起主要作用。还须注意的是，有人认为整体表达式的分析在语言演变过

程中发挥重要作用，其假设前提是，语言演变主要发生于语言传递过程。对此，本文不予接受。

11.6　形塑语法的社会因素

笔者著述的前提是，语言结构生发于语言使用过程。由此可见，使用语言的社会和文化语境对新结构的创生有一定影响。如前文所述，频度或重复造成可分析性和组合性消失、形式缩减、意义泛化以及推理规约化。只要使用语言的跨文化条件相似，语法的实质和形式也会相似；只要使用语言的条件不同，语言就会有不同类型的语法。因此，我们可能会发现，类型学上的差异在某种程度上与文化与语境差异有关。相形之下，任何一个理论，如普遍语法，如果依赖于一系列固有的假设，那么解释语言类型差异的手段就十分有限。本节将讨论与语言使用的社会互动语境相关的一些因素，阐明这些因素何以对语法产生影响，以期对此一时的跨语言相似性和彼一时的跨语言差异性提供解释。

11.6.1 语用推理的相似性

如前几章所述，语用推理在语义演变过程中具有重要作用，对于语法化和新构式的创造而言尤为如此。显而易见，语用推理是促成语法产生的 205
一种普遍机制。第 11.4 节已经提到，就不同语言的语法化而言，语义路径是相似的；这一点表明，不同文化也许存在巨大差异，即便如此，相似的情境也会做出十分相似的推理。有关将来式的讨论显示，推断说话人的意图，对于面向“目标”、“意志”和“义务”移动的表达式开始走向语法化至关重要。其次是对预测的推理，并由此产生将来意义。相同的语义来源和演变路径在不同的语言中皆有明证；既然如此，不同文化似乎也很有可能做出相同的推理。

还有一组演变特征也表明，推理具有跨语言相似性，具体指向用以表示现在状态的完成式和完成体，可见于桑戈语（Sango）、巴隆语（Palaung）、皮钦语、恩格尼语（Engenni）、特鲁克塞语（Trukese）、加勒比岛语（Island Carib）、卡努里语（Kanuri）、姆韦拉语（Mwera）以及英语的过去–现在式（Preterit-Present）动词（Bybee et al. 1994：70—78）。在如此情形下，如果表达“已经进入某一状态”这样的概念，如“I learned（我学过）”或“it got dark（天变黑）”，那么就可得出“结果状态仍然持续”的推理。这样一来，因为“I learned”，所以“I know（我知道）”；因为“it got dark”，所以“it is dark（天黑了）”。因此，含义的规约化产生一词多义；这样一来，完成式或完成体标记便可使用静态谓词表示现在。跨语言相似性给人印象至深，这也有力地表明，不同文化的人们可以做出十分相似的推理。

第三个例子关乎从时间关系表达式 after 中推断“使役”意义。正如英语的 since 从只有时间意义演变为也可表达原因一样，类似的演变特征也见于其他语言。特劳戈特和柯尼希（Traugott and König 1991）认为，英语的 since 经历了由例（4）的时间意义到例（6）的原因意义这一历时发展过程，其中经由例（5）这一过渡阶段，也就是语境把时间意义演变为原因意义的阶段。

(4) I think you'll all be surprised to know that *since* we saw Barbara last, she made an amazing trip to China. (COCA 1990)

(5) After 50 years of sleepwalking, he hasn't walked once *since* he started taking the drug. (COCA 1990)

(6) *Since* the hunters all have CB radios, they can warn each other before he even gets close. (COCA 1990)

海因和库特瓦（Heine and Kuteva 2002）援引英语、法语、巴斯克语（Basque）和阿兰达语（Aranda）的一词多义特征。跨语言模式表明，语言使用者对寻找因果关系特别感兴趣。即使这种关系没有明确表达，亦会
206 如此。因此，跨语言相似性可见于现实中做出的各种推理：意图、预测、

结果状态以及原因，等等。当然，鉴于社会和外部条件不同，某些推理无疑会因文化不同而产生差异。

11.6.2 推理过程与形态类型学

推理的实际内容有相似之处，但话语推理的性质和程度不尽相同，也由此产生语言差异。拜比（Bybee 1997）的研究考察了话语推理对于某一语言的语法化水平所产生的决定性作用。拜比等（Bybee et al. 1994）对语法化进行了广泛的跨语言比较研究。结果显示，不同语言的语法化程度存在差异。该研究发现，就分析型或孤立型语言而言，语法化的形式较长，与动词的融合度较低（一般来说，语音缩减也较少），语法范畴的意义更具体，所反映的语法化路径的阶段也更早。例如，达尔（Dahl 1985）、拜比和达尔（Bybee and Dahl 1989）以及拜比（Bybee et al. 1994）等的研究有一个重大发现，没有屈折变化的语言，也就是使用词缀和强制范畴的语言，一般也没有完成体 / 未完成体、现在式 / 过去式等区别特征。确切地讲，分析型语言倾向于使用完成式（前时式），反映的是过去式和完成体路径的早期阶段，或倾向于使用进行体，反映的是现在式或未完成体的早期阶段。

这一发现与萨丕尔（Sapir 1921）提出的形态学类型分类相呼应。尽管后来的研究者往往认为，萨丕尔提出的类型纯粹是形式问题，但萨丕尔在实际讨论中将形式与意义相联系，并提出不同形态类型的语言表达不同类型的意义这一主张。因此，萨丕尔区分了具体关系概念（Concrete Relational Concepts）和纯粹关系概念（Pure Relational Concepts），赋予语法意义类型这两个名称。他根据语法意义的抽象度将这两种类型加以区分。他没有将任何语法范畴永久地置于一种或另一种类型，反而认为数、性或体等范畴可能在一种语言中更为具体，但在另一种语言中则更体现相关性。例如，只标记名词的数，它更具体；标记指示词、形容词或动词的一致性，它则更体现相关性。拜比等（Bybee et al. 1994，Bybee 1997）的研究认为，较具体的关系概念与语法化路径上出现较早的意义大致对等，较纯粹的关系概念与语法化程度较高的意义大致对等。考虑到形式和意义发展的平行性，语法化没有发展到词缀化程度的语言，也不会像屈折语言那样，产生语义语法化过程。

由此可见，传统的形态类型学对涉及某一语言语法化程度的类型学具
207 有支撑作用。拜比等（Bybee et al. 1994）以 76 种语言为样本，以动词相关词素的形式特征为依据，对上述假设进行了量化检验。基于此，每种语言都可根据语法语素的音长、与周围材料的依存度以及与动词的融合度得以分类。他们运用这些形式特征，对一种语言的整体形态类型与标记的语义语法化水平的对应度进行检验。涉及的标记有：完结体（completive）、结果体（resultative）、前时（完成式）完成体和过去式。此处按语法化程度由低到高排序。检验结果表明，就依存度和融合度而言，对应程度十分显著：总体而言，语言的融合度和依存度越强，就越有可能产生高度语法化、用于完成体和过去式的词素。就词素音长而言，尚未发现对应情形。迄今为止，从未有人基于词素长度提出语言形态类型学，对此当然值得期待。

因此，形态类型学取决于语言语法化过程的推进程度，这一假设已经得以佐证。在量表的屈折语一端，语法化过程达到产出最抽象、最一般意义的水平。这些意义一般由附加词缀予以表达；在某些情形下，由于进一步的语音变化，也由词干特征演变予以表达。在量表的分析语一端，语法化过程远不及前一种类型。具体言之，语法词素不会变成词缀，也不会发生意义变化，从而无法建立最抽象、最具强制性的意义范畴。更确切地说，旧词素还未来得及抵达发展路径的终点，似乎就被正在经历语法化的其他词素所取代（Lin 1991）。

是什么因素阻止了某些语言的语法化进程？拜比（Bybee 1997）认为，语法化后期阶段的一个必要过程是分析型语言无法企及的。这一过程涉及一种特定类型的推理，从而使某一范畴具有强制性，因为范畴的强制

性是屈折变化的最主要特征。

分析型语言或孤立型语言的一个特点，是缺少如代词等词项的强制性表达，也缺少某种形态标识必须用于短语或小句的强制性范畴。下面以比桑（Bisang　2004）使用的中文句子来说明分析型语言的特性：

wǒ bú　jiàn　tā,　yǐ　shì　sān shí　duō　nián;　jīntiān ø　jiàn ø　le.
I NEG　see　he　already be　30　more　year;　today　see　PF
"I haven't seen him for more than 30 years. Today [I] saw [him]."

需要注意的是，第二个小句不需要指称代词形式，因为可以从上下文推断 208
出来。还要注意的是，第一个小句没有时态表达，但词汇表达式"30 年"使时间指称一目了然。通常，分析型语言的表达形式少有冗余或重复。例如，小句中没有有关论元角色的显性语法标记。因为词序有一定灵活性，只好留给听话人去推断小句名词短语之间的关系。在这种情形下，名词短语的语义，以及有关施事性的现实世界知识，对理解语义角色具有无与伦比的指导意义（Li，Bates and MacWhinney 1993）。听话人必须主动推断名词短语之间的关系，以符合说话人的预期，而不必依赖显性的语法标记或语序。同样，就时体域而言，隐含表达的情形不在少数，听话人必须尽可能合理地进行推理方可得知其义。

比桑（Bisang 2004）指出，东亚和东南亚分析型语言在形态句法和词汇上存在高度不确定性。其语法标记是多义的，表达不同功能域的意义，这取决于语境。一个词项可解读为名词，也可解读为动词，同样取决于语境。因此，分析型语言的语法标记缺乏两种特性，即使用频率和边界清晰的语义域。比桑认为，这些特性是强制性范畴得以生发的缘由所在。因为标记经常不会过多使用，所以其频率也不会增强，而频率增强通常却又是语法化的典型特征。同时，由于它们在不同的语义域运行，所以也没有出现任何范例。上述两个特性皆以标记在话语情境的使用状况为参照，因而也是这些语言抑制语法化的特征。

现在讨论一下冗余对语法化的促进作用。冗余表达式至少有两种类型。说话人表达一个想法，并使其成为话语的一部分，而这一特定想法即使不表达，也可以设想出来。这是第一种类型的冗余。例如，英语使用情态成分表达“义务”，欧洲其他语言使用同源词或类似词表达“义务”，前者的使用频率是后者不可企及的。例如，在同一语境下，讲美式英语的人说“I have to go now”，讲荷兰语的人只会说“Ik ga nu”，讲西班牙语的人则会说“me voy ahora”。如果此时的语境是如约去看医生，那么“义务”的概念则是隐含的。英语可表达这种含义，但其他语言则不然。在语法化早期阶段，使用频率之所以增强，可能是因为存在这种冗余现象。具体而言，某一概念在过去也许不言自明（因为很容易推断），但现在只要涉及这个概念，就会直接表达出来。

第二种冗余是由现实语言因素造成的。在大多数情形下，如果同一话
209 语的几个小句的时间参照点相同，那么使用一种形式表达时态也许就足够了。然而，对于时态为强制性范畴的语言来说，每一小句都要表达时态。同样，对要求主谓一致的语言来说，无论时态对理解是否必要，照样也要出现。限定词和形容词在性数上与名词保持一致，也会出现同一类型的冗余。第二种类型的冗余表明，语法化已进入高级阶段，范畴已成为强制性范畴。上述两种类型的冗余是综合型语言（synthetic language）的特征，但不是分析型语言（analytic language）的特征。

是什么造成冗余性和强制性的发展呢？回答这个问题当然并非易事。在语法化过程中，极频有所增强之时，人们会感觉到一种不可阻挡的运动之势，每次频度增强都会导致下一次的频度增强。一个可能的因素是，正在经历语法化的构式，由于频度增强，越来越易于提取；不仅发音自动化，而且认知提取也自动化。或许有人会说，它们达到高水平的“静息”激活状态，并因此更有可能被用以生产新的语言形式。

然而，支持非冗余话语的话语规约可能会抑制这种多重激活。在这种情

形下，被重复的构式一定会被解读为增加新信息。鉴于这种解读规约，说话人不太可能冗余性地使用构式。因此，频度增强的一个来源就受到制约。

如第十章所述，高频度使用，包括冗余使用，是强制性的先决条件。正如加西亚和范普特（García and van Putte 1989）所言，强制性源自语用推理。如果一个范畴的表达式司空见惯，那么听话人就有权这样推断：如果该范畴没有表达，那么就暗含相反的意义。因此，表达缺位逐渐被认为是互补范畴（complementary category）的零位表达。第10.7节以英语一般现在式为例，对这一演变特征进行了阐述。在进行体经历语法化之时，一般现在式产生了惯常性解释。

现在讨论一下推理规约。在话语包含较少冗余形式的文化中，每个成分都被认为是有意义的。因此，某些成分缺位可能意味着，缺失的意义要么是有意于表达又有待推理的意义，要么是无意于表达的意义。鉴于此，听话人需要自己填充未经表达的信息。听话人不习惯通过这种推理给未提说的信息赋予意义。与具有许多强制性范畴的综合型语言相比，使用分析型语言的听话人没有借以消除某些可能含义的语言线索。运用格标记或主谓一致原则确认哪个名词短语是主语的情形便是例证。相反，听话人必须根据语义、经验语境以及其他因素，如时间参照等，做出概率性的判断，以确定名词短语的角色。既然存在这种类型的推理，那么就不会建立强制性范畴；因此，只要推理策略保持不变，分析型语言就会保 210
持其分析性。

需要重点注意的是，推理策略是规约性的，必须经过学习才能掌握。儿童通过基于语境的话语经验学习什么能够推理和什么必须明确表达。正如我们所知，上述情形因语言不同而不同。笔者认为，这样的规约一旦形成，就会对一种语言的语法化进程产生影响。这样的文化规约是否与文化的其他特性有关？就推理策略而言，我认为没有理由假设存在如此相关性。然而，正如下一节可见，某些类型的形态范畴可能与语言赖以存在的文化的性质高度相关。

11.7 指示语形态和文化类型

就亲密环境而言，参与者相互了解，拥有许多共同的经历；就公共环境而言，参与者关系较远，无法假定他们有许多共同的境遇或现实条件。有两种语境，就有两种话语；对此，我们已经耳闻目睹（Bernstein 1972，Kay 1977，Givón 1979，Perkins 1992）。例如，在说话人背景相同的情境下，话语可能有这些特征：代词使用较多；名词短语省略较多；从属小句较少，往往以标记词取而代之。据许多研究人员观察，口语和书面语之间也有类似差异（Chafe 1982，Biber 1986）。吉冯（Givón 1979：207—233）提到，“语用”模态（“pragmatic” mode）是没有规划的非正式话语的特征；相形之下，事先规划的正式话语通常采用“句法”模态（“syntactic” mode）。他认为，从演化角度来看，语用模态先于句法模态。在较为复杂的文化中，人们通常遇到需要和陌生人交谈的言语情境。句法模态正是回应这种言语情境的产物。

珀金斯（Perkins 1992）设计了一套严密的方法，对使用语言的社会文化环境影响语法结构这一假设进行检验。根据伯恩斯坦、吉冯等的上述观察，珀金斯假设认为，有些语言在小群体共享有限物理和社会背景的文化中使用，另一些语言在背景不同的众多人群相互交流的文化中使用，前者比后者使用的指示语屈折或词缀标记更多。这个假设的前提是，屈折词缀通过语法化产生，形式必须高频度地使用才可能语法化。因此，珀金斯提出，在熟悉的人之间经常交流的文化中，如 here、there、now、then、she、he 等指示语会经常出现，并足以发生语法化。相反，在交流必须更
211 加明晰的文化中，这类标记不会轻易发生语法化。因为语法化的形式总会出现循环性消失和替代现象，所以随着文化越来越复杂，语言环境发生变化，指示屈折将会消失，而不会被取而代之。

检验这一假设有赖于解决三个重要问题。

首先，这个假设的检验必须有大量的文化和语言样本，但控制样本的基因和地域偏差颇为重要。珀金斯采用抽样技术解决了这一问题，首先建立了一个矩阵，以基因亲缘关系和区域接触潜势为变量将语言分开，然后从中随机选择语言。随机选择语言，而不是“为方便起见”选择语言，这一点也很重要。这样一来，唯有充分研究过的语言方可凸显，同时，其他偏差也不会不知不觉地进入样本。珀金斯采用这种方法选择了 49 种语言，以此作为研究的基础。

其次，必须选择一种测量文化复杂性的方法。珀金斯基于默多克（Murdock）的《民族志图集》（*Ethnographic Atlas*）（1967 以及 1967—1971）研究报告编制了一个量表，参照某一文化的农业类型和集约度、继承规则、区域组织、技艺专业化、阶级分层和居民点规模等要素，涵盖九个文化特征。这些测量指标之所以适用于上述假设，是因为它们能反映社会成员对于背景假设和当前预设的共享水平。

第三，就假设的语言测试而言，珀金斯选择了指示语的屈折标记，包括黏附于名词或动词的人称标记、双重标记（通常是第二人称）、第一人称的包含性 / 排他性区别特征、黏附指示词和屈折时态。此外，珀金斯还对人称标记的性区别特征进行编码，将其列为高频非指示性范畴，以检测指示词缺位能否仅归因于屈折缺失。

基于 49 种语言 / 文化的调查结果对这一假设提供了佐证。名词、动词的人称词缀和文化复杂性之间存在显著的对应关系。鉴于此，在相对不复杂的文化中使用的语言有较多人称词缀。就双重区分和包含性 / 排他性区分而言，同一方向的对应关系也显著。动词出现时态词缀，表明与预测方向一致的趋势，接近但还没有达到显著程度。名词和动词中指示成分的个别用例，表明与预测方向一致的非显著性趋势。因此，所检测的大多数范畴在预测方向上都与文化复杂性相对应。相形之下，所检测的非指示范畴，即动词的性一致，与文化复杂性之间存在非显著性关联（与指示词缀的方向相同），从而表明文化测量指标预测的不仅仅是屈折存现与否，而且尤其是指示屈折，这与上述假设的预测是一致的。

212 类似假设的其他验证工作并不怎么成功。支持这些理论假设的人尚没有付诸实证检验，即使做了实证检验，结果会如何，目前不得而知。然而，由于这些假设背后的推论存在某些瑕疵，因此实证检验成功的几率会大打折扣。这些假设以观察为依据，认为第二语言学习者往往简化语法的方方面面，特别是屈折变化（Trudgill 2001，Wray and Grace 2007）。洋泾浜语和克里奥尔语是极为典型的例子。这两种语言的屈折范畴不及正常发展的语言，也少于其自身的词源语言（lexifier language，大多数词汇由此而来）（如 Bickerton 1981，McWhorter 2001 等许多学者所指出的一样）。众所周知，第二语言成人学习者通常不会完全掌握目标语言的屈折系统。鉴于此，雷和格蕾丝（Wray and Grace 2007）认为，“对外”使用语言时，也就是说，与陌生人交谈时，说话人倾向于省去形态上的区别特征。雷和格蕾丝（Wray and Grace 2007：551）提出如下假设：

> 因此，习惯上对外使用的语言往往会生发和保持合理的、透明的、语音简明的，尤其适于成人学习的特征（Thurston 1989; Trudgill 1989，2002）。

上述研究者的假设是，屈折特征消失的机制就是第二语言学习的过程。鉴于此，他们声称，经常作为第二语言学习的目标语言会形成某些简化的、适于成人学习的特征。

仔细考察这一假设及其相关机制，就会发现几个问题。下面将探讨其中的一些问题。

首先，如果洋泾浜化过程和与正常发展的语言有关的接触情境之间存在一个连续体，那么这种假设并不一定有效（McWhorter 2001，Dahl 2001，不同于 Trudgill 2001）。众所周知，洋泾浜产生于有限的社会环境（种植园、贸易环境），其中多种母语同时使用。在此情形下，就会选择某一特定语言用于交流，于是接触说母语的人和母语本身的机会就很有限。成人学习者未能掌握这门语言，至少部分原因是语言接触十分有限。相形之下，在较为普通的语言接触或双语境况下（移民人口就是例证，如欧洲的外来务工人员），第二语言学习者往往嵌入目标语言和文化。在这种情形下，成人学习语言的能力不及儿童，但也不会从整体上对语言产生影响。相反，第二语言学习者对语言的影响瞬息而逝，之所以这么说，是因为他们的孩子能够全面接触并学习语言，从而成为母语使用者。第二语 213
言成人学习者的出现不会对语言产生改变；相反，移民人口却会逐渐转向大多数人使用的语言。

第二，就洋泾浜语和克里奥尔语而言，并非所有的屈折特征都会消失，注意到这一点颇为重要。罗伯茨和布雷斯南（Roberts and Bresnan 2008）调查了世界各地 27 种洋泾浜语言丢失或保留的范畴，发现有 15 种语言仍保留一些屈折特征，还显现出保留某种屈折类型的趋势：

> 我们找到的证据表明，屈折特征的减少是非对称性的，并且也不全面。赋予词干以语义和语法信息的屈折特征稍有保留，但与生成词外语句句法结构的屈折特征相比，其显著性又强一些（Roberts and Bresnan 2008：293）。

第二语言学习者的目标语言表达也没有消除所有形态（Dietrich，Klein and Noyau 1995，Prévost and White 2000）。有关自然环境下（课堂外环境）第二语言成人学习者的研究就屈折词的使用问题尚没有定论。迪特里希、克莱因和努瓦约（Dietrich，Klein and Noyau 1995）以及克莱因和珀杜（Klein and Perdue 1997）认为，第二语言学习的前 30 个月的基本变体（Basic Variety）涉及很少的时体形态标记；然而，经历这段时间之后，一些学习者开始使用某些时态屈折特征（如果目标语言是法语或英语，情形尤其如此）。就一致性而言，普雷沃（Prévost）和怀特（White）注意到，法语和德语学习者前三年能够正确使用许多一致性用法。因此，语言成人学习者消除所有屈折特征的结论，肯定是不正确的。像雷和格蕾丝那样断言，成人学习规则，而儿童学习细节，概括较少，也是不正确的。据迪特里希、克莱因和努瓦约观察，就其研究反映的所有目标语言（英语、德语、荷兰语、瑞典语和法语）而言，成人学习者都是从不规则动词过去式的构成开始学起，显然忽略了有关规则动词过去式的简单规则。

最后，语言演变发生于面向新说话人的传递过程；第二语言成人学习者简化屈折特征。基于上述两种观点、尤其后一种观点的理论，根本无法解释语言为什么首先有屈折变化。相反，珀金斯的理论前提已得到充分佐证，认为语言演变发生于语言使用过程。他的理论不仅以语法化为途径解释语言为何首先会有屈折变化，而且也解释指示范畴为何在某些文化语境没有被替换。关于语法化，注意到这一点颇为重要，洋泾浜和克里奥尔语生成新的屈折范畴，其过程与正常发展的语言相同；也就是说，新范畴是
214 通过语法化而创建的。这一事实证据进一步表明，基于使用的语法化过程是语法起源的根由所在，无论是早期语言，还是洋泾浜语和克里奥尔语，乃至成熟的语言，其语法生成过程一概如此。

11.8 语法性、频度和普遍特征

最后一节拟探讨决定特定构式在某一文化内部使用频度的因素，以此阐明使用模式决定跨语言模式的另一种方式。讨论的一个重要组成部分是基于使用的观念，即高频使用导致规约化和精细化，而低频使用导致构式的不可接受性和最终消失。据此我们发现，有些构式类型的语内和语际表征颇具强度（及物小句、所有格构式）；有些构式类型的使用频度存在显著语际差异（连续动词（Hopper 2008））；有些构式类型在某些语言中很少出现，在其他语言中不符合语法（间接关系小句（Keenan 1975）；见下文讨论）。

从基于使用的理论来看，语法性或可接受度评判被认为是渐变的；单

词、词素或语音的符合语法和不符合语法的组合都可进行可接受度评判。如第五章所述，某一语言的可接受度判断，据假定是以熟悉度为依据的，其中熟悉度取决于两个因素：一是单词、构式或特定短语的使用频度；二是与现有单词、构式或短语的相似度。任何项目，只要在受试者的经历中频现，或者与频现的其他项目类似，就被认为是可接受的。拜比和埃丁顿（Bybee and Eddington 2006）的实验表明，刺激材料选自语料库，也因而可能符合语法，但受试者仍然能够对其可接受度等级进行评定。具有高度显著性的结果是，"高频动词 + 形容词"组合被视为可接受度最高，紧随其后的是与高频组合具有语义相似性的较低频组合。与高频组合缺乏语义相似性的低频组合，被视为可接受度最低。[2] 因此，我们把极低频和非语法性之间的连线视为递差线（梯度线）。

在一种语言中决定某个构式频现与否的因素，也对该构式在另一语言中是否完全可接受具有决定性作用。高频模式高度规约化，也可能具有强能产性，而罕见的模式只可能保留在固定短语之中，或沦为不可接受的状态。霍金斯（Hawkins 1994, 2004, 2009）提出如下"运用-语法对应假设"（Performance-Grammar Correspondence Hypothesis）：

> 语法对于句法结构的规约化与其投入使用的优先程度成正比；对此，语料库的选择模式和心理语言实验的加工便捷性均可给予佐证（Hawkins 2004：3）。

霍金斯设想，决定语料库频度的主要因素是加工便捷性，但应注意的是，215
有各种因素对语料库频度产生影响。下文拟提及一些因素，阐明它们如何影响语言的高频或低频使用，又如何影响世界各语言的呈现模式。

11.8.1 人们想谈论什么

我们已经注意到，最常见的推论或假设对零表达的分布等因素具有决定作用，因为零表达负载的意义在语境中最为常见。高度泛化的语法范畴也往往多用于人们谈论最多的话题，例如，完成体用以叙事，现在式用以表达惯常状态和情境。此外，一般认为，会话具有高度主观性，因而第一人称单数代词和动词形式的使用频度颇高。第一人称单数动词形式通常高度自治，因而能够抵抗演变。因此，有关跨语言形式和意义的许多概括性观点部分地取决于人们往往交谈的内容。

11.8.2 说话人选择使用什么构式

信息呈现和交互管理的特定方式也有明显的倾向性，对语法的某些跨语言特性具有决定作用。话题优先，以（人类）主体为话题，由此产生了“主语”范畴及其位居宾语之前的倾向（Tomlin 1986，Siewierska 2002）。霍金斯（Hawkins 1994, 2009）报告认为，对于允许“主语–宾语”和“宾语–主语”两种顺序的语言来说，前者在语话中更为常见；当然，此观点与“主语–宾语”顺序更常见这一跨语言研究发现是一致的。

话语组织策略也会促进语法特性的形成，如动词的论元角色的屈折标记。杜波依斯（Du Bois 1985，1987）的研究显示，萨卡普尔特克人的（Sacapultec）玛雅语（Maya）采用一种持续的话语策略，将完整的名词短语引入通格（absolutive）角色的叙事之中，通常作为不及物动词的主语。然后，叙事中进一步提及的指称对象以作格（ergative）形式出现，但这一所指仅以动词的一致性标记表示。杜波依斯认为，这种模式是通格第三人称单数零表达的来源，通常多与词汇性名词短语共现，而作格屈折特征则可能源于代词，因此具有外显的标记。

名词短语可及性层级（Accessibility Hierarchy）是最早广为讨论的情
216 形之一，表明一种语言中罕见的现象在另一种语言中不会出现（或不可接受）（Keenan 1975）。这种层级的依据是，与中心名词互指的关系小句名词短语的角色。基南和科姆里（Keenan and Comrie 1977）基于大型跨语言样本表明，如果某一语言基于下列某一格位生成关系小句，那么也可使用左边的所有格位生成关系小句。

可及性层级：

主语 > 直接宾语 > 间接宾语 > 间接格 > 所有格 > 比较宾语

也就是说，有些语言仅依靠主语可便生成关系小句（马达加斯加语），有的语言依靠主语和直接宾语生成关系小句（威尔士语），等等。[3] 基南（Keenan 1975）还表明，在英语书面文本中，每种类型关系小句的出现频率也遵循如下比例关系：主语关系小句最为常见（占所考察的 2, 200 例证的 46%），直接宾语关系小句次之（24%），间接格和间接宾语关系小句再次之（15%），所有格关系小句最少（5%）。就关系小句而言，世界各种语言的可接受度和某一语言的频度的相关性有多种解释。基南（Keenan 1975）提出，"在某种意义上，在 [层级] 的主语（或更高）端生成关系小句，相对于较低端而言，更容易或更加自然"（1975：138）。基南和科姆里（Keenan and Comrie 1977）认为，与担任某些语法角色的名词短语一起构成关系小句，由于其意义更容易编码，因此从心理上来讲更为便捷。他们引用一些研究也表明，儿童更容易理解量表左端形成的关系小句。迪塞尔和托马塞洛（Diessel and Tomasello 2005）针对讲英语的儿童使用主语关系小句的自如度，提出颇具竞争力的解释：主语关系小句与主句保持相同的语序结构。

霍金斯（Hawkins 1994）在其所建议的解释中提到"复杂性"，并提出一个正式的语法解释，从而对每个语法角色的结构描述进行比较。据他发现，如果不参照主语，就无法对直接宾语进行结构描述；如果进一步描述间接宾语，就必须参照主语和直接宾语。基于这样的特征描述，人们禁不住会进一步说，"更容易"、"更自然"或相对不复杂的结构在某一单个语言的话语中更为频现，并且更有可能被不同的语言所接受（参见上一节提到的霍金斯的"运用-语法对应性"假说）。因此，语言内部层级和跨语言层级之间的因果关系一定是：少用即不可接受。

基南、科姆里和霍金斯的解释还有许多不足之处。基南没有具体说明，

他所说的“更容易”或“更自然的”是什么意思，也没有说明，为什么某
217 些意义比其他意义“更容易”。严格地讲，霍金斯的正式建议关乎语法内部，把主语、直接宾语等视为已知概念，而这些概念本身也需要解释。

另一种可能的解释源自我们对说话人话语组织方式的了解。福克斯（Fox 1987）以及汤普森和福克斯（Thompson and Fox 1990）采用此方法对英语会话中的关系小句进行过研究。当然，不同语言使用关系小句的方式可能不尽相同，但他们对英语会话使用关系小句的情形进行的研究，似乎有力地在表明，要以话语为本对可及性层级予以解释。福克斯（Fox 1987）基于所考察的数据指出，主语和宾语关系代词的频现程度等同，但大多数主语关系代词实际上并不是主体，而是不及物动词的主语。因此，迄今为止，大量例子表明，名词短语在关系小句中发挥绝对格的作用，也就是关系小句不及物动词的主语或及物动词的宾语。经福克斯的研究以及汤普森和福克斯（Thompson and Fox 1990）精细研究确定，关系小句的话语或会话角色是，确立某一指称对象与话语中已知的其他指称对象的相关性。其实现方式是，要么呈现所指对象的相关特征（主语功能，如例（10）），要么将所指对象呈现为及物性谓词的宾语，其中的主体是代词（话语参与者之一或已经提及的所指对象，如例（11）。这不是说关系小句没有其他功能；事实上，关系小句也有其他功能，只是关系小句的上述功能最为常见，从而使主语和宾语（或绝对格）关系代词的语法最易理解，也最易规约化。

(10) She’s married to this guy who’s really very quiet.

(11) This man who I have for linguistics is really too much.

如果其他语言也使用绝对格的关系代词来实现这些功能，那么就会在话语中频现，而其他类型却很少出现，甚至还可能不合乎语法。因此，有些语言，如迪尔巴尔语（Dyirbal）（Dixon 1972），只有绝对格能被关系化，而主体（作格）则不能。

因此，就可及性层级而言，我们可以看到各种解释：加工偏好、语义难易度、语法复杂度和话语功能。在每一种情形下，将上述因素与结构的

相对语法性或可接受度相联系的是使用频度。有人甚至会认为，这些解释都没有必要，因为相对于其他论元类型而言，绝对格（主语和宾语）的出现频率较高，这本身会使它们更有可能被关系化，从而更容易被接受。

为何某些语言比别的语言有更多可接受的关系化位置，这一问题可借
用珀金斯的亲密社团交流理论予以回答。如上所述，在更小、更亲密的文 218
化中，由于知识共享的缘故，指称可通过使用指示标记来确立。然而，在更大、更复杂的文化中，以较为明晰的手段确立指称，如关系小句，则是一种不可或缺的指称明示化策略。因此，珀金斯提出的假设认为，文化复杂度与某种语言允许可及性层级右端出现关系小句的程度是相关的。基南和科姆里（Keenan and Comrie 1977）曾对各种语言的关系化的可能性进行过探讨。珀金斯基于这些语言证实，文化与语法的关联度十分显著，进一步支持了语言使用语境决定语法结构的假设。

11.8.3 意义的特殊性或一般性

意义的特殊性和一般性对某一语言的频现内容会产生影响。语法范畴的具体成员，如双数（dual number），在某一语言中出现的频度较低（Greenberg 1966），也比单数和复数更容易消失。相反，随着语法化成分（如动词）在语法化构式中使用更加频繁，意义更加泛化，就可能会失去作为主动词出现的能力。因此，英语情态动词，如 can、may、shall、will 和 sure 的原初形式，在古英语中主要以限定形式出现，不定式和动名词形式非常罕见或不复存在。对于许多英语方言来说，把助动词用作主动词是不可接受的。以 shall can 这样的双情态动词为例，它们曾一度出现，但现在不可接受。因此，世界各种语言的许多助动词之所以缺乏非限定形式，是因为其意义极端淡化。

11.8.4 加工难易度

如上所述，霍金斯（Hawkins 2004）将话语的高频或低频归因于加工难易

度。有个例子可以证明这一点：同一组构成分的各成员在句法上呈相邻趋势。例（12）显示，waited 的补语与该动词相邻，而例（13）则不是这种情况。

(12) The man waited for his son in the cold but not unpleasant wind.

(13) The man waited in the cold but not unpleasant wind for his son.

霍金斯的研究表明，像例（12）这样非常易于加工的形符，在英语语料库中也更为常见，而像例（13）这样的例子在某些语言中是不可接受的（Tomlin 1986）。

219 11.8.5 说话思维的规约化

正如斯洛宾（Slobin 1996）所言，决定语言频度的另一因素，是说话时打包概念的规约化方式，即“说话思维”。斯洛宾（Slobin 1997a, 2003）主要研究动词的词汇特征及其包含的特征。他发现语言分为不同的类型，一方面取决于它们是否倾向于将方向信息融入运动动词，如西班牙语的 entrar（进入）、salir（出去）、bajar（往下走）和 subir（往上走）等动词都是上佳例证；另一方面取决于它们是否倾向于包括运动方式的信息，如英语的 amble（溜达）、saunter（闲逛）、run（跑）或 swim（游泳）。

说话思维的另一个更语法化的例子是某一语言使用连动构式（serial verb construction）的程度。连动构式指的是，同一个小句使用两个或多个限定动词，以构成同一谓词的一部分（Hopper 2008：254）。西非、巴布亚新几内亚以及亚非等地的语言使用这种构式的情况非常普遍。连动构式在欧洲语言中并不常见，但也并不陌生。例如，霍珀（Hopper 2008）对英语构式“take + NP and”进行了深度分析，如下句所示：

(14) And unfortunately we are going to have to *take all these people and* squish them into a church that seats four hundred...

这个例子展示连动用法，take 和 squish 并不代表不同事件，而是共同构成谓词。英语的其他例子还有 go get，比如“Let's go get some coffee”，以及“try and”构式。

霍珀（Hopper 2008）的观点是，在一种语言中是次要构式类型，但在另一种语言中却可能是主导构式类型。也就是说，似乎所有的语言都可通过语法化过程生成连动构式，仅有一些语言存在极端使用的趋向。当然，这不是因为一些说话人比另外一些说话人更需要连续动词。实际情况是，似乎首先是形成一种说话思维习惯——以某种方式打包信息，然后向某一语言越来越多的动词序列扩展。

11.9　结论：解释语言结构

如我们所知，格林伯格的研究观预示复杂适应性系统观的兴起。沿用格氏的研究方法，我们可考察不同语言在不同层级上的异同。在具体构式、库藏、词项等层级，我们会发现形式和功能的某些核心相似之处，也 220
有许多相异之处。克罗夫特（Croft 2001）认为，构式必定是语言特有的。在如语态一般的特定领域，我们可对构式进行分类，找到构式在不同维度上的相似之处，包括语法和分布特征。这些相似之处与构式产生的历时源点相关，也与构式在特定语法化路径上的先进程度相关。

借用前文讨论过的一个例子来讲，将来式构式的其一用途应是表示说话人的预测；据此，我们可从语义上对该构式进行定义，从跨语言角度阐明一系列核心构式。这些构式在许多方面会有所不同：有些可能还表达其他含义，如意图、义务、意愿或可能性；有些可能在话语中使用更为频繁；有些可能是屈折的，有些可能是迂回的。有些不可以出现在 if 小句，有些却又可以。如前所述，我们可追溯构式的历时发展以理解这些差异：构式的特定词汇来源决定何种情态意义（义务、意志或意愿）会出现；沿着语法化路径发展的程度决定情态、意图和预测意义的相对频度以及标记的形式特征。

因此，语态、时态、体态以及其他构式的演变路径，与简单的跨语言共时状态相比，呈现的普遍特征更为显著。然而，这些跨语言路径可进一步分解为伴随语言使用而生发的机制和因素。如第六章和第十章所述，这些演变特征源于组块化和语音缩减以及习惯化、泛化和推理引发的意义变化。因此，要对语言普遍特征进行更高层次的陈述，还要关注生成路径的语言演变机制。这些路径不会因语言或时间而发生改变（Bybee et al. 1994，Bybee 2001a, 2006b）。

语言普遍特征识别的另一个维度是我们基于构式特性所识别的连续体：可分析性、组合性、自治性、图式性、能产性和范畴的原型效应。所有语言的所有构式在某种程度上都具有这些特性。因此，语法本身是自然生发的，也是语言特有的，但语法单位在这些维度上的特性却颇具跨语言可比性。

然而，正如我们所知，即便是这些特性，也是从更基本的认知过程衍生而来的。这些认知过程包括相似性范畴、重复序列的组块化和邻接性关联。相似性范畴生成单词和构式的意义范畴，将点点滴滴的经验组合成语
221 言的形式单元，生成构式的槽位范畴和不同水平的可分析度。对重复的单元序列进行组块化处理，可将构式的各个部分黏结在一起，赋予词素和单词以不同程度的组构性和连贯性。邻接性关联使形式能够承载意义，也使意义随语境关联和频繁推理而发生改变。

上述领域普遍性过程通过大规模重复产生作用，不仅关涉个体，当然也关涉社团；重复人类喜欢谈论的话题和构建话语的方式，将最终产生特定语言的语法和词库。不同语言对语境、意义和话语模式的共享水平达到一定程度，才会呈现结构上的相似性。因此，只有将语言视为一种具身活动，不仅实时实景发生，而且历经真实的认知系统，才有可能对我们所认为的语言结构做出解释。

注　释

第一章　基于使用的语言观

1. 本用例来自《美国当代英语语料库》(COCA)(Davies 2008)的口语部分，时间为1990年。本文其他章节引用COCA等语料库时，都将注明语料库名称和用例发生的年份，如COCA 1990。

第二章　语言的丰富记忆：样例表征

1. 尽管频度对语音演变的词层扩散有影响，但许多变化特征最终完全规则化。
2. 正如格雷戈里(Gregory et al. 1999)、尤拉夫斯基(Jurafsky et al. 2001)和尤拉夫斯基及其同事的其他研究表明，每个单词在其他语境中的使用频度对此有调解作用。事实是否如此，尚有待确定。

第三章　组块化与自治度

1. 此处及本文其他地方，语言特有形式的名称，如Preterit(过去式)，采用首字母大写形式。跨语言定义的意义范畴术语，如perfective(完成体)，使用首字母小写形式。
2. 本文其他地方将自治性描述为极端版的保护效应。我希望，换一种方式描述这种关系不会造成混淆。
3. 试图寻找语法语素常体意义的研究非常之多，无法穷尽引用。早期的一些研究包括雅各布森(Jakobson 1957)、戴弗(Diver 1964)、斯蒂尔(Steele 1975)、沃(Waugh 1975)、兰艾克(Langacker 1978)等；最近的研究包括里德(Reid 1991)、戈德史密斯和沃伊泽特施莱格(Goldsmith and Woisetschlaeger 1982)等，还有构式语法传统方面的研究(Michaelis 2006)。

第四章　类推与相似性

1. 托马塞洛（Tomasello 2003）使用“类推（analogy）”这一术语指称儿童形成高阶语法抽象形式（如“名词”和“动词”等范畴）的过程，并将构式范畴的创建过程称为图式化。
2. 对潜在的“花园路径”语句的反应也受到单词序列先前经验的影响（Jurafsky 1996）。
3. 当然，有若干种方法可以将这样一个话语片段切分成预制表达形式。
4. 对于预制表达的单词分配，不同讲话者之间存在变异，或者预制表达可能会以一种此处没有明示的方式重叠出现。例如，“when I was younger”可能是“I can remember when”的重叠预制表达。关于后者预制性质的证据，见第九章。

第五章　范畴化和语料库的构式分布

1. 杰肯道夫（Jackendoff 2002）和库利科弗（Culicover 1999）也认为习惯性是采用构式的主要原因；然而，他们并不认为构式可以解释相对一般的句法模式。
2. “类符总数”将不超过每个语料库的类符之和，因为存在同一类符显现于书面和口语语料库的情形。
3. 克莱·贝克纳使用格里斯（Gries 2004）建议的软件，计算出西班牙语的构式搭配强度，谨此我向他表示谢意。
4. 在搭配分析中，convencido 和 redondo 遭到排斥，其他所有词项都为这个构式所“吸引”。

第六章　构式是如何产生的？基于使用的理论之共时和历时分析

1. 据推测，这一主张不包括频现的新兴动词不定式，比如 wanna、hafta 和 gonna，等等。

第七章　再分析抑或新范畴的渐进创造？以英语助动词为例

1. 有关情态词语义演变的处理方法，拜比和帕柳卡的研究（Bybee and Pagliuca 1987）讨论了 will 和 shall，拜比 1988 年的研究（Bybee 1988b）讨论了 may，拜比 1995 年的研究（Bybee 1995）讨论了 should，拜比 2003 的研究（Bybee 2003b）讨论了 can（Traugott 1989 讨论了 must）。

2. 统计了以下文本中的大约 100 个句子

1460—1480：

Ludus Conventriae 1460—1477

"Mankind", *The Macro Plays* 1465—1470

1550—1570：

Udall, Nicholas *Roister Doister* 1566

Stevenson, William *Gammer Gurton's Needle* 1550

1594—1602：

Shakespeare, William *Love's Labour's Lost* 1594, *A Midsummer Night's Dream* 1595, *As You Like It* 1599—1600, *The Merry Wives of Windsor* 1599—1600, *All's Well That Ends Well* 1602, *Measure for Measure* 1604

1630—1707：

Middleton, Thomas *A Chaste Maid in Cheapside* 1630

Vanbrugh, John *The Relapse* 1697. Act II, Scene 1

Farquhar, George *The Beaux Stratagem* 1707. Act I, Scene 1

3. 现代口语数据取自《美国电话录音语料库》。请注意，口语数据与剧本可比性不强。在《美国电话录音语料库》中，15% 的限定动词是 think 和 know，被用作话语标记。

4. 疑问句的抽样方式如下：数据源自莎士比亚的喜剧《终成眷属》。首先，考察包含动词或助动词的前 1000 个疑问句，然后以 100 为单位将其分成 10 组，把每组的最后 20 个疑问句抽取出来，最终获得 118 个疑问句样例。

5. 否定句的抽样方式如下：not 的所有样例源自《终成眷属》。从每 100 个（共计 800）样例中选取最后 20 个，共选出 160 个，不带动词的 not 用例予以排除。

6. 统计数据来自以下戏剧：

1566—1588

Udall，Nicholas *Roister Doister* 1566

Stevenson, William *Gammer Gurton's Needle* 1550

Lyly, John, *Endymion: The Man in the Moon* 1585—1588

1599—1602

Shakespeare, William *All's Well That Ends Well* 1660, *Measure for Measure* 1604

1621—1649：

Massinger, Phillip *A New Way to Pay Old Debts* 1621—1625

Shirley, James *The Lady of Pleasure* 1635

D'Avenant, William *Love and Honour* 1649

1663—1697：

Villiers, George *The Rehearsal* 1663

Etherege, George *The Man of Mode (Sir Fopling Flutter)* 1676

Vanbrugh, John *The Relapse* 1697. Act II, Scene 1

第八章　递差组构性和渐进性再分析

1. 利希滕贝克（Lichtenberk 1991）提及第四种方式，具体言之，再分析可能是渐进的：它在言语社区中逐渐扩散。

第九章　规约化及局部与一般之对比：以现代英语 can 为例

1. 陶（Tao 2003）也研究了 remember 在话语中的使用情形。

第十章　样例与语法意义：具体与一般

1. 图 10.1 与古森斯（Goossens 1992）对中古英语 can 的径向范畴分析非常相似。
2. 这一事实表明，主动词的用法仍然与助动词的用法相关，但随着表示“能力”的用法越来越普遍，can 作为主动词来表示“知道”的用法越来越少见，也越来越不被接受。
3. 然而，在大型语料库中，人们确实在 if 从句中找到了一些 will 表示将来而非意愿的例子。试看这个例子：

   (i) If I would really get tired from this, and if I *will* start to sing worse, I will just change it. (COCA 2004)
4. 另一组例子涉及成为虚拟语气的陈述语气。拜比等人（Bybee et al. 1994：230—236）对此有所讨论。
5. 某些语言的单数和复数都有词缀（例如班图语的名词类前缀）。在此情形下，格林伯格（Greenberg 1978b）认为单数和复数标记来源于指示词。
6. 如拜比（Bybee 1994）、达尔（Dahl 1995）和米凯利斯（Michaelis 2006）所论，现在惯常式和类指句的体意义是相同的；因此，笔者使用术语“现在惯常式”时，也包括类指句。

7. 请注意，许多进行体实例在讲话时也没有实际发生，如本例所示：
We get to the people who *are taking* drugs and we try to treat them.
8. 乔安妮·沙依布曼（Joanne Scheibman）编制了本章所用的表格，在此表示感谢。
9. 更进一步来说，米凯利斯和其他许多人一样都指出，对过去式表达“状态”的解释并不表明该状态是否已经延续到现在。
10. 关于这一点，尚存在不同解释。现在惯常式是指某一时间区间重复的情形，该区间涵盖现在，可被视为与说话时刻具有同步性（参见科姆里（Comrie 1976）对惯常式的定义，即“具有时间延展特征的情形……”（27—28））。
11. 米凯利斯误读了拜比等人（Bybee et al. 1994）的以下陈述：英语现在时毫无意义。从历时而言，如前面所讨论的那样，它没有词汇意义，但可从上下文中获得意义：“根据拜比等人（Bybee et al. 1994：152）的观点，‘现在时没有任何显性意义，它指的是其他时态偏离的默认情形。’他们认为，现在时因为具有中性语义，所以能‘吸收常态社会和物理现象固有的含义，而且如果清晰描述和分解这种意义，那么就会发现它包含惯常事件和行为以及正在进行的状态’(同上)”（Michaelis 2006：231—232）。
12. 就表10.1分析的用例而言，一般现在时没有表示将来的用法。
13. 试图找到高度抽象意义，但却无法真实描述语言内部和跨语言情形的另一例子，参见拜比（Bybee 1998b）有关假定的“非现实”范畴的讨论。
14. 拜比（Bybee 1988b）也提到了这一点。
15. 报道的数据来自更非正式的语料库。科茨认为，该语料库更能代表英语口语。
16. 关于这些功能的具体描述，参见拜比（Bybee et al. 1994）第八章。

第十一章　作为复杂适应性系统的语言：认知、文化和使用的互动

1. 海涅和库特瓦（Heine and Kuteva 2002）的参考书列举了两种或多种不相关语言从词汇到语法的变化特征，进一步阐明语法化路径的跨语言相似性。
2. 类似的结果已经在音位配列学的可接受度研究中有所发现（Vitevitch et al. 1997, Bailey and Hahn 2001）。
3. 因为与当前的讨论没有直接关系，所以对主要策略和其他策略的区别不予讨论。

参考文献

Andersen, Henning. 1973. Abductive and deductive change. *Language* **49**: 765—93.

Anderson, John R. 1982. Acquisition of cognitive skill. *Psychological Review* **89**: 369—406.

1993. *Rules of the Mind*. Hillsdale, NJ: Lawrence Erlbaum.

Anderson, John R. and Gordon H. Bower. 1973. A propositional theory of recognition memory. *Memory and Cognition* **2** (3): 406—12.

Arbib, Michael A. 2003. The evolving mirror system: a neural basis for language readiness. In Morten H. Christiansen and S. Kirby (eds.), *Language evolution*, 182—200. Oxford: Oxford University Press.

Aske, Jon. 1990. Disembodied rules vs. patterns in the lexicon: testing the psychological reality of Spanish stress rules. *Berkeley Linguistics Society* **16**: 30—45.

Baayen, Harald. 1993. On frequency, transparency, and productivity. In G. E. Booij and J.van Marle (eds.), *Yearbook of morphology*, 181—208. Dordrecht: Kluwer Academic.

2003. Probabilistic approaches to morphology. In R. Bod, J. Hay and S. Jannedy (eds.), *Probability theory in linguistics*, 229—87. Cambridge, MA: MIT Press.

Bailey, Todd M., and Ulrike Hahn. 2001. Determinants of wordlikeness: phonotactics or lexical neighborhoods? *Journal of Memory and Language* **44**: 568—91.

Baron, Naomi. 1977. *Language acquisition and historical change*. Amsterdam: North Holland.

Bates, Elizabeth. 1994. Modularity, domain specificity and the development of language. In D.C. Gajdusek, G.M. McKhann, and C.L. Bolis (eds.), *Evolution and the neurology of language. Discussions in neuroscience* **10** (1—2): 136—49.

Bates, E., I. Bertherton and L. Snyder. 1988. *From first words to grammar: individual differences and dissociable mechanisms.* New York: Cambridge University Press.

Bates, Elizabeth, Donna Thal and Virginia Marchman. 1991. Symbols and syntax: a Darwinian approach to language development. In N. Krasnegor, D. M. Rumbaugh, R. L. Schiefelbusch and M. Studdert-Kennedy (eds.), *Biological and behavioral determi-*

nants of language development, 29—65. Hillsdale, NJ: Lawrence Erlbaum.

Beckner, Clay, and Joan Bybee. 2009. A usage-based account of constituency and reanalysis. *Language Learning* **59**: Suppl. 1, December, 27—46.

Bell, Alan, Daniel Jurafsky, Eric Fosler-Lussier, Cynthia Girand, Michelle Gregory and Daniel Gildea. 2003. Effects of disfluencies, predictability, and utterance position on word form variation in English conversation. *Journal of the Acoustical Society of America* **113** (2): 1001—24.

Berlin, Brent and Paul Kay. 1969. *Basic color terms: their universality and evolution.* Berkeley, CA: University of California Press.

Bernstein, Basel. 1972. Social class, language and socialization. In P. Giglioli (ed.), *Language and social context*. Baltimore, MD: Penguin.

Beths, Frank. 1999. The history of DARE and the status of unidirectionality. *Linguistics* **37**: 1069—10.

Biber, Douglas. 1986. Spoken and written textual dimensions in English. *Language* **62**: 384—414.

Bickerton, Derek. 1981. *Roots of language*. Ann Arbor, MI: Karoma.

Binnick, Robert I. 1991. *Time and the verb.* Oxford: Oxford University Press.

Bisang, Walter. 2004. Grammaticalization without coevolution of form and meaning: the case of tense-aspect-modality in East and mainland Southeast Asia. In W. Bisang, N. Himmelmann, and B. Wiemer (eds.), *What makes grammaticalization? A look from its fringes and its components*, 109—38. Berlin: Mouton de Gruyter.

Boas, Hans. 2003. *A constructional approach to resultatives. (Stanford Monographs in Linguistics)*. Stanford, CA: CSLI Publications.

Bowdle, Brian F. and Dedre Gentner. 2005. The career of metaphor. *Psychological Review* **112**: 193—216.

Boyland, Joyce T. 1996. *Morphosyntactic change in progress: a psycholinguistic approach*. Dissertation. University of California, Berkeley, CA.

Bradley, H. 1904. *The making of English*. New York: Macmillan.

Bransford, J. D., and J. J. Franks. 1971. The abstraction of linguistic ideas. *Cognitive Psychology* **2**: 331—50.

Brinton, Laurel and Traugott, Elizabeth C. 2005. *Lexicalization and language change.* Cambridge: Cambridge University Press.

Briscoe, Ted. 2003. Grammatical assimilation. In M. Christiansen and S. Kirby (eds.), *Language evolution*, 295—316. Oxford: Oxford University Press.

Browman, Catherine P., and Louis M. Goldstein. 1992. Articulatory phonology: an overview. *Phonetica* **49**: 155—80.

Brown, Esther. 2004. *Reduction of syllable initial /s/ in the Spanish of New Mexico and southern Colorado: a usage based approach*. Dissertation. University of New Mexico, Albuquerque, NM.

Bybee, Joan L. 1985. *Morphology: a study of the relation between meaning and form*. Amsterdam/Philadelphia: John Benjamins.

1986. On the nature of grammatical categories: a diachronic perspective. In S. Choi (ed.), *Proceedings of the Second Eastern States Conference on Linguistics*, 17—34.

1988a. Morphology as lexical organization. In M. Hammond and M. Noonan (eds.), *Theoretical morphology*, 119—41. San Diego, CA: Academic Press.

1988b. Semantic substance vs. contrast in the development of grammatical meaning. *Berkeley Linguistics Society* **14**: 247—64.

1988c. The diachronic dimension in explanation. In J. Hawkins (ed.), *Explaining language universals,* 350—79. Oxford: Basil Blackwell.

1994. The grammaticization of zero: asymmetries in tense and aspect systems. In W. Pagliuca (ed.), *Perspectives on grammaticalization*, 235—54. Amsterdam/ Philadelphia: John Benjamins.

1995. The semantic development of past tense modals in English. In J. Bybee and S. Fleischman (eds.) *Modality in grammar and discourse*, 503—7. Amsterdam: John Benjamins.

1997. Semantic aspects of morphological typology. In J. Bybee, J. Haiman and Thompson (eds.), *Essays on language function and language type*, 25—37. Amsterdam/Philadelphia: John Benjamins.

1998a. A functionalist approach to grammar and its evolution. *Evolution of Communication* **2**: 249—78.

1998b. 'Irrealis' as a grammatical category. *Anthropological linguistics* **40**: 257—71.

1998c. The emergent lexicon. *CLS 34: the panels*, 421—35. Chicago: Chicago Linguistic Society. Reprinted in Bybee 2007: 279—93.

2000a. Lexicalization of sound change and alternating environments. In M. Broe and J. Pierrehumbert (eds.), *Laboratory Phonology 5: Language acquisition and the lexicon*, 250—68. Cambridge: Cambridge University Press. Reprinted in Bybee 2007: 216—34.

2000b. The phonology of the lexicon: evidence from lexical diffusion. In M. Barlow and S. Kemmer (eds.), *Usage-based models of language*, 65—85. Stanford, CA: CSLI Publications. Reprinted in Bybee 2007: 199—215.

2001a. *Phonology and language use*. Cambridge: Cambridge University Press.

2001b. Main clauses are innovative, subordinate clauses are conservative: consequences for the nature of constructions. In J. Bybee and M. Noonan (eds.), *Complex sentences in grammar and discourse: essays in honor of Sandra A. Thompson*, 1—17. Amsterdam/Philadelphia: John Benjamins.

2002a. Sequentiality as the basis of constituent structure. In T. Givón and B. Malle (eds.), *The evolution of language from pre-language,* 109—32. Amsterdam/ Philadelphia: John Benjamins. Reprinted in Bybee 2007: 313—35.

2002b. Word frequency and context use in the lexical diffusion of phonetically conditioned sound change. *Language Variation and Change* **14**: 261—90. Reprinted in Bybee 2007: 235—64.

2003a. Cognitive processes in grammaticalization. In M. Tomasello (ed.), *The new psychology of language*, Vol. II, 145—67. Mahwah, NJ: Lawrence Erlbaum.

2003b. Mechanisms of change in grammaticization: the role of frequency. In B. D. Joseph and R. D. Janda (eds.), *The handbook of historical linguistics*, 602—23. Oxford: Blackwell. Reprinted in Bybee 2007: 336—57.

2005. Restrictions on phonemes in affixes: a crosslinguistic test of a popular hypothesis. *Linguistic Typology* **9**: 165—222.

2006a. From usage to grammar: the mind's response to repetition. *Language* **82**: 711—733.

2006b. Language change and universals. In R. Mairal and J. Gil (eds.), *Linguistic universals*, 179—94. Cambridge: Cambridge University Press.

2007. *Frequency of use and the organization of language*. Oxford: Oxford University Press.

2008. Formal universals as emergent phenomena: the origins of Structure Preservation. In J. Good (ed.), *Language universals and language change*, 108—21. Oxford: Oxford University Press.

2009a. Grammaticization: implications for a theory of language. In J. Guo, E. Lieven, Ervin-Tripp, N. Budwig, S. Őzçalişkan, and K. Nakamura (eds.), *Crosslinguistic approaches to the psychology of language: research in the tradition of Dan Isaac Slobin*, 345—56. New York: Psychology Press.

2009b. Language universals and usage-based theory. In M. H. Christiansen, C. Collins, and S. Edelman (eds.), *Language universals*, 17—39. Oxford: Oxford University Press.

Bybee, Joan L., and Mary A. Brewer. 1980. Explanation in morphophonemics: changes in Provençal and Spanish preterite forms. *Lingua* **52**: 201—42. Reprinted in Bybee 2007: 41—73.

Bybee, Joan L., and Elly Pardo. 1981. On lexical and morphological conditioning of alternations: a nonce-probe experiment with Spanish verbs. *Linguistics* **19**: 937—68. Reprinted in Bybee 2007: 74—100.

Bybee, Joan L., and Dan I. Slobin. 1982. Why small children cannot change language on their own: evidence from the English past tense. In A. Alqvist (ed.), *Papers from the 5th International Conference on Historical Linguistics*, 29—37. Amsterdam/ Philadelphia: John Benjamins.

Bybee, Joan L., and Carol L. Moder. 1983. Morphological classes as natural categories. *Language* **59**: 251—70. Reprinted in Bybee 2007: 127—47.

Bybee, Joan L., and William Pagliuca. 1987. The evolution of future meaning. In A. Giacalone Ramat, O. Carruba and G. Bernini (eds.), *Papers from the 7th International Conference on Historical Linguistics*, 109—22. Amsterdam/ Philadelphia: John Benjamins.

Bybee, Joan L., and Östen Dahl. 1989. The creation of tense and aspect systems in the languages of the world. *Studies in language* **13** (1): 51—103.

Bybee, Joan L., William Pagliuca, and Revere Perkins. 1991. Back to the future. In E. Traugott and B. Heine (eds.), *Approaches to grammaticalization*, Vol. II, 17—58. Amsterdam/Philadelphia: John Benjamins.

Bybee, Joan, Revere Perkins, and William Pagliuca. 1994. *The evolution of grammar: tense, aspect and modality in the languages of the world*. Chicago: University of Chicago Press.

Bybee, Joan, and Joanne Scheibman. 1999. The effect of usage on degrees of constituency: the reduction of *don't* in English. *Linguistics* **37** (4): 575—96. Reprinted in Bybee 2007: 294—312.

Bybee, Joan, and Sandra A. Thompson. 2000. Three frequency effects in syntax. *Berkeley Linguistics Society* **23**: 65—85. Reprinted in Bybee 2007: 269—78.

Bybee, Joan, and James L. McClelland. 2005. Alternatives to the combinatorial paradigm of linguistic theory based on domain general principles of human cognition. In N. A. Ritter (ed.), *The role of linguistics in cognitive science*. Special issue of *The Linguistic Review*, **22** (2—4): 381—410.

Bybee, Joan, and David Eddington. 2006. A usage-based approach to Spanish verbs of ‘becoming’. *Language* **82**: 323—55.

Bybee, Joan, and Rena Torres Cacoullos. 2009. The role of prefabs in grammaticization: How the particular and the general interact in language change. In R. Corrigan, E. Moravcsik, H. Ouali, and K. Wheatley (eds.), *Formulaic language,* Vol. I, 187—217. Typological Studies in Language. Amsterdam: John Benjamins.

Campbell, Alistair. 1959. *Old English grammar*. Oxford: Oxford University Press.

Campbell, Lyle. 2001. What's wrong with grammaticalization? In L. Campbell (ed.), *Grammaticalization: a critical assessment*. Special issue of *Language Sciences* **23** (2—3), 113—61.

Carey, Kathleen. 1994. The grammaticalization of the Perfect in Old English: an account based on pragmatics and metaphor. In W. Pagliuca (ed.), *Perspectives on grammaticalization*, 103—17. Amsterdam/Philadelphia: John Benjamins.

Casenheiser, Devin, and Adele E. Goldberg. 2005. Fast mapping of a phrasal form and meaning. *Developmental Science* **8**: 500—08.

Chafe, Wallace. 1982. Integration and involvement in speaking, writing and oral literature. In D. Tanner (ed.), *Spoken and written language: exploring orality and literacy*, 35—53. Norwood, NJ: Ablex.

Chevrot, Jean-Pierre, Laurence Beaud and Renata Varga. 2000. Developmental data on a French sociolinguistic variable: post-consonantal word-final /R/. *Language Variation and Change* **12**: 295—319.

Chomsky, Noam. 1957. *Syntactic structures*. The Hague: Mouton.

1965. *Aspects of the theory of syntax*. Cambridge, MA: MIT Press.

2006. On phases. In R. Freidin, C. Otero and M. Zubizaretta (eds.), *Foundational issues in linguistic theory*, 133—66. Cambridge, MA: MIT Press.

Clausner, Tim, and William Croft. 1997. The productivity and schematicity of metaphor. *Cognitive Science* **21**: 247—82.

Coates, Jennifer. 1983. *The semantics of the modal auxiliary*. London: Croom Helm.

Coleman, John, and Janet Pierrehumbert. 1997. Stochastic phonological grammars and acceptability. *Computational phonology: proceedings of the 3rd meeting of the ACL Special Interest Group in Computational Phonology*, 49—56. Somerset: Association for Computational Linguistics.

Company Company, Concepción. 2006. Subjectification of verbs into discourse markers: semantic-pragmatic change only? In B. Cornillie and N. Delbecque (eds.), *Topics in subjectification and modalization*, 97—121. Amsterdam/Philadelphia: John Benjamins.

Comrie, Bernard. 1976. *Aspect*. Cambridge: Cambridge University Press.

1985. *Tense*. Cambridge: Cambridge University Press.

Contini-Morava, Ellen. 1989. *Discourse pragmatics and semantic categorization: the case of negation and tense-aspect with special reference to Swahili*. Berlin: Mouton de Gruyter.

Coste, Jean, and Augustin Redondo. 1965. *Syntaxe de l'espagnol moderne*. Paris: Société d'Edition d'Enseignement Superieur.

Croft, William. 2000. *Explaining language change*. Harlow: Longman Linguistic Library.

2001. *Radical construction grammar: syntactic theory in typological perspective*. Oxford: Oxford University Press.

2003. *Typology and universals* (2nd edn). Cambridge: Cambridge University Press.

Croft, William, and Alan Cruse. 2004. *Cognitive linguistics*. Cambridge: Cambridge University Press.

Culicover, Peter W. 1999. *Syntactic nuts: hard cases, syntactic theory, and language acquisition*. Oxford: Oxford University Press.

Culicover, Peter W., and Ray Jackendoff. 2005. *Simpler syntax*. Oxford: Oxford University Press.

Curme, George O. 1931. *A grammar of the English language*. Essex: Verbatim.

Dąbrowska, Eva, and Elena Lieven. 2005. Towards a lexically specific grammar of children's question constructions. *Cognitive Linguistics* **16**: 437—74.

Dahl, Östen. 1985. *Tense and aspect systems*. Oxford: Basil Blackwell.

1995. The marking of the episodic/generic distinction in tense-aspect systems. In G. Carlson and F. Pelletier (eds.), *The generic book*, 412—25. Chicago: University of Chicago Press.

2001. Inflationary effects in language and elsewhere. In J. Bybee and P. Hopper (eds.), *Frequency and the emergence of linguistic structure,* 471—80. Amsterdam/ Philadelphia: John Benjamins.

Davies, Mark. 2004. BYU-BNC: The British National Corpus. 100 million words, 1980s—1993. Available online at http://corpus.byu.edu/bnc.

2006. Corpus del español. (100 million words, 1200s—1900s). Available online at www.corpusdelespanol.org. Accessed Autumn 2006.

2007. Time Magazine Corpus. 100 million words, 1920s—2000s. Available online at http://corpus.byu.edu.time.

2008. The Corpus of Contemporary American English (COCA): 400+ million words, 1900—present. Available online at www.americancorpus.org.

Denison, David. 1985. The origins of periphrastic 'do' : Ellegård and Visser reconsidered. In R. Eaton, O. Fischer, F. van der Leek, and W. F. Koopman (eds.), In *Papers from the 4th International Conference on English Historical Linguistics*, 45—60. Amsterdam/Philadelphia: John Benjamins.

1993. *English historical syntax: verbal constructions*. London: Longmans.

Díaz-Campos, Manuel. 2004. Acquisition of sociolinguistic variables in Spanish: do children acquire individual lexical forms or variable rules? In T. Face (ed.), *Laboratory approaches to Spanish phonology*, 221—36. Berlin: DeGruyter.

D' Introno, Franco, and Juan Manuel. Sosa. 1986. Elisión de la /d/ en el español de Caracas: aspectos sociolingüísticos e implicaciones teóricas. In R. A. Núñez Cedeño, I. Páez Urdaneta, and J. Guitart (eds.), *Estudios sobre la fonología del español del Caribe*, 135—63. Caracas: Ediciones La Casa de Bello.

Diessel, Holger, and Michael Tomasello. 2005. A new look at the acquisition of relative clauses. *Language* **81**: 1—25.

Dietrich, R., Wolfgang Klein and C. Noyau. 1995. *The acquisition of temporality in a second language*. Amsterdam/Philadelphia: John Benjamins.

Diver, William. 1964. The system of agency in the Latin noun. *Word* **20**: 178—96.

Dixon, R. M. W. 1972. *The Dyirbal language of North Queensland*. Cambridge: Cambridge University Press.

Dobzhansky, Theodosius. 1964. Biology, molecular and organismic. *American Zoo logist* **4**: 443—52.

Donald, Merlin. 1991. *Origins of the modern mind: three stages in the evolution of culture and cognition*. Cambridge, MA: Harvard University Press.

1998. Mimesis and the executive suite: missing links in language evolution. In J. R. Hurford, M. Studdert-Kennedy and C. Knight (eds.), *Approaches to the evolution of language*, 44—67. Cambridge: Cambridge University Press.

Downing, Pamela. 1977. On the creation and use of English compound nouns. *Language* **53**: 810—42.

Drachman, Gaberell. 1978. Child language and language change: a conjecture and some refutations. In J. Fisiak (ed.), *Recent developments in historical phonology*, 123—44. Berlin: Walter De Gruyter.

Dryer, Matthew S. 1988. Object-verb order and adjective-noun order: dispelling a myth. *Lingua* **74**: 185—217.

Du Bois, John W. 1985. Competing motivations. In J. Haiman (ed.), *Iconicity in syntax*, 343—65. Amsterdam/Philadelphia: John Benjamins.

1987. The discourse basis of ergativity. *Language* **63**: 805—55.

Eddington, David. 1999. On 'becoming' in Spanish: a corpus analysis of verbs of expressing change of state. *Southwest Journal of Linguistics* **18**: 23—46.

2000. Stress assignment in Spanish within the analogical modeling of language. *Language* **76**: 92—109.

Ellegård, Alvar. 1953. *The auxiliary DO: the establishment and regulation of its use in English*. Stockholm: Almqvist and Wiksell.

Ellis, Nick C. 1996. Sequencing in SLA: phonological memory, chunking and points of order. *Studies in Second Language Acquisition* **18**: 91—126.

Ellis, Nick C., and Diane Larsen-Freeman. 2006. Language emergence: implications for applied linguistics–introduction to the special issue. *Applied linguistics* **27** (4): 558—89.

Erman, Britt, and Beatrice Warren. 2000. The Idiom Principle and the Open Choice Principle. *Text* **20**: 29—62.

Fente, R. 1970. Sobre los verbos de cambio o devenir. *Filología Moderna* **38**: 157—72.

Fidelholtz, James. 1975. Word frequency and vowel reduction in English. *Chicago Linguistic Society* **11**: 200—13.

Fillmore, Charles J., and Paul Kay. 1999. Grammatical constructions and linguistic generalizations: the What's X doing Y? construction. *Language* **75** (1): 1—33.

Fillmore, Charles J., Paul Kay and Mary C. O' Connor. 1988. Regularity and idiomaticity in grammatical constructions. *Language* **64**: 501—38.

Fischer, Olga. 2007. *Morphosyntactic change*. Oxford: Oxford University Press.

Foulkes, Gerald, and Paul Docherty. 2006. The social life of phonetics and phonology. *Journal of Phonetics* **34**: 409—38.

Fowler, Carol A., and Jonathan Housum. 1987. Talkers' signaling of "new" and "old" words in speech and listeners' perception and use of the distinction. *Journal of Memory and Language* **26**: 489—504.

Fox, Barbara A. 1987. The Noun Phrase Accessibility Hierarchy reinterpreted: subject primacy or the absolutive hypothesis. *Language* **63**: 856—70.

Frisch, Stefan A., Nathan R. Large, Bushra Zawaydeh and David B. Pisoni. 2001. Emergent phonotactic generalizations in English and Arabic. In J. Bybee and P. Hopper (eds.), *Frequency and the emergence of linguistic structure*, 159—80. Amsterdam/ Philadelphia: John Benjamins.

García, Erica., and Florimon van Putte. 1989. Forms are silver, nothing is gold. *Folia Linguistica Historica* **8** (1—2): 365—84.

Gentner, Dedre. 1983. Structure-mapping: a theoretical framework for analogy. *Cognitive science* **7**: 155—70.

Gentner, Dedre, and Arthur B. Markman. 1997. Structure mapping in analogy and similarity. *American Psychologist* **52**: 45—56.

Gibbs, Raymond W., and Jennifer E. O' Brien. 1990. Idioms and mental imagery: the metaphorical motivation for idiomatic meaning. *Cognition* **36** (11): 35—68.

Givón, Talmy. 1971. Historical syntax and synchronic morphology: an archeologist's field trip. *CLS* 7: 384—415. Chicago: Chicago Linguistic Society.

1973. The time-axis phenomenon. *Language* **49**: 890—925.

1975. Serial verbs and syntactic change: Niger-Congo. In Charles N. Li (ed.), *Word order and word order change*, 47—112. Austin, TX: University of Texas Press.

1979. *On understanding grammar*. New York/San Francisco: Academic Press.

1984. *Syntax: a functional-typological introduction*, Vol. I. Amsterdam/Philadelphia: John Benjamins.

2002. *Biolinguistics: the Santa Barbara lectures*. Amsterdam/Philadelphia: John Benjamins.

Godfrey, John, Edward Holliman and Jane McDaniel. 1992. SWITCHBOARD: Telephone speech corpus for research and development. In *Proceedings of the IEEE ICASSP-92*, 517—20. San Francisco: IEEE.

Goldberg, Adele E. 1995. *Constructions: a construction grammar approach to argument structure*. Chicago: University of Chicago Press.

2003. Constructions: a new theoretical approach to language. *Trends in Cognitive Science* **7**: 219—24.

2006. *Constructions at work: the nature of generalization in language*. Oxford: Oxford University Press.

Goldberg, Adele E., Devin Casenheiser and N. Sethuraman. 2004. Learning argument structure generalizations. *Cognitive Linguistics* **14**: 289—316.

Goldinger, Stephen. 1996. Word and voices: episodic traces in spoken word identification and recognition memory. *Journal of Experimental Psychology* **22**: 1166—83.

Goldinger, Stephen, Paul Luce and David Pisoni. 1989. Priming lexical neighbors of spoken words: effects of competition and inhibition. *Journal of Memory and Language* **28**: 501—18.

Goldsmith, John, and E. Woisetschlaeger. 1982. The logic of the English progressive. *Linguistic Inquiry* **13**: 79—89.

Goossens, Louis. 1987. The auxiliarization of the English modals: a functional grammar view. In M. Harris and P. Ramat (eds.), *Historical development of auxiliaries* (*Trends in linguistics*, 35), 111—43. Berlin: Mouton de Gruyter.

1990. *Cunnan, conne(n), can*: the development of a radial category. In G. Kellermann and M. D. Morrissey (eds.), *Diachrony within synchrony: language history and cognition*, 377—94. Frankfurt am Main: Peter Lang.

Greenberg, Joseph H. 1963. Some universals of grammar with particular reference to the order of meaningful elements. In J. Greenberg (ed.), *Universals of language*, 73—

113. Cambridge, MA: MIT Press.

1966. *Language universals: with special reference to feature hierarchies*. The Hague: Mouton.

1969. Some methods of dynamic comparison in linguistics. In J. Puhvel (ed.), *Substance and structure of language*, 147—203. Berkeley/Los Angeles: University of California Press.

1978a. Diachrony, synchrony and language universals. In J. Greenberg, C. Ferguson and E. Moravcsik (eds.), *Universals of human language: method and theory*, Vol. I, 61—92. Stanford, CA: Stanford University Press.

1978b. How do languages acquire gender markers? In J. Greenberg, C. Ferguson and E. Moravcsik (eds.), *Universals of human language*, Vol. III, 47—82. Stanford, CA: Stanford University Press.

Greenberg, Joseph H., Charles Ferguson and Edith Moravcsik (eds.). 1978. *Universals of human language: method and theory*. Stanford, CA: Stanford University Press.

Gregory, Michelle, William Raymond, Alan Bell, Eric Fosler-Lussier and Daniel Jurafsky. 1999. The effects of collocational strength and contextual predictability in lexical production. *CLS* **35**: 151—66. Chicago: Chicago Linguistic Society.

Gries, Stefan Th. 2004. Coll. analysis 3. A program for R for Windows.

Gries, Stefan, Beate Hampe and Doris Schönefeld. 2005. Converging evidence: bringing together experimental and corpus data on the association of verbs and constructions. *Cognitive Linguistics* **16** (4): 635—76.

Gurevich, Olga, Matt Johnson, and Adele E. Goldberg. To appear. Incidental verbatim memory for language. *Language and Cognition*.

Haiman, John. 1985. *Natural syntax*. Cambridge: Cambridge University Press.

1994. Ritualization and the development of language. In W. Pagliuca (ed.), *Perspectives on grammaticalization*, 3—28. Amsterdam/Philadelphia: John Benjamins.

2002. Systematization and the origin of rules: the case of subject-verb inversion in questions. *Studies in Language* **26** (3): 573—93.

Halle, Morris. 1962. Phonology in generative grammar. *Word* **18**: 54—72.

Harrington, Jonathan. 2006. An acoustic analysis of 'happy-tensing' in the Queen's Christmas broadcasts. *Journal of Phonetics* **34**: 439—457.

Harris, Alice C., and Lyle Campbell. 1995. *Historical syntax in cross-linguistic perspective*. Cambridge: Cambridge University Press.

Haspelmath, Martin. 1989. From purposive to infinitive—a universal path of grammaticization, *Folia Linguistica Historica* **10**: 287—310.

1998. Does grammaticalization need reanalysis? *Studies in Language* **22** (2): 315—51.

Hatcher, Anna G. 1951. The use of the progressive form in English. *Language* **27**: 254—80.

Hawkins, John A. 1983. *Word order universals*. New York: Academic Press.

1994. *A performance theory of order and constituency*. Cambridge: Cambridge University Press.

2004. *Efficiency and complexity in grammars.* Oxford: Oxford University Press.

2009. Language universals and the Performance-Grammar Correspondence Hypothesis. In M. Christiansen, C. Collins and S. Edelman (eds.), *Language universals*, 54—78. Oxford: Oxford University Press.

Hay, Jennifer. 2001. Lexical frequency in morphology: is everything relative? *Linguistics* **39**: 1041—70.

2002. From speech perception to morphology: affix-ordering revisited. *Language* **78**: 527—55.

Hay, Jennifer, and Harald Baayen. 2002. Parsing and productivity. *Yearbook of Morphology 2001*, 203—35.

Hay, Jennifer, and Joan Bresnan. 2006. Spoken syntax: the phonetics of giving a hand in New Zealand English. *The Linguistic Review* **23** (3): 321—49.

Heine, Bernd. 1993. *Auxiliaries: cognitive forces and grammaticalization*. Oxford: Oxford University Press.

Heine, Bernd, and Tania Kuteva. 2002. *World lexicon of grammaticalization*. Cambridge: Cambridge University Press.

2007. *The genesis of grammar: a reconstruction*. Oxford: Oxford University Press.

Heine, Bernd, and Mechthild Reh. 1984. *Grammaticalization and reanalysis in African languages.* Hamburg: H Buske.

Heine, Bernd, Ulrike Claudi and Friederike Hünnemeyer. 1991. *Grammaticalization: a conceptual framework*. Chicago: University of Chicago Press.

Hoffman, Sebastian. 2005. *Grammaticalization and English complex prepositions: a corpus-based study*. London/New York: Routledge.

Hook, Peter Edwin. 1991. The emergence of perfective aspect in Indo-Aryan languages. In E. Closs T. and B. Heine (eds.) *Approaches to grammaticalization,* Vol. II, 5989. Amsterdam: John Benjamins.

Hooper, Joan B. 1976. Word frequency in lexical diffusion and the source of morphophonological change. In W. Christie (ed.), *Current progress in historical linguistics*, 96—105. Amsterdam: North Holland. Reprinted in Bybee 2007: 23—34.

1979. Child morphology and morphophonemic change. *Linguistics* **17**: 21—50. Reprinted in J. Fisiak (ed.) 1980. *Historical morphology,* 157—87. The Hague: Mouton.

Hooper, Joan B. and Sandra A. Thompson. 1973. On the applicability of root transformations. *Linguistic Inquiry* **4**: 465—97.

Hopper, Paul J. 1987. Emergent grammar. *Berkeley Linguistic Society* **13**: 139—57.

1991. On some principles of grammaticization. In E. C. Traugott and B. Heine (eds.), *Approaches to grammaticalization*, Vol. I, 17—35. Amsterdam/Philadelphia: John Benjamins.

1994. Phonogenesis. In W. Pagliuca (ed.), *Perspectives on grammaticalization*, 29—45. Amsterdam/Philadelphia: John Benjamins.

2008. Emergent serialization in English: pragmatics and typology. In J. Good (ed.) *Language universals and language change*, 253—84. Oxford: Oxford University Press.

Hopper, Paul J., and Sandra A. Thompson. 1980. Transitivity in grammar and discourse. *Language* **56**: 251—99.

1984. The discourse basis for lexical categories in universal grammar. *Language* **60** (4): 703—52.

Hopper, Paul J., and Elizabeth Traugott. 2003. *Grammaticalization* (2nd edn). Cambridge: Cambridge University Press.

Huddleston, Rodney D., and Geoffrey K. Pullum. 2002. *The Cambridge grammar of the English language*. Cambridge: Cambridge University Press.

Israel, Michael. 1996. The way constructions grow. In A. E. Goldberg (ed.), *Conceptual structure, discourse, and language*, 217—30. Stanford, CA: CSLI.

Jackendoff, Ray. 1975. Morphological and semantic regularities in the lexicon. *Language* **51**: 639—71.

2002. *Foundations of language.* Oxford: Oxford University Press.

Jakobson, Roman. 1957 [1971]. Shifters, verbal categories and the Russian verb. Reprinted in *Roman Jakobson, Selected Writings II*, 130—47. The Hague: Mouton.

1966 [1971]. Quest for the essence of language. *Diogenes*, 51. Reprinted in *Roman Jakobson, Selected Writings II*, 345—59. The Hague: Mouton.

1990. Some questions of meaning. In L. R. Waugh (ed.), *On language: Roman Jakobson*, 315—23. Cambridge, MA: Harvard University Press.

James, William. 1950 [1890]. *Principles of psychology*. New York: Dover.

Janda, Richard D. 2001. Beyond 'pathways' and 'unidirectionality' : on the discontinuity of language transmission and the counterability of grammaticalization. In L. Campbell (ed.), *Grammaticalization: a critical assessment.* Special issue of *Language Sciences*, **23** (2—3): 265—340.

Jespersen, Otto. 1942. *A modern English grammar on historical principles, Part VI: Morphology*. London: George Allen & Unwin; Copenhagen: Ejnar Munksgaard.

Johnson, Keith. 1997. Speech perception without speaker normalization. In K. Johnson and J. W. Mullennix (eds.), *Talker variability in speech processing*, 145—65. San Diego, CA: Academic Press.

Johnson-Laird, P., and R. Stevenson. 1970. Memory for syntax. *Nature* **227**: 412.

Johnson-Laird, P., C. Robins and L. Velicogna. 1974. Memory for words. *Nature* **251**: 704—705.

Jurafsky, Daniel. 1996. A probabilistic model of lexical and syntactic access and disambiguation. *Cognitive Science* **20**: 137—94.

Jurafsky, Daniel, Alan Bell and Cynthia Girand. 2002. The role of the lemma in form variation. In C. Gussenhoven and N. Warner (eds.), *Papers in laboratory phonology VII*, 1—34. Berlin/New York: Mouton de Gruyter.

Jurafsky, Daniel, Alan Bell, Michelle Gregory and William Raymond. 2001. Prob abilistic relations between words: evidence from reduction in lexical production. In J. Bybee and P. Hopper (eds.), *Frequency and the emergence of linguistic structure*, 229—54. Amsterdam/Philadelphia: John Benjamins.

Kay, Paul. 1977. Language evolution and speech style. In B. Blount and M. Sanchez (eds.), *Sociocultural dimensions of language change*, 21—33. New York: Academic Press.

Keenan, Edward L. 1975. Variation in universal grammar. In E. Keenan, R. Fasold and R. Shuy (eds.), *Analyzing variation in language*, 136—48. Washington, DC: Georgetown University Press.

Keenan, Edward L., and Bernard Comrie. 1977. Noun phrase accessibility and Universal Grammar. *Linguistic Inquiry* **8** (1): 63—99.

Kiparsky, Paul. 1968. Linguistic universals and linguistic change. In E. Bach and R.T. Harms (eds.), *Universals in linguistic theory*, 171—204. New York: Holt Rinehart and Winston.

1985. Some consequences of lexical phonology. *Phonology yearbook* 2: 85—138.

1995. The phonological basis of sound change. In J. Goldsmith (ed.), *The handbook of phonological theory*, 640—70. Oxford: Blackwell.

Kirby, Simon. 2000. Syntax without natural selection: how compositionality emerges from vocabulary in a population of learners. In C. Knight, J. Hurford & M. Studdert-Kennedy (eds.), *The evolutionary emergence of language: social function and the origins of linguistic form*, 303—23. Cambridge: Cambridge University Press.

2001. Spontaneous evolution of linguistic structure: an iterated learning model of the emergence of regularity and irregularity. *IEEE Journal of Evolutionary Computation* **5** (2):102—10.

Kirby, Simon, and Morten Christiansen. 2003. From language learning to language evolution. In M. Christiansen and S. Kirby (eds.), *Language evolution*, 279—94. Oxford: Oxford University Press.

Klein, Wolfgang, and Clive Perdue. 1997. The basic variety (or: couldn't natural languages be much simpler?). *Second Language Research* **13**(4): 301—47.

Köpcke, Klaus-Michael. 1988. Schemas in German plural formation. *Lingua* **74**: 303—35.

Kotovsky, Laura, and Dedre Gentner. 1996. Comparison and categorization in the development of relational similarity. *Child Development* **67**: 2797—822.

Kroch, Anthony. 1989a. Function and grammar in the history of English: periphrastic *do*. In R. W. Fasold and D. Schiffren (eds.), *Language change and variation,* 134—69. Amsterdam/Philadelphia: John Benjamins.

1989b. Reflexes of grammar in patterns of language change. *Language Variation and Change* **1**: 199—244.

Kroch, Anthony, John Myhill and Susan Pintzuk. 1982. Understanding *do*. *CLS* **18**: 282—94. Chicago: Chicago Linguistics Society.

Krott, Andrea, Harald Baayen and R. Schreuder. 2001. Analogy in morphology: modeling the choice of linking morphemes in Dutch. *Linguistics* **39** (1): 51—93.

Krug, Manfred. 1998. String frequency: a cognitive motivating factor in coalescence, language processing and linguistic change. *Journal of English Linguistics* **26**: 286—320.

Labov, William. 1966. *The social stratification of English in New York City*. Arlington, VA: Center for Applied Linguistics.

1972. *Sociolinguistic patterns*. Philadelphia, PA: University of Pennsylvania Press.

1982. Building on empirical foundations. In Winfred P. Lehmann and Yakov Malkiel (eds.), *Perspectives on historical linguistics*, 17—92. Amsterdam: John Benjamins.

1994. *Principles of linguistic change: internal factors*. Oxford: Blackwell.

Lakoff, George. 1987. *Women, fire, and dangerous things: what categories reveal about the mind*. Chicago: University of Chicago Press.

Lancelot, C. and A. Arnauld. 1660. *Grammaire générale et raisonnée.* Paris: Pierre le Petit. Langacker, Ronald. 1978. The form and meaning of the English auxiliary. *Language* **54**: 853—82.

1987. *Foundations of cognitive grammar: theoretical prerequisites*, Vol. I. Stanford, CA: Stanford University Press.

2000. A dynamic usage-based model. In M. Barlow and S. Kemmer (eds.), *Usage-based models of language*, 1—63. Stanford, CA: CSLI.

Larsen-Freeman, Diane. 1997. Chaos/complexity science and second language acquisition. *Applied Linguistics* **18**: 141—65.

Lehmann, Christian. 1982. *Thoughts on grammaticalization: a programmatic sketch*, Vol. I. (Arbeiten des Kölner Universalien-Projekts 48). Köln: Universität zu Köln. Institut für Sprachwissenschaft.

Li, Charles N. 1975. *Word order and word order change*. Austin, TX: University of Texas Press.

1976. *Subject and topic*. New York: Academic Press. (ed.) 1977. *Mechanisms of syntactic change*. Austin, TX: University of Texas Press.

2002. Some issues concerning the origin of language. In J. Bybee and M. Noonan (eds.), *Complex sentences in grammar and discourse: essays in honor of Sandra A. Thompson*, 203—21. Amsterdam/Philadelphia: John Benjamins.

Li, P., Elizabeth Bates and Brian MacWhinney. 1993. Processing a language without inflections: a reaction time study of sentence interpretation in Chinese. *Journal of Memory and Language* **32**: 169—92.

Liberman, A. M., K. Safford Harris, H. Hoffman and B. C. Griffith. 1957. The discrimination of speech sounds within and across phoneme boundaries. *Journal of Experimental Psychology* **54**: 358—68.

Lichtenberk, Frantiek. 1991. On the gradualness of grammaticalization. In E.C. Traugott and B. Heine (eds.), *Approaches to grammaticalization*, 37—80. Amsterdam/ Philadelphia: John Benjamins.

Lieven, Elena, Julian M. Pine and Gillian Baldwin. 1997. Lexically-based learning and early grammatical development. *Journal of Child Language* **24**: 187—219.

Lightfoot, David. 1979. *Principles of diachronic syntax*. Cambridge: Cambridge University Press.

1991. *How to set parameters: arguments from language change*. Cambridge, MA: MIT Press.

Lin, Zi-Yu. 1991. *The development of grammatical markers in Archaic Chinese and Han Chinese.* Dissertation. SUNY, Buffalo, NY.

Lindblom, Björn. 1990. Explaining phonetic variation: a sketch of the H&H theory. In W. J. Hardcastle and A. Marchal (eds.), *Speech production and speech modelling*, 403—39. Dordrecht: Kluwer.

Lindblom, Björn, Peter MacNeilage and Michael Studdert-Kennedy. 1984. Selforganizing processes and the explanation of language universals. In B. Butterworth, B.

Comrie and Ö. Dahl (eds.), *Explanations for language universals*, 181—203. Berlin/New York: Walter de Gruyter.

Lord, Carol. 1976. Evidence for syntactic reanalysis: from verb to complementizer in Kwa. In S. B. Steever, C. A. Walker and S. Mufwene (eds.), *Papers from the parasession on diachronic syntax*, 179—91. Chicago: Chicago Linguistic Society.

Los, Bettelou. 2005. *The rise of the* to-*infinitive*. Oxford: Oxford University Press.

Losiewicz, Beth L. 1992. *The effect of frequency on linguistic morphology*. Dissertation. University of Texas, Austin, TX.

Luce, Paul, David Pisoni, and Stephen Goldinger. 1990. Similarity neighborhoods of spoken words. In G. Altmann (ed.), *Cognitive models of speech processing: psycholinguistic and computational perspectives*, 122—47. Cambridge, MA: MIT Press.

MacFarland, T., and Janet Pierrehumbert. 1991. On ich-Laut, ach-Laut and structure preservation. *Phonology* **8**: 171—80.

MacWhinney, Brian. 1978. The acquisition of morphophonology. *Monographs of the Society for Research in Child Development* **174** (43).

Malt, B. C., and E. E. Smith. 1984. Correlated properties in natural categories. *Journal of Verbal Learning and Verbal Behavior* **23**: 250—69.

Mańczak, Witold. 1980. Laws of analogy. In J. Fisiak (ed.), *Historical morphology, 28388*. The Hague: Mouton.

Marchese, Lynell. 1986. *Tense/aspect and the development of auxiliaries in Kru languages*. Arlington, VA: Summer Institute of Linguistics.

Marcos Marín, Francisco. 1992. *Corpus oral de referencia del español contemporáneo*. Textual corpus, Universidad Autónoma de Madrid.

Marcus, Gary F., Steven Pinker, M. Ullman, M. Hollander, T. J. Rosen and F. Xu. 1992. Overregularization in language acquisition. *Monographs of the society for research in child development* **57** (4): 1—182.

McClelland, James L., and Joan Bybee. 2007. Gradience of gradience: a reply to Jackendoff. *The Linguistic Review* **24**: 437—55.

McWhorter, John. 2001. Defining ‘creole’ as a synchronic term. In I. Neumann-Holzschuh and E. Schneider (eds.), *Degrees of restructuring in creole languages*, 85—124. Amsterdam/Philadelphia: John Benjamins.

Medin, Douglas. L., and Marguerite M. Schaffer. 1978. Context theory of classification learning. *Psychological Review* **85**: 207—38.

Meillet, Antoine. 1912. L’évolution des formes grammaticales. *Scientia (Rivista di scienza)* **6** (12): 384—400.

Michaelis, Laura A. 2004. Type shifting in Construction Grammar: an integrated approach to aspectual coercion. *Cognitive Linguistics* **15** (1): 1—67.

2006. Tense in English. In B. Aarts and A. MacMahon (eds.), *The handbook of English linguistics*, 220—34. Oxford: Blackwell.

Miller, George A. 1956. The magical number seven, plus or minus two: some limits on our capacity for processing information. *Psychological Review* **63**: 81—97.

Miller, Joanne. 1994. On the internal structure of phonetic categories: a progress report. *Cognition* **50**: 271—85.

Moonwomon, Birch. 1992. The mechanism of lexical diffusion. Paper presented at the Annual Meeting of the Linguistic Society of America, January, Philadelphia.

Morton, J. 1967. A singular lack of incidental learning. *Nature* **215**: 203—04.

Mossé, Fernand. 1952. *A Handbook of Middle English*. Translated by James A. Walker. Baltimore, MD: Johns Hopkins University Press.

1968. *Manual of Middle English*. Baltimore, MD: Johns Hopkins University Press.

Mowrey, Richard, and William Pagliuca. 1995. The reductive character of articulatory evolution. *Rivista di Linguistica* **7** (1): 37—124.

Munson, Benjamin, and Nancy P. Solomon. 2004. The effect of phonological neighborhood density on vowel articulation. *Journal of Speech, Language, and Hearing Research* **47**: 1048—58.

Murphy, G. L., and A. M. Shapiro. 1994. Forgetting of verbatim information in discourse. *Memory and Cognition* **22**: 85—94.

Nader, K., G.E. Schafe, and J.E. le Doux. 2000. Fear memories require protein synthesis in the amygdale for reconsolidation after retrieval. *Nature* **406**: 722—6.

Nagle, Stephen J. 1989. *Inferential change and syntactic modality in English*. Frankfurt am Main: Lang.

Newell, Allen. 1990. *Unified theories of cognition*. Cambridge, MA: MIT Press. Newmeyer, Frederick J. 1998. *Language form and language function*. Cambridge, MA: MIT Press.

2005. *Possible and probable languages: a generative perspective on linguistic typology*. Oxford: Oxford University Press.

Noonan, Michael. 1998. Non-structuralist syntax. In M. Darnell, E. Moravcsik, F. Newmeyer, M. Noonan and K. Wheatley (eds.), *Functionalism and formalism in linguistics*, Vol. **I**, 11—31. Amsterdam/Philadelphia: John Benjamins.

Norde, Muriel. 2001. Deflexion as a counterdirectional factor in grammatical change. In L. Campbell (ed.), *Grammaticalization: a critical assessment*. Special issue of

Language Sciences **23** (2—3): 231—64.

Nosofsky, Robert M. 1988. Similarity, frequency, and category representations. *Journal of Experimental Psychology: learning, memory, and cognition* **14**: 54—65.

Nunberg, Geoffrey, Ivan A. Sag and Thomas Wasow. 1994. Idioms. *Language* **70**: 491—538.

Ogura, M. 1993. The development of periphrastic *do* in English: a case of lexical diffusion in syntax. *Diachronica* **10** (1): 51—85.

O'Neill, John. 1999. *Electronic Texts and Concordances of the Madison Corpus of Early Spanish Manuscripts and Printings,* CD-ROM. Madison and New York; Hispanic Seminary of Medieval Studies.

Patterson, Janet L. 1992. *The development of sociolinguistic phonological variation patterns for (ing) in young children.* Dissertation. University of New Mexico, Albuquerque, NM.

Pawley, Andrew, and Frances Hodgetts Syder. 1983. Two puzzles for linguistic theory: nativelike selection and nativelike fluency. In J. C. Richards and R. W. Schmidt, *Language and communication*, 191—226. London: Longman.

Perkins, Revere. 1992. *Deixis, grammar, and culture*. Amsterdam/Philadelphia: John Benjamins.

Peters, Ann M. 1983. *The units of language acquisition*. Cambridge: Cambridge University Press.

Pierrehumbert, Janet. 1994. Syllable structure and word structure: a study of triconsonantal clusters in English. In Patricia Keating, ed., *Phonological structure and phonetic form: papers in laboratory phonology III*, 168—90. Cambridge: Cambridge University Press.

2001. Exemplar dynamics: word frequency, lenition and contrast. In J. Bybee and P. Hopper (eds.), *Frequency and the emergence of linguistic structure*, 137—57. Amsterdam/Philadelphia: John Benjamins.

2002. Word-specific phonetics. In C. Gussenhoven and N. Warner (eds.), *Laboratory phonology 7*, 101—39. Berlin: Mouton de Gruyter.

2003. Phonetic diversity, statistical learning, and acquisition of phonology. *Language and speech* **46** (2—3): 115—54.

Pine, Julian M., and Elena Lieven. 1993. Reanalysing rote-learned phrases: individual differences in the transition to multiword speech. *Journal of Child Language* **20**: 551—71.

Pinker, Steven. 1991. Rules of language. *Science* **253**: 530—35.

1999. *Words and rules*. New York: Basic Books.

2003. *The blank slate: the modern denial of human nature*. New York: Viking.

Pinker, Steven, and Paul Bloom. 1990. Natural language and natural selection. *Behavioral and Brain Sciences* **13**: 707—26.

Phillips, Betty S. 1984. Word frequency and the actuation of sound change. *Language* **60**: 320—42.

2001. Lexical diffusion, lexical frequency, and lexical analysis. In J. Bybee and P. Hopper (eds.), *Frequency and the emergence of linguistic structure*, 123—36. Amsterdam/Philadelphia: John Benjamins.

Plank, Frans. 1984. The modals story retold. *Studies in Language* **8** (3): 305—64.

Poplack, Shana. To appear. A variationist perspective on grammaticalization. In B. Heine and H. Narrog (eds.) *Handbook of grammaticalization*. Oxford University Press.

Poplack, Shana, and Sali Tagliamonte. 1996. Nothing in context: variation, grammaticization and past time marking in Nigerian Pidgin English. In P. Baker and A. Syea (eds.), *Changing meanings, changing functions: papers relating to grammaticalization in contact languages*, 71—94. London: University of Westminster.

Pountain, Christopher J. 1984. How 'become' became in Castilian. In *Essays in honour of Robert Brian Tate from his colleagues and pupils*, 101—11. University of Nottingham Monographs in the Humanities.

Prévost, P., and L. White. 2000. Missing surface inflection or impairment in second language acquisition? Evidence from tense and agreement. *Second language research* **16** (2): 103—33.

Quirk, Randolf, Sydney Greenbaum, Geoffrey Leech, and Jan Svartvik. 1985. *A comprehensive grammar of the English language*. New York: Harcourt Brace Jovanovich.

Reid, Wallis. 1991. *Verb and noun number in English: a functional explanation*. New York: Longman.

Reyna, V. F., and B. Kiernan. 1994. The development of gist versus verbatim memory in sentence recognition: effects of lexical familiarity, semantic content, encoding instruction, and retention interval. *Developmental Psychology* **30**: 178—91.

Roberts, Ian. 1985. Agreement parameters and the development of the English modal auxiliaries. *Natural Language and Linguistic Theory* **3**: 21—58.

Roberts, Ian, and Anna Roussou. 2003. *Syntactic change: a minimalist approach to grammaticalization*. Cambridge: Cambridge University Press.

Roberts, Julie. 1994. *Acquisition of variable rules:* (-t, d) *deletion and* (ing) *production in preschool children*. Dissertation, University of Pennsylvania, Philadelphia.

1997. Acquisition of variable rules: a study of (-t, d) deletion in preschool children.

Journal of Child Language **24**: 351—72.

Roberts, Sarah J., and Joan Bresnan. 2008. Retained inflectional morphology in pidgins: a typological study. *Linguistic Typology* 12: 269—302.

Romaine, Suzanne. 1995. The grammaticalization of irrealis in Tok Pisin. In J. Bybee and S. Fleischmann (eds.), *Modality in grammar and discourse*, 389—427. Amsterdam/Philadelphia: John Benjamins.

Rosch, Eleanor H. 1973. Natural categories. *Cognitive Psychology* **4**: 328—50.

1975. Cognitive representation of semantic categories. *Journal of Experimental Psychology* **104**: 573—605.

1978. Principles of categorization. In E. H. Rosch and B. B. Lloyd (eds.), *Cognition and categorization*, 27—48. Hillsdale, NJ: Lawrence Erlbaum.

Rumelhart, David E., James L. McClelland, and the PDP research group. 1986. *Parallel distributed processing: explorations in the microstructure of cognition*, vols. 1—2. Cambridge, MA: MIT Press.

Sachs, Jacqueline S. 1967. Recognition memory for syntactic and semantic aspects of connected discourse. *Perception and Psychophysics* **2** (9): 437—43.

Sankoff, Gillian, and Hélène Blondeau. 2007. Language change across the lifespan: /r/ in Montreal French. *Language* **83**: 560—614.

Sapir, Edward. 1921. *Language: an introduction to the study of speech*. New York: Harcourt Brace.

Savage, Ceri, Elena Lieven, Anna Theakston and Michael Tomasello. 2003. Testing the abstractness of children's linguistic representations: lexical and structural priming of syntactic constructions in young children. *Developmental Science* **6**(5): 557—567.

Scheibman, Joanne. 2000. *I dunno but* ... a usage-based account of the phonological reduction of *don't*. *Journal of Pragmatics* **32**: 105—24.

Scheibman, Joanne. 2002. *Point of view and grammar: structural patterns of subjectivity in American English conversation.* Amsterdam: John Benjamins.

Schwenter, Scott A. 1994. The grammaticalization of an anterior in progress: evidence from a Peninsular Spanish dialect. *Studies in Language* **18**: 71—111.

Seppänen, Aimo, Rhonwen Bowen, and Joe Trotta. 1994. On the so-called complex prepositions. *Studia Anglia Posnaniensia* **29**: 3—29.

Sienicki, Ben. 2008. The *dare* and *need* constructions in English: a case of degrammaticization? Unpublished manuscript. University of New Mexico, Albuquerque, NM.

Siewierska, Anna. 2002. Word order. In N. Smelser and P. Baltes (eds.), *International encyclopedia of the social and behavioral sciences* (16552—16555). Amsterdam: Elsevier.

Sinclair, John. 1991. *Corpus, concordance, collocation*. Oxford: Oxford University Press.

Skousen, Royal. 1989. *Analogical modeling of language*. Dordrecht: Kluwer.

Slobin, Dan I. 1977. Language change in childhood and in history. In J. Macnamara (ed.), *Language learning and thought,* 185—214. New York: Academic Press.

1985. Cross-linguistic evidence for the language-making capacity. In D. Slobin (ed.), *The cross-linguistic study of language acquisition: theoretical perspectives*, Vol.II, 1157—256. Hillsdale, NJ: Lawrence Erlbaum.

1994. Talking perfectly: discourse origins of the Present Perfect. In W. Pagliuca (ed.), *Perspectives on grammaticalization*, 119—33. Amsterdam/Philadelphia: John Benjamins.

1996. From "thought" and "language" to "thinking for speaking." In J.J. Gumperz and S.C. Levinson (eds.), *Rethinking linguistic relativity*, 70—96. Cambridge: Cambridge University Press.

1997a. Mind, code, and text. In J. Bybee, J. Haiman and S. Thompson (eds.), *Essays on language function and language type*, 437—67. Amsterdam/Philadelphia: John Benjamins.

1997b. The origins of grammaticizable notions: beyond the individual mind. In D. Slobin (ed.), *The cross-linguistic study of language acquisition: expanding the contexts*, Vol.V, 1—39. Mahwah, NJ: Lawrence Erlbaum.

2003. Language and thought online: cognitive consequences of linguistic relativity. In D. Gentner and S. Goldin-Meadow (eds.), *Language in mind: advances in the investigation of language and thought*, 157—91. Cambridge, MA: MIT Press.

Smith, Geoff P. 2002. *Growing up with Tok Pisin: contact, creolization, and change in Papua New Guinea's national language*. London: Battlebridge.

Smith, K. Aaron. 2001. The role of frequency in the specialization of the English anterior. In J. Bybee and P. Hopper (eds.), *Frequency and the emergence of linguistic structure*, 361—82. Amsterdam/Philadelphia: John Benjamins.

Smith, Carlota S. 1997. *The parameter of aspect*. Dordrecht: Kluwer.

Steele, Susan. 1975. Past and irrealis: just what does it all mean? *International Journal of American Linguistics* **41**: 200—17.

Stefanowitsch, Anatol, and Stefan Gries. 2003. Collostructions: investigating the interaction of words and constructions. *International Journal of Corpus Linguistics* 8 (2): 209—43.

Studdert-Kennedy, Michael, Alvin Liberman, Katherine Harris and Franklin Cooper. 1970. Motor theory of speech perception: a reply to Lane's critical review. *Psycho-*

logical Review 77: 234—49.

Taeymans, Martine. 2004. What the Helsinki Corpus tells us about DARE in late Middle English to Early Modern English. Paper presented at 13 ICEHL, University of Vienna, August.

2006. *An investigation into the emergence and development of the verb* need *from Old to Present-Day English: a corpus-based approach*. Dissertation. University of Antwerp, Belgium.

Talmy, Leonard. 1985. Lexicalization patterns: semantic structure in lexical forms. In Timothy Shopen (ed.), *Language typology and syntactic description, Vol. III: Grammatical categories and the lexicon*, 57—149. Cambridge: Cambridge University Press.

Tao, Hongyin. 2003. A usage-based approach to argument structure: 'remember' and 'forget' in spoken English. *International Journal of Corpus Linguistics* 8 (1): 75—95.

Taylor, John. 1995. *Linguistic categorization* (2nd edn), Oxford: Oxford University Press.

Thompson, Sandra A. 1988. A discourse approach to the cross-linguistic category "adjective". In J. A. Hawkins (ed.), *Explaining language universals*, 167—85. Oxford: Basil Blackwell.

1998. A discourse explanation for the cross-linguistic differences in the grammar of interrogation and negation. In A. Siewierska and J. J. Song (eds.), *Case, typology and grammar*, 309—41. Amsterdam/Philadelphia: John Benjamins.

Thompson, Sandra, and Barbara Fox. 1990. A discourse explanation of the grammar of relative clauses in English conversation. *Language* **66**(2): 297—316.

Thompson, Sandra A., and Paul J. Hopper. 2001. Transitivity, clause structure, and argument structure: evidence from conversation. In J. Bybee and P. Hopper (eds.), *Frequency and the emergence of linguistic structure*, 27—60. Amsterdam/ Philadelphia: John Benjamins.

Thurston, William R. 1989. How exoteric languages build a lexicon: esoterogeny in West New Britain. In R. Harlow and R. Hooper (eds.), *VICAL 1: Oceanic languages, Papers from the Fifth International Conference on Austronesian Linguistics*, 555—79. Auckland: Linguistic Society of New Zealand.

Tiersma, Peter. 1982. Local and general markedness. *Language* **58**: 832—49.

Tomasello, Michael. 1992. *First verbs: a case study of early grammatical development*. Cambridge: Cambridge University Press.

2003. *Constructing a language: a usage-based theory of language acquisition*. Cambridge, MA: Harvard University Press.

Tomasello, Michael, A. Kruger, and H. Ratner. 1993. Cultural learning. *Behavioral and Brain Sciences* **16**: 495—552.

Tomlin, Russell S. 1986. *Basic word order: functional principles*. London: Croom Helm.

Torres Cacoullos, Rena. 1999. Variation and grammaticization in progressives: Spanish-*ndo* constructions. *Studies in Language* **23** (1): 25—59.

2000. *Grammaticization, synchronic variation, and language contact: a study of Spanish progressive*-ndo *constructions*. Amsterdam/Philadelphia: John Benjamins.

2001. From lexical to grammatical to social meaning. *Language in Society* **30**: 443—78.

2006. Relative frequency in the grammaticization of collocations: nominal to concessive *a pesar de*. In T. Face and C. Klee (eds.), *Selected proceedings of the 8th Hispanic Linguistics Symposium*, 37—49. Somerville: Cascadilla Proceedings Project.

Torres Cacoullos, Rena, and Scott Schwenter. 2005. Towards an operational notion of subjectification. *Berkeley Linguistics Society* **31**: 347—58.

Torres Cacoullos, Rena and James A. Walker. 2009. The present of the English future: grammatical variation and collocations in discourse. *Language* **85** (2) 321—54.

Tottie, Gunnel. 1991. Lexical diffusion in syntactic change: frequency as a determinant of linguistic conservatism in the development of negation in English. In D. Kastovsky (ed.), *Historical English syntax*, 439—67. Berlin: Mouton de Gruyter.

Trask, Robert. L. 2007. *Historical linguistics* (2nd edn.). Revised by Robert McColl Millar. London: Arnold.

Traugott, Elizabeth C. 1972. *A history of English syntax*. New York: Holt, Rinehart, & Winston.

1989. On the rise of epistemic meanings in English: an example of subjectification in semantic change. *Language* **65**: 31—55.

2001. Legitimate counterexamples to unidirectionality. Paper presented at Freiberg University, October.

2003. Constructions in grammaticalization. In B. Joseph and R. Janda (eds.), *A handbook of historical linguistics*, 624—47. Oxford: Blackwell.

Traugott, Elizabeth C., and Richard B. Dasher. 2002. *Regularity in semantic change*. Cambridge: Cambridge University Press.

Traugott, Elizabeth C., and Ekkehard König. 1991. The semantics-pragmatics of grammaticalization revisited. In E.C. Traugott and B. Heine (eds.), *Approaches to grammaticalization*, Vol. I, 189—218. Amsterdam/Philadelphia: John Benjamins.

Trudgill, Peter. 2001. Contact and simplification. *Linguistic Typology* **5**: 371—74.

1989. Contact and isolation in linguistic change. In L. Breivik and E. Jahr (eds.), *Language change: contributions to the study of its causes*, 227—37. Berlin: Mouton de Gruyter.

2002. Linguistic and social typology. In J. Chambers, P. Trudgill and N. Schilling Estes (eds.), *Handbook of language variation and change*, 707—28. Oxford: Blackwell.

Van Bergem, Dick. 1995. *Acoustic and lexical vowel reduction, Studies in language and language use*, 16. Amsterdam: IFOTT.

Van Gelderen, Elly. 2004. *Grammaticalization as economy*. Amsterdam/ Philadelphia: John Benjamins.

Vendler, Zeno. 1967. Verbs and times. In Z. Vendler (ed.), *Linguistics in philosophy*, 97—121. Ithaca, NY: Cornell University Press.

Verhagen, Arie. 2002. From parts to wholes and back again. *Cognitive Linguistics* **13**: 403—39.

2006. English constructions from a Dutch perspective: where are the differences? In M. Hannay and G. J. Steen (eds.), *Structural-functional studies in English grammar*, 257—74. Amsterdam/Philadelphia: John Benjamins.

Vihman, Marilyn. 1980. Sound change and child language. In *Papers from the 4th International Conference on Historical Linguistics*. Amsterdam/Philadelphia: John Benjamins.

Vitevitch, Michael S., Paul A. Luce, Jan Charles-Luce and David Kemmerer. 1997. Phonotactics and syllable stress: implications for the processing of spoken nonsense words. *Language and Speech*, **40**: 47—62.

Warner, Anthony. 1983. Review article of Lightfoot 1979 (*Principles of diachronic syntax*). *Journal of Linguistics* **19**: 187—209.

2004. What drove 'do'? In C. Kay, S. Horobin, and J. J. Smith (eds.), *New perspectives on English historical linguistics: syntax and morphology*, Vol. I, 229—42. Amsterdam/Philadelphia: John Benjamins.

Watkins, Calvin. 1962. *Indo-European origins of the Celtic verb I: the sigmatic aorist*. Dublin: Dublin Institute for Advanced Studies.

Waugh, Linda. 1975. A semantic analysis of the French tense system. *Orbis* **24**: 436—85.

Wedel, Andrew B. 2006. Exemplar models, evolution and language change. *The Linguistic Review* **23** (3): 247—74.

2007. Feedback and regularity in the lexicon. *Phonology* **24**: 147—85.

Whorf, Benjamin Lee. 1941 [1956]. Language, mind, and reality. In J. B. Carroll (ed.), *Language, thought, and reality: selected writings of Benjamin Lee Whorf*, 134—

59. Cambridge, MA: MIT Press.

Wilson, Damián Vergara. 2009. From 'remaining' to 'becoming' in Spanish: the role of prefabs in the development of the construction *quedar(se)* + ADJECTIVE. In R. Corrigan, E. Moravcsik, H. Ouali and K. Wheatley (eds.), *Formulaic language*, Vol. I, *Typological studies in language*, 273—96. Amsterdam/Philadelphia: John Benjamins.

Wittgenstein, Ludwig. 1953. *Philosophical investigations.* New York: Macmillan.

Wray, Alison. 2000. Holistic utterances in protolanguage: the link from primates to humans. In C. Knight, M. Studdert-Kennedy, and J. Hurford, *The Evolutionary Emergence of Language: social function and the origins of linguistic form*, 285—302. New York: Cambridge University Press.

2002. *Formulaic language and the lexicon.* Cambridge: Cambridge University Press.

Wray, Allison, and George W. Grace. 2007. The consequences of talking to strangers: evolutionary corollaries of socio-cultural influences on linguistic form. *Lingua* **117**: 543—78.

Ziegeler, Debra. 2004. Grammaticalisation through constructions: the story of causative *have* in English. *Annual Review of Cognitive Linguistics* **2**: 159—95.

Zwicky, Arnold, and Geoffrey Pullum. 1983. Cliticization vs. inflection: English *n't*. *Language* **59**: 502—13

索 引*

* 索引所标页码为英文版页码，即本汉译版的边码。

D

G

Q

R

S

T

U

V

W

Z

图书在版编目(CIP)数据

语言、使用与认知/(美)琼·拜比(Joan Bybee)著；李瑞林，贺婷婷译.—北京：商务印书馆，2020
(语言学及应用语言学名著译丛)
ISBN 978-7-100-18174-7

Ⅰ.①语… Ⅱ.①琼… ②李… ③贺… Ⅲ.①语言学 Ⅳ.①H0

中国版本图书馆 CIP 数据核字(2020)第039131号

语言学及应用语言学名著译丛
语言、使用与认知
〔美〕琼·拜比 著
李瑞林 贺婷婷 译

商 务 印 书 馆 出 版
(北京王府井大街36号 邮政编码100710)
商 务 印 书 馆 发 行
北京中科印刷有限公司印刷
ISBN 978-7-100-18174-7

2020年6月第1版 开本 880×1230 1/32
2020年6月北京第1次印刷 印张 9⅞
定价：38.00元